# 自閉症兒童
# 社會情緒技能訓練

楊蕢芬、黃慈愛、王美惠
著

# 作者簡介

## 楊蕢芬

美國德州大學奧斯丁分校哲學博士，主修情緒障礙。曾任國立高雄師範大學特殊教育系副教授，現於美國德州勞委會擔任研究員。目前主要研究興趣爲情緒障礙和自閉症學生的教學、身心障礙者的職業復健。

## 黃慈愛

國立高雄師範大學特殊教育系碩士，曾任高雄市民族國小特教組長，目前爲高雄市民族國小自閉症資源班教師，爲高雄市情障種子教師。主要研究興趣爲同儕介入法、融合教育、兩性教育，以及自閉症和注意力缺陷過動症兒童的教學。

## 王美惠

國立高雄師範大學特殊教育系碩士，曾任高雄市博愛國小自閉症資源班、資優資源班教師，高雄市政府教育局特教業務承辦人，目前爲高雄市仁美國小校長。主要研究興趣爲親職教育，以及自閉症和注意力缺陷過動症兒童的教學。

# 序言

還記得一九九六年筆者回台灣到高雄師範大學特教系任教時，由於所學爲情緒障礙，因此，因緣際會認識了前「高雄市自閉症協進會」理事長林美淑，她一直熱中於研發自閉症兒童的教學法，因此，找了一些有經驗的特教老師，希望大家能從事TEACCH結構化教學方面的研究。筆者當時覺得TEACCH主要適用於個別教學，而當時台灣特殊教育的環境和條件，幾乎不管是哪種身心障礙兒童，全部都是用團體教學，實在和美國的教育環境以及TEACCH的教學理念有很大的文化上差異。並且TEACCH教學法的特色之一是用圖卡溝通，一般適用於就讀特殊班或特殊學校無法用口語溝通的自閉症學生，由於當初參與研究計畫的老師多在國小資源班任教，服務對象爲就讀普通班的自閉症學生，這些學生多爲高功能自閉症，即使有智能障礙，亦具有少許的語言能力，這些孩子需要語言訓練，但不需要藉由圖卡來溝通。因此，在茶餘飯後聊天之餘，筆者就建議，乾脆大家自行研發適合台灣教育環境的教學課程。

選擇社會情緒訓練實在是偶然，當時只是筆者一個偶然的念頭——既然自閉症兒童社會情緒有問題，那乾脆就教他們社會情緒技能！當時，學界雖然已有不少研究發現自閉症者有辨識情緒、表達情緒的問題，但研究大都只停留在比較不同障礙者的差異，一般人都不知道如何教自閉症兒童情緒，因此，在整個課程研發的過程中，歷經幾次大幅度的修改，參與課程研發的老師也一直換人，所幸當時得到聯合勸募的經費補助，後來終於在一九九九年初完成研究報告。整個研究計畫，從構想、課程研發、實驗教學，到實驗後修改課程，共歷時二年半。

實驗完成後，由於普通班老師大都認爲參與實驗課程的自閉症兒童有進步，因此，參與編製課程的老師都很受鼓勵，一直覺得應該繼續研發課程，讓這群小孩能夠繼續學習。後來由於筆者事務繁忙，之後就再也找不出時間來從事後續的研究工作。

二〇〇〇年暑假以後，筆者到美國從事研究工作，終於有較多的時間將過去的教學心得做一整理。加上當時實驗班的孩子都長大了，很多人都進入國中就讀，他們異於一般自閉症兒童的「優異」表現，經常讓人十分驚訝，也讓我們更深刻的體悟到，當時一個偶然的念頭，是一項非常正確的決定。我們後來發現，這群孩子不僅教學時能夠學會認識和表達情緒，好像教學完後還會自己成長，例如一般研究發現自閉症兒童缺乏同理心，但受過實驗教學的孩子，卻在老師手受傷時，雖然不會說，卻過來摸老師的手表達安慰；另一位孩子，在老師請產假時，望著老師的照片發呆，並畫畫表達希望另一位老師也能生小孩……，很多的例子都讓我們覺得應該把過去的經驗和大家共享，改變大家對自閉症者的看法。

這本書的完成除了感謝另外兩位作者黃慈愛和王美惠老師之外，還要特別謝謝林美淑理事長以及參與課程研發的蘇淑芬、蔡淑妃、林書萍老師，也要一併謝謝當初幫忙研究工作的高師大特教系學生、高雄市普通班老師和自閉症資源班老師，由於他們熱心的協助研究計畫，才有這本書的誕生。最後，願意把這本書獻給當初參與實驗研究的自閉症兒童，感謝他們在教學的過程中給我們的回饋，讓我們能從他們的身上學到無價的知識與經驗。

楊蕢芬

二〇〇二年十月於美國德州

# 目錄

# 表目錄

# 圖目錄

# 第一章

# 緒論

第一節

# 前言

根據聯合國世界衛生組織（World Health Organization, WHO）出版的「國際疾病和相關健康問題統計分類第十版」〔International statistical classification of diseases and related health problems（10th rev.）, ICD-10〕（WHO, 1992; WHO, 1993）和美國精神科學會（American Psychiatric Association, APA）出版的「精神異常診斷和統計手冊第四版正文修訂版」（Diagnostic and statistical manual of mental disorders: Text revision, DSM-IV-TR）（APA, 2000）的診斷標準規定，自閉症兒童的主要問題包括三大方面：⑴社會互動方面的障礙——如不理人、缺乏面部表情、和人互動時缺乏眼對眼注視、缺乏社會或情緒的互惠等；⑵溝通方面的障礙——如會發出聲音但不會說話、語言發展遲緩、和人對話時仿說他人的問話等；⑶重複出現刻板固執的行為、興趣和活動——如反覆做出怪異的手部或身體動作、具有異於常人的怪癖嗜好等（註 1）。

目前「自閉症」（autistic disorder）和「亞斯伯格症」（Asperger's disorder）、「雷特症」（Rett's disorder）、「兒

童期崩解症」（childhood disintegrative disorder）並列為「廣泛性發展障礙」（pervasive developmental disorders, PDD）。廣泛性發展障礙的主要特徵為，在一些發展的領域，例如社會互動技巧、溝通技巧、固執行為和興趣上有嚴重和廣泛的損傷，這些異常通常在出生後第一年出現，並且經常和智能障礙有某種程度上的關聯，臨床發現大約 75% 的自閉症兒童有智能障礙，智商大多介於 35 到 50 之間（APA, 2000）。

在自閉症兒童當中，有一群兒童的認知功能、學業能力和溝通技巧接近正常，智商在 60 或 70 以上，這群兒童，學界稱之為「高功能自閉症」（high-functioning autism）（Mesibov & Schopler, 1992; Tsai, 1992）。有些精神科醫師則將「高功能自閉症」中症狀較輕微的個案，用「亞斯伯格症」（註 2）的診斷名稱，認為這群兒童發生病症的時間較晚、語言能力較佳，並且預後較好，應和自閉症兒童分屬不同的病症；另有一些精神科醫師則認為，這群兒童的症狀其實和自閉症兒童相似，只是問題較為輕微而已，乃是聰明的自閉症。到底哪一種診斷名稱較為適合，目前學界尚未有統一的定論（Tsai, 1992）。

目前世界上最有名的自閉症教學課程可算是洛伐斯（O. Ivar Lovaas, 1981）以行為學派為基礎的教育課程，以及北卡羅萊那大學艾瑞克・夏陪樂（Eric Schopler）研發的TEACCH

課程（Schopler, Lansing & Waters, 1983）。洛伐斯從一九六四年開始，在美國加州大學洛杉磯分校領導「年幼自閉症計畫」（Young Autism Project），這個計畫主要發展重度障礙兒童的教材教法，這個課程名稱為「我的書」（The Me Book），希望藉由這個課程，使重度障礙兒童愈來愈獨立，成為一個有「我」（me）的個體（Lovaas, 1981）。此套課程主要運用行為學派的教學原理來教導自閉症兒童，將兒童所要學習的行為目標，經工作分析後分解成幾個小步驟，然後讓學生逐一練習每個步驟，直到精熟為止。洛伐斯（Lovaas, 1981）將課程分成六大部分，並發售教學錄影帶，這六大部分包括：(1)學習準備，(2)模仿、配對和早期語言，(3)基本自助技巧，(4)中級語言，(5)高級語言，和(6)擴大兒童世界（註 3）。

夏陪樂（Schopler et al., 1983）於一九六六年開始在美國北卡羅萊那大學研發自閉症兒童的教學課程，北卡羅萊那州政府並於一九七二年提供經費成立「自閉症和相關溝通障礙兒童之處遇與教育」（Treatment and Education of Autistic and related Communication handicapped CHildren）部門，簡稱 TEACCH（Schopler et al., 1983; Schopler, Reichler & Lansing, 1980; Schopler, Reichler, Bashford, Lansing & Marcus, 1990; Watson, Lord, Schaffer & Schopler, 1989），來幫助北卡羅萊那州的自閉症兒童。這個課程的主要特徵為強調「結構式教學」（structured teaching）以及視覺線索對自閉症兒童學習的重要性，主張自閉症兒童學習活動的地方，要有視覺清楚的區域或界限；並且活動發生的次序，要用視覺清楚的時間表讓學生知道活動的發生順序，讓學生可以預期那個活動將要開始和結束。TEACCH並研發自閉症兒童教育診斷測驗「心理教育剖面圖」（The Psychoeducational Profile—Revised, PEP-R），來幫助老師擬定自閉症兒童的個別化教育方案（Schopler et al., 1990）；在青少年和成人方面，則有評估家庭生活、學校或職場工作所需要能力的診斷測驗，稱為「青少年和成人心理教育剖面圖」（Adolescent and Adult Psychoeducational Profile, AAPEP）（Mesibov, Schopler, Schaffer & Landrus, 1988）（註4）。

台灣對自閉症兒童的矯治和訓練工作已有超過三十年以上的歷史，早年主要是由醫療體系著手，較完善、有組織的機構屬台大醫院的兒童心理衛生中心。該中心於一九六七年開始引進自閉症的概念，並對自閉症兒童進行診斷、矯治和訓練的工作（張正芬，民88）。雖然醫療機構很早就對自閉症兒童進行矯治工作，但自閉症在政府的法律中並不屬於身心障礙，使自閉症兒童的權益一直無法獲得保障，直到一九九〇年元月，立法院三讀通過，將自閉症列入殘障福利法保護的範圍，才使自閉症兒童的福利和教育問題獲得保障和重視。

近幾年來，政府開始重視特殊教育，自閉症兒童的教育問題由早年以醫院為主的醫療方式，轉為以學校為主的教育訓練模式。一九九七年政府公布「特殊教育法」，將自閉症明列為特殊教育服務的類別之一。此法對自閉症兒童教育最明顯的貢獻是提出早期療育的觀念；「特殊教育法」第九條規定，特殊教育除依義務教育之年限規定辦理外，應向下延伸至三歲，早期療育機構因此紛紛設立，例如高雄市無障礙之家附設的自閉兒日托中心，招收零至六歲的自閉症兒童，使自閉症兒童可以儘早接受教育訓練。

特殊教育法對自閉症兒童教育的另一影響是，過去很多自閉症兒童由於同時有智能障礙，因此，主要安置的場所，多半為特殊學校或普通學校的特殊班，智能趨於正常的高功能自閉症兒童，經常被放在普通班自生自滅，無法獲得適當的特殊教育服務，很多自閉症兒童因此隨著年齡成長，社會和行為問題愈來愈嚴重，最後因無法適應普通班的生活，只好轉至特殊班就讀。由於「特殊教育法」第十三條提出身心障礙學生之教育安置，以最少限制的環境為原則，因此，很多縣市的中、小學開始成立資源班，以安置於普通班的特殊兒童為服務對象，使高功能自閉症兒童開始可以接受資源教室的服務。

本書中所寫的社會情緒課程，主要設計對象為安置於普通班的國小自閉症兒童，這群兒童多半為高功能自閉症，雖然智力測驗分數趨於輕度智障至一般正常的範圍，但多半有溝通、情緒和行為方面的問題，例如衝動、坐不住、溝通障礙、社會互動和人際溝通困難等問題，導致無法適應普通班的生活。由於普通班老師多半未接受特殊教育的訓練，所以即使很多普通班老師很有愛心，願意接納特殊兒童，但由於自閉症兒童和一般正常兒童非常不同，常常活在自己的世界中，無法了解別人的感受，加上缺乏社交技巧以及與人互動的能力，使普通班老師不知如何和自閉症兒童溝通相處，以及幫助自閉症兒童融入普通班的活動。因此，本課程主要的目的就是幫助自閉症兒童適應普通班的生活，課程內容重在教導自閉症兒童適當的教室行為、交友技巧和情意技巧，並進而由增加正向的行為，來減少自閉症兒童在教室中發生問題行為。

## 第二節

# 課程介紹

## 一、社會情緒技能訓練的基本假設

本課程在設計時，有幾個基本假設：

### ㈠社會情緒技能是學來的行為，是可以教導的

很多老師或家長認為兒童需要教導認知能力，例如認字、數數，但卻忽略教導兒童社會及情緒行為，當孩子在碰到困難的情境時，經常不知如何來處理所面臨的問題。筆者認為，社會情緒技能是可以經由教學而學會正確的表達技巧。

### ㈡行為管理問題乃是學生社會情緒技能缺陷的問題

家長或老師最常向專業人員求助的問題，就是自閉症兒童不遵從指令、亂發脾氣、有行為問題。當我們仔細了解兒童問題發生的原因時，我們發現，大部分的兒童是因為不知道在人際的互動中，如何用適當的方式表達自己的需求，因此採用錯誤的方式表達他們的需要。若從另一個角度來看，兒童會用錯誤的方式表達需求，可以說是因為他們有社會情緒技能的缺陷。因此，與其當兒童發生問題時，老師或父母再求助於專業人員，更好的策略是在問題未發生前，就先教導兒童在面臨問題情境時，如何用適當的方式來反應。

### ㈢社會情緒技能乃是學業技能的先備技能

當孩子要就學前，家長在家中最常幫自閉症兒童惡補的就是認知功能，希望藉由學業成績符合要求，使孩子能跟上普通班的進度。但在特殊教育諮詢時，我們發現，老師最常求助於專業人員的，不是自閉症兒童的課業不好，而是自閉症兒童無法適應團體生活，不聽從指令、不遵守教室常規。仔細看這些求助的內容，我們發現，大半和社會情緒技能缺陷有關，因此，在增加兒童學業技能前，我們應該努力提升兒童的社會情緒技能，使自閉症兒童能跟上團體的腳步。這些教室生活的基礎能力，乃是學業技能的先備技能。

### ㈣社會情緒技能愈早教愈好

筆者發現社會情緒技能的學習具有關鍵期，基本上，愈早學習愈好，若錯失發展的關鍵期，長大後訓練，效果較差，很難彌補。有關基本的情緒能力和教室生活的準備技巧，最好在學前或國小低年級就建立好，以幫助孩子日後發展較高階的情意技巧。我們發現，若自閉症兒童在幼年時沒被教導這些基本能力，當他們成長到國中階段，這些孩子在團體生活中多半缺乏一種自我知覺的意識，亦即不了解自己的行為在別人眼中乃是一種相當怪異的行為，即使高功能自閉症兒童亦同。例如一位高功能的自閉症國中生，上課時想上廁所，由於怕忍不住，於是抓住自己的性器官，而被班上同學嘲笑手淫，但此生認為，父母曾教導其上課時，若想上廁所要忍耐，不了解為何同學要嘲笑排斥他；另一位高功能的自閉症高職生，經社交技巧訓練後，學會交友技巧，由於喜歡朋友，到處找人握手，沒想到卻引起周圍人士的反感，此生覺得很受傷害，不知道為何大家討厭他。

但本課程在教學幾年後追蹤個案發現，幼稚園或低年級開始接受社會情緒技能訓練的自閉症兒童，他們和一般沒接受訓練的自閉症兒童很大的不同是，他們會很在乎同學或老師對他們的看法。例如一位個案去參觀博物館時告訴老師，雖然拿殘障手冊能免費，但還是決定不要拿出來，因為不想讓別人知道自己是自閉症；另外一些參加實驗課程的自閉症兒童會向家長或老師反應，希望自己早日康復，很怕自己表現不好，並且在自己表現和同儕一樣好時，會要求不要再到資源班接受特教服務。

## ㈤社會情緒技能教學的方式，基本上和學業的教導相似，亦即可以用認知的方式來教社會情緒技能

本課程將抽象的情緒，用圖形或語文具體呈現出來，重視情緒的辨識，並將情境、情緒和所要表現的行為配對，來幫助自閉症兒童學習，亦即用認知的方式，來教導自閉症兒童社會情緒技能。

## ㈥ EQ 能影響一個人的成就、學歷和機會

近年來，很多人開始強調 EQ（emotional quotient）對一個人的成就、學歷和機會的重要性，最有名的實驗屬心理學家瓦特・米雪爾（Walter Mischel）於一九六〇年代對托兒所的孩子所進行的一系列忍耐實驗。實驗者呈現兩樣東西給四歲大的孩子，一樣是孩子喜歡的，一樣是孩子不喜歡的，實驗者告訴孩子他要出去辦事，如果孩子能等到他回來，則孩子可以得到他喜歡的那樣東西；若孩子不想等，隨時可以搖鈴叫實驗者回來，這時，孩子可以立即得到東西，但只能得到他不喜歡的那一樣。十幾年後，孩子成長到青少年，實驗者又繼續做追蹤研究。實驗者請孩子的父母填寫孩子適應能力的問卷，結果發現，在托兒所時較能忍耐的孩子，長大後，比較能容忍挫折、較能禁得起誘惑、智力比較高、也比較不

會分心，並且四歲時忍耐的時間和長大後大學入學考試的「學術性向測驗」（Scholastic Assessment Test, SAT）成績成正比，四歲時愈能忍耐、禁得起誘惑的孩子，SAT 的語文和計量的分數愈高（Shoda, Mischel & Peake, 1990）。

本課程實驗後，初步結果亦發現類似的現象，當初參加社會情緒訓練實驗教學的自閉症兒童，五年後，有一位已完全回歸普通班，不再接受資源班的服務；有兩位因要就讀國中，又重測「魏氏智力測驗」（Wechsler Intelligence Scale for Children-Third Edition, WISC-Ⅲ），結果發現兩位學生的智力商數比六年前的分數進步一個標準差，一位學生的智力商數由 75 進步到 93（語文 91、操作 95），另一位則由 54 進步到 70（語文 54、操作 93）。筆者比較兩次智力測驗分數的差距，發現智力潛能得以發揮的主要原因，是因為學生的注意力比以前集中、較能聽從指令和指導語、挫折容忍力增加、衝動性變低，這些因素都和社交情緒技能息息相關。

目前有關自閉症的研究，大都發現自閉症者的社會技能缺陷，會一直持續到成人，例如張正芬（民 85）調查國內十五歲至三十八歲的自閉症者發現，其中社會適應能力好的占 22%，社會適應能力差的占 46.2%，並且 80%無獨立生活的能力，半數需要大量的照顧。洛特（Rutter, 1970）追蹤自閉症者從兒童到成年發現，只有 1.5%的自閉症者，最後具有正常的社會適應能力，能夠獨立生活；35% 的自閉症者社會適應能力普通，需要其他人從旁協助；超過 60% 的自閉症者適應困難，需要長期待在醫院或機構中接受矯治。彼斗－布朗（Beadle-Brown et al., 2002）追蹤自閉症者的社會能力，十年後重測發現，93% 的自閉症者和十年前的能力相同，並沒有改變，並且有社會能力缺陷的自閉症者，社會能力會隨著時間愈來愈差。這些調查追蹤研究更證明社會情緒訓練對自閉症者的重要性，若自閉症兒童不特別加以訓練，長大成年後，經常會有社會適應的問題。

## 二、社會情緒課程簡介

本課程教學的主要目標是幫助自閉症兒童適應普通班的生活，活動主要在培養學生的注意力和觀察能力，增加學生聽指令的能力，並重視情緒的辨識及情緒和情境的聯結。整個課程共包括十二個單元，分別為：⑴注意看，⑵依指令做動作，⑶知道自己和他人的名字，⑷分辨自己或他人的物品，⑸表達自己的好惡，⑹知道自己和他人的性別，⑺自我介紹，⑻認識高興和不高興的表情，⑼知道自己和他人是高興或難過，⑽知道自己和他人害怕的感受，⑾知道自己和他人生氣的感受，⑿容忍挫折。

各單元的銜接採用螺旋建構的銜接方式（Poplin, 1988），由單元一、單元二、單元三等較簡單的單元開始，逐步增加新技能，朝較難的教學目標和較深的單元，往上螺旋增長（見圖 1-1），單元目標教學順序舉例見附錄一。老師在教學時，可根據學生的程度、先備技能和單元目標的難易度做適當的調整。

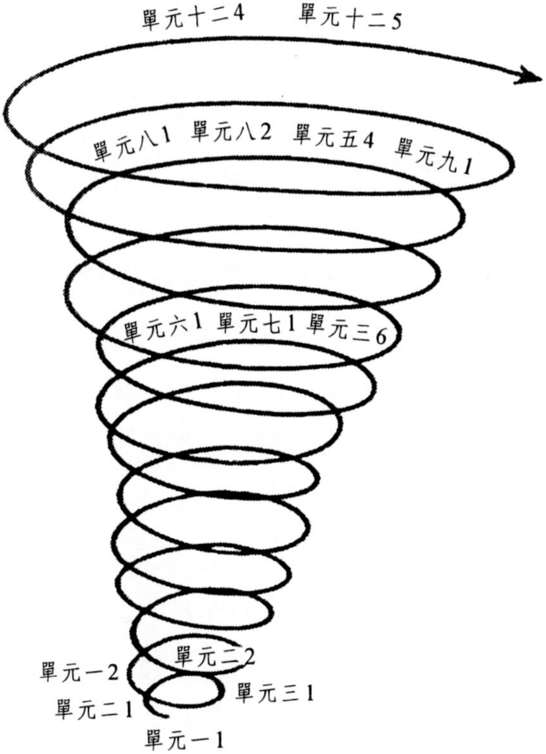


圖 1-1：社會情緒課程單元之螺旋建構學習原則

本課程適合用小團體的方式教學，以幫助學生能在團體中學會觀察及模仿同儕的行為。其中單元一「注意看」到單元六「知道自己和他人的性別」的課程活動分為「準備活動」和「教學活動」，準備活動適用於一對一的個別教學，若學生無法在小團體中學習，可先用準備活動，幫助學生建立先備技能，然後再用教學活動在小團體中教學。老師在教學前，可先填寫「社會情緒課程評量表」（見附錄二）來了解學生的先備能力。

## 三、實驗研究結果

本課程曾以高雄市十六位國小低年級就讀普通班，並接受資源班服務的自閉症男童為實驗研究對象，兒童的年齡介於六歲六個月到九歲九個月，其中八位為實驗組，接受社會情緒技能訓練，另外八位為控制組。兩組學生分別在年齡、語文能力〔畢保德圖畫詞彙測驗（Peabody Picture Vocabulary Test-Revised）〕、非語文智力〔托尼非語文智力測驗（Test of Nonverbal Intelligence-2）〕和自閉症的嚴重度上配對。其中實驗組學生，每週兩次，每次四十分鐘，總共十三週，在兩所國小的資源教室進行社會情緒課程的小團體教學（三至六人）；控制組學生則在資源班施以一對一的學科補救教學。

有些自閉症兒童雖參與實驗組的團體教學，但沒參加本實驗研究。

兩組學生在學期初和學期末請普通班老師填寫「社會情緒行為檢核表」，量表包括「適應行為」（見附錄三 A）和「問題行為」（見附錄三 B）兩部分，共有四個分量表。實驗資料最後用重複量數變異數分析進行顯著性考驗，結果發現，在「教室行為」方面，實驗組的學生顯著比控制組的學生有明顯的進步，學生上課較為專心，並能服從老師的指令；在「情意技巧」方面，兩組未達顯著性差異，但實驗組學生的分數進步，控制組學生則退步。

在「交友技巧」方面，兩組學生的分數都有進步，並且都減少在普通班的問題行為，顯示普通班的安置對自閉症兒童學習交友技巧有正向的幫助，也幫助自閉症兒童減少教室中的問題行為。自閉症兒童實驗組和控制組社會情緒行為檢核表前後測的平均數和標準差見表 1-1；社會情緒行為檢核表信度和效度資料見附錄四。

表 1-1：自閉症兒童實驗組和控制組社會情緒行為檢核表前後測的平均數和標準差

| 社會行為檢核表 | 實驗組（n=8） | | 控制組（n=8） | |
|---|---|---|---|---|
| | 平均數 | 標準差 | 平均數 | 標準差 |
| 前測 | | | | |
| 教室行為 | 23.25 | 9.19 | 27.00 | 8.90 |
| 交友技巧 | 19.38 | 11.25 | 25.13 | 14.82 |
| 情意技巧 | 15.00 | 15.19 | 22.50 | 23.27 |
| 問題行為 | 38.00 | 15.12 | 33.00 | 15.62 |
| 後測 | | | | |
| 教室行為 | 29.25 | 9.02 | 27.75 | 8.94 |
| 交友技巧 | 25.13 | 12.19 | 30.25 | 12.65 |
| 情意技巧 | 19.88 | 20.87 | 21.50 | 19.49 |
| 問題行為 | 34.50 | 16.07 | 29.38 | 11.24 |

由於很多研究都發現，自閉症兒童的社交情意技巧進步緩慢，例如威廉斯（Williams, 1989）發現，即使經過四年的社會技巧教學，自閉症兒童的進步有限，因此，本課程能在十三週的教學過程中，顯著幫助自閉症兒童提升教室行為，顯示社會情緒技能教學，對自閉症兒童在普通班適應成功的重要性。

## 註解

註 *1*. 有關自閉症的進一步訊息可以連線至下列網址：

(1)中華民國自閉症總會 http://www.autism.org.tw/

(2)財團法人中華民國自閉症基金會 http://www.fact.org.tw/

(3)香港自閉症聯盟 http://www.autism-hongkong.com/

(4)自閉症—廣泛性發展障礙資源網（Autism-PDD Resources Network）
http://www.autism-pdd.net/

(5)自閉症研究機構（Autism Research Institute）
http://www.autism.com/ari/

註 *2*. 線上亞斯伯格症資訊和支持（Online Asperger Syndrome Information & Support）提供很多有關亞斯伯格症的資訊，有興趣者可連線至網址：
http://www.udel.edu/bkirby/asperger/

註 *3*. Lovaas 的教材包括書本和錄影帶，由美國 Pro-ed 公司出版，有興趣者可洽網址 http://www.proedinc.com

註 *4*. TEACCH 教材由美國 Pro-ed 公司出版，有興趣者可洽網址 http://www.proedinc.com。

TEACCH並提供短期訓練，幫助專業人員教導自閉症者，有興趣參加研習活動者請洽TEACCH。

網址 http://www.teacch.com

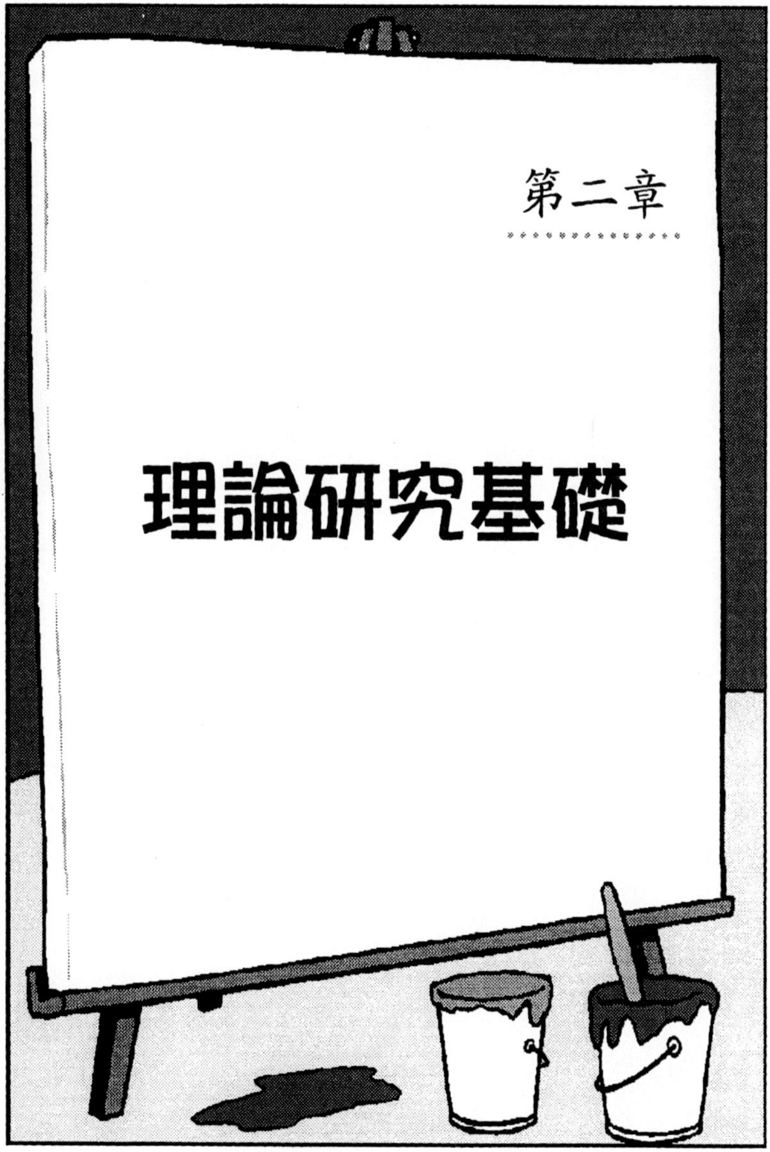

# 第二章

# 理論研究基礎

## 第一節

# 理論架構

雖然最新的研究發現很多身心障礙兒童，例如「智能障礙」（Leffert, Siperstein & Millikan, 2000; Leung & Singh, 1998; Rojahn, Lederer & Tasse, 1995）、「注意力缺陷過動症」（Attention-Deficit/Hyperactivity Disorder, ADHD）（Maedgen & Carlson, 2000; Singh et al., 1998）、「情緒障礙」（Walker & Leister, 1994）、「學習障礙」（Dimitrovsky, Spector, Levy-Shiff & Vakil, 1998; Bryan, Sullivan-Burstein, Mathur, 1998）等，多有社會情緒能力低落的問題，但自閉症兒童這方面的缺陷似乎顯得特別明顯。在兒童期精神醫學各類問題的診斷中，目前只有自閉症類（廣泛性發展障礙）將社會互動能力的缺陷列為該症主要的診斷標準之一。根據 DSM-IV-TR（APA, 2000）的描述，自閉症兒童的社會能力缺陷主要在於無法了解別人的肢體動作或臉部表情，也不會和同儕建立滿意的人際關係。年紀小者，多半對交友沒興趣，喜歡獨自一人，不會主動找人玩；年紀大者，則不了解社會互動的習俗，缺乏應對進退的技巧，也不會和人有情感的交流，不會分享喜悅、興趣和成就。因此，提升自閉症兒童的社會互動能力和情意技巧，乃是自閉症兒童的重要教育目標。

本課程設計著重於培養自閉症兒童的「社會能力」（social competence）和「情緒能力」（emotional competence），主要重點放在「社交技巧」和「情緒技巧」的教學，教學難度則參考亨利・杜旁（Henry Dupont）的情緒發展階段（Dupont, 1989）（見表 2-1），將難度放在「自閉階段」（autistic）和「自我中心—享樂階段」（egocentric-hedonistic）學童所具有的能力，朝「他律階段」（heteronomous）的方向發展。

**表 2-1**：杜旁的情緒發展階段

| 階段 | 內容 |
| --- | --- |
| 1. 自閉階段（autistic） | 口語描述出來的理由通常顯得很怪異，很難用口語將自己的需要或價值表達出來，可能需要幫他排序和串聯句子間的關係。 |
| 2. 自我中心—享樂階段（egocentric-hedonistic） | 感覺的理由和自己覺得高興—不高興、舒服—不舒服、痛苦—解除痛苦、緊張—放鬆有關，並和一般的情境（如天氣、季節或時間）或自己的情緒有關。重視享樂、舒服、解除痛苦、從緊張中解脫。 |

（下頁續）

（續上頁）

| | |
|---|---|
| 3.他律階段(一)<br>（heteronomous I）<br>（得到和擁有） | 感覺的理由和基本依賴權威者有關，這個階段的理由大都和被動接受的主題有關，重視權威者所允許或給小孩的事情。可能會稱某人為朋友，但主要是以此人是否擁有某物作為判斷的標準。 |
| 4.他律階段(二)<br>（heteronomous II）<br>（去和做） | 感覺的理由通常和是否能去某地或能做某事有關，成人是否允許和同意自己去做是主要的考量。會視其他兒童為同伴，重視是否能被允許去某地和做某事。 |
| 5.人際階段(一)<br>（interpersonal I）<br>（歸屬） | 同儕是主要感覺的理由，重視個人和同儕間的比較，強調歸屬感，高度重視外表，希望自己的行為能和同儕一樣，角色取替技巧差或尚未發展。 |
| 6.人際階段(二)<br>（interpersonal II）<br>（相互關係） | 感覺的理由和人際間互動互惠的主題有關，重視個人和他人間能有一真誠的互動，角色取替技巧已發展出來，能察覺到他人的感覺，重視相互間的關係。 |
| 7.自主階段<br>（autonomous） | 感覺的理由主要和自我定位、自我引導以及自主性有關，這個階段重視個人能表達出自己的行動、思想和感覺，重視個體的自主性。 |
| 8.統整階段<br>（integrated） | 感覺的理由主要和對自己及他人一致的、誠實的因素有關，堅持自己的原則和信念，能成為完整統整的人，重視個體的統整性。 |

摘譯自：Dupont, H. (1989). The emotional development of exceptional students. *Focus on Exceptional Children, 21*(9), 1-10.

目前學界對「社會能力」和「情緒能力」有很多不同的定義，有些學者認為社會能力包括情緒能力，有些學者則認為情緒能力包括社會能力，例如 EQ 的作者丹尼爾・高曼（Daniel Goleman）認為情緒能力乃是因「情緒智力」（emotional intelligence）所學到的一種能力，情緒能力包括「個人能力」（personal competence）（包括自我察覺、自我規範和動機）和「社會能力」（包括同理心和社交技巧）（Goleman, 1998）；葛斯翰和瑞斯里（Gresham & Reschly, 1988）則認為社會能力包括「適應行為」、「社交技巧」和「同儕關係」。本課程理論架構認為個人的心智能力主要包括四大部分，分別為：認知能力、溝通能力、社會能力和情緒能力，四者的關係分別敘述如下（見圖 2-1）。

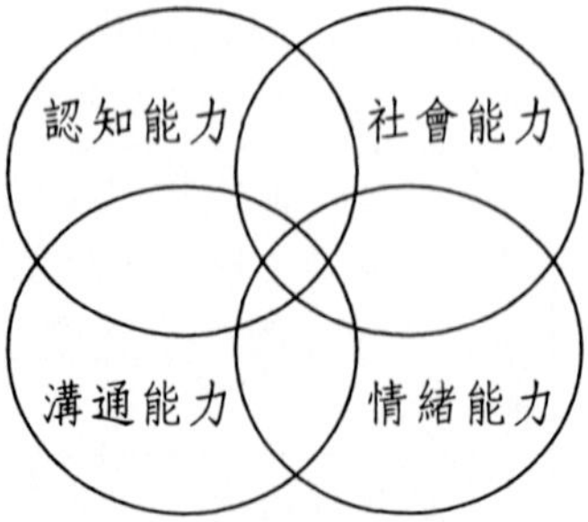


圖 2-1：個人心智能力：認知能力、溝通能力、社會能力和情緒能力的關係

一、**認知能力**：主要指一般傳統所稱的智力以及學業成就所需要的聽、說、讀、寫、算、記憶等能力。

二、**溝通能力**：主要包括口語和非口語溝通能力。

三、**社會能力**：主要包括社交技巧和社會適應行為。

四、**情緒能力**：主要包括情緒技巧和情緒適應行為。

筆者認為一個人的行為，乃是其心智能力加上身體能力後，表現在外的結果。雖然很多自閉症兒童同時具有智能障礙，但從我們的教學經驗中發現，在自閉症兒童的個人能力當中，社會能力和情緒能力經常相對地比認知能力低落，溝通能力則介於中間，尤其是高功能自閉症兒童特別明顯。很多高功能自閉症兒童常具有優於一般常人的記憶力或特殊能力，但卻無法和人產生適當的社會互動關係。因此，本課程的教學設計，主要運用自閉症兒童的優勢認知能力，來訓練其社會情緒能力的發展，課程中並教導自閉症兒童情緒字彙，模仿適當的肢體動作，增進與人溝通的能力，使其行為表現像正常發展的兒童。

## 第二節

# 社會能力

「社會能力」有很多不同的定義，樂能（Lerner, 1997）將社會能力定義為具有四種技巧的人：⑴能和他人發展正向的關係，⑵具有正確的和年齡適當的社會認知，⑶無不適應的行為，⑷能表現有效的社會行為。葛斯漢（Gresham, 1986）認為社會能力為「依照判斷，評估某人工作表現是否適當的名詞」，他並將社會能力分成兩大部分：「適應行為」（adaptive behavior）以及「社交技巧」（social skills）（見圖 2-2）（Gresham, 1988）。

學界開始重視社交技巧訓練起因於，很多身心障礙兒童對社會情境常用問題行為的方式來反應，對於這種情形，過去傳統的做法是，父母或老師告誡孩子不可以做這些行為，有的會用處罰的方式來喝止兒童的不當行為。但是研究發現，處罰雖能立即阻止兒童的問題行為，卻不能保證問題行為不再發生，更甚者，有些兒童經處罰後變本加厲，而需要用更嚴厲的手段來對付，最後導致處罰無效。社交技巧訓練的基本假設是——父母和老師只是告訴兒童不能做某些行為是不夠的，因兒童並不知道該怎麼做；大人除了告誡兒童不能做某些行為外，還應該告訴兒童在容易發生問題的情境下應該怎麼處理，以及為什麼要求這麼做。社交技巧訓練方案的主要目的，就是提供兒童有效的社交方法，以期獲得滿意的社會互動。

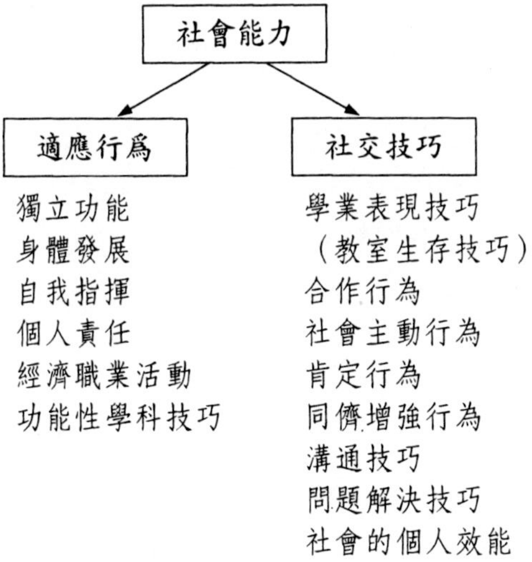


圖 2-2：社會能力

出自：Gresham, F. M. (1986). Conceptual and definitional issues in the assessment of children's social skills: Implications for classification and training. *Journal of Clinical Child Psychology, 15*(1), 3-15.

目前在美國有很多社交技巧訓練的課程出版，但多以輕度障礙的學生為對象，例如高斯汀（Goldstein）和其同僚所出版的「技巧庫」系列（Skillstreaming），分別針對學前（McGinnis & Goldstein, 1990）、國小（McGinnis & Goldstein, 1997）和青少年學生（Goldstein & McGinnis, 1997）出版三套「利社會技巧」（prosocial skills）的教學活動，此課程適用於一般兒童和特殊兒童。高斯汀認為此套課程對三類兒童特別有助益：(1)退縮或攻擊性的兒童，(2)正常發展的兒童，但利社會技巧行為有缺陷者，(3)學習障礙、溝通障礙、行為問題、智能障礙或其他障礙的兒童。三套技巧庫分別為：

一、學前和幼稚園課程共有四十個利社會技巧，分成六類，包括：(一)初級社交技巧、(二)學校相關技巧、(三)交友技巧、(四)處理感覺技巧、(五)攻擊的替代技巧、(六)處理壓力的技巧。

二、小學課程包括六十個利社會技巧，分成五類，包括：(一)教室生存技巧、(二)交友技巧、(三)處理感覺技巧、(四)攻擊的替代技巧、(五)處理壓力的技巧。

三、青少年課程包括五十個利社會技巧，分成六類，包括：(一)初級社交技巧、(二)高級社交技巧、(三)處理感覺技巧、(四)攻擊的替代技巧、(五)處理壓力的技巧、(六)計畫技巧。（註 1）

著名的社交技巧訓練課程還有沃克（Walker）的「兒童有效的同儕和老師技巧課程」（A Curriculum for Children's Effective Peer and Teacher Skills, ACCEPTS, 1983）和「青少年溝通和有效社交技巧課程」（Adolescent Curriculum for Communication and Effective Social Skills, ACCESS, 1988）兩套（註2），此課程乃是因應美國聯邦公法 94-142（如同台灣的特殊教育法）對身心障礙兒童回歸主流的要求，由美國聯邦教育部經費補助發展而成的「殘障兒童示範課程」（Handicapped Children's Model Program），主要目的是在幫助身心障礙兒童發展社會行為能力，能適應普通班的教室情境。ACCEPTS社交技巧課程的主要對象為國小中低年級的學生，ACCESS 則適用於青少年。此課程主要是用直接教學法和能力本位法，來教導社交技巧。ACCEPTS包括五大領域、二十八個技巧；ACCESS 則包括三大領域、三十一個技巧（見表 2-2）。

由於自閉症兒童的社會互動能力顯著低於一般輕度障礙的兒童，坊間出版的社交技巧訓練課程，常是以已具有基本的聽指令、表達和觀察能力的兒童為主要對象，對國小低年級自閉症兒童顯得難度過高，並不適用。由於自閉症兒童的問題比輕度障礙兒童嚴重，因此，需要不同的教學方法，來幫助自閉症兒童學習社交技巧和適應行為。本社會情緒課程在社交技巧方面，乃是以國小低年級兒童在普通班教室上課所需要的基本社交技能為主要教學項目，由於我國普通班教室大都採大團體教學，著重老師教學，學生聽講，因此，自閉症兒童能在教室中生存的最重要技巧之一，實為能在團體中注意看和聽，並能藉由觀察模仿其他兒童的行為，而跟上團體的腳步。

表 2-2：ACCEPTS 和 ACCESS 課程所包含的社交技巧

| ACCEPTS（國小） | ACCESS（青少年） |
|---|---|
| 一、教室技巧 | 一、同儕相關技巧 |
| 1.聽老師的話 | 1.三步驟策略（評估、修改、行動） |
| 2.當老師教你做某事 | 2.傾聽 |
| 3.盡力做事 | 3.歡迎他人 |
| 4.跟隨教室指令 | 4.參與他人 |
| 二、基本互動技巧 | 5.交談 |
| 5.視覺接觸 | 6.借用 |
| 6.用正確的語調 | 7.提供協助 |
| 7.開始 | 8.說恭維的話 |
| 8.傾聽 | 9.表現幽默感 |
| 9.回答 | 10.維持友誼 |
| 10.合理 | 11.和異性交往 |
| 11.輪流說話 | 12.和他人協商 |
| 12.問問題 | 13.被忽略 |
| 13.繼續話題 | 14.處理團體壓力 |
| 三、相處技巧 | 15.表達生氣 |
| 14.用有禮貌的話 | 16.應付攻擊 |
| 15.分享 | |

（下頁續）

（續上頁）

16.遵守秩序
17.幫助他人
18.用正確的方式碰觸

四、交友技巧

19.早安
20.微笑
21.說恭維的話
22.交朋友

五、適應技巧

23.當某人說不
24.當你表達生氣
25.當某人嘲笑你
26.當某人想要傷害你
27.當某人叫你去做你不能做的事
28.當事情不順利時

二、成人相關技巧

17.獲得成人的注意
18.不同意成人的意見
19.對父母、老師、雇主要求的回應
20.做好工作
21.獨立做事
22.養成好的工作習慣
23.遵守教室秩序
24.養成好的讀書習慣

三、自我相關技巧

25.以自己的外表為榮
26.有組織的
27.用自我控制
28.做你同意做的事
29.接受自己行為的後果
30.應付難過、沮喪
31.覺得自己不錯

出自：Walker, H. M., McConnell, S., Holmes, D., Todis, B., Walker, J., & Golden, N. (1983). *The Walker social skills curriculum: The ACCEPTS program.* Austin, TX: Pro-ed, Inc.

Walker, H. M., Todis, B., Holmes, D., & Horton, G. (1983). *The Walker social skills curriculum: The ACCESS program.* Austin, TX: Pro-ed, Inc.

第三節

# 情緒能力

心理學界開始研究情緒已有很長的一段歷史，達爾文在一八七二年出版的《人和動物的情緒表達》（*The Expression of the Emotions in Man and Animals*）最早探討情緒的適應功能，他認為情緒在物種生存中扮演一個重要的角色，人類和動物會因情緒而產生適應行為，例如因害怕而逃走、躲避危險（Darwin, 1965/1872）。現代心理學則較重視情緒的心理功能，認為情緒是人類行為動機的主要根源（Salovey, Bedell, Detweiler & Mayer, 2000）。近年來，由於多元智力理論（Gardner, 1983; Gardner, 1999）的推廣和高曼（Goleman, 1995; Goleman, 1998）《EQ》一書的暢銷，一般大眾開始重視情緒能力對一個人成就的影響。

目前和情緒相關的能力，在心理學界有很多不同的名稱和定義，例如嘉納（Gardner, 1983; Gardner, 1999）用「人際智力」（interpersonal intelligence）和「個人內智力」（intrapersonal intelligence）；斯騰博格（Sternberg, 1985; Sternberg et al., 2000）用「實用智力」（practical intelligence）；麥爾和斯

洛維（Mayer & Salovey, 1993）及高曼（Goleman, 1995; 張美惠譯，民 85）用「情緒智力」（註 3）；高爾（Cole, 1997）用「道德智力」（moral intelligence）；莎尼（Saarni, 1999）則用「情緒能力」。

麥爾等人（Mayer & Salovey, 1993; Mayer, Caruso & Salovey, 2000）最早提出「情緒智力」的名稱，並將情緒智力定義為「一種去了解不同情緒的涵義和其間的關係，以及用這些情緒為基礎進行思考和解決問題的能力」。麥爾等人認為情緒智力包括四方面的技能，由低階到高階分別為：「接收和表達情緒」（perceiving and expressing emotion）、「在思想中消化情緒」（assimilating emotion in thought）、「了解情緒」（understanding emotions），和「深思熟慮地規範情緒」（reflectively regulating emotions）。

莎尼（Saarni, 1999）則用「情緒能力」的名稱，認為情緒能力乃是個人在處理環境改變時，所需要的和情緒有關的能力；情緒能力的成分乃是由達成「自我效能」（self-efficacy）時所需要的技巧所組成，特別是當我們產生情緒時，能有技巧地應用對情緒的知識和情緒表達，經由人際互動過程，協商出方法（莎尼的情緒能力技巧請參見表 2-3）。

表 2-3：莎尼的情緒能力技巧

| |
|---|
| 一、能察覺自己的情緒狀態，包括複雜的情緒以及較成熟的狀態——會潛意識地忽略某種情緒。 |
| 二、在情境和表達線索的提示下，能察覺他人的情緒。 |
| 三、能運用情緒字彙來表達自己的情緒；較成熟的狀態——所運用的方式會和自己的社會角色相連結。 |
| 四、對他人情緒經驗有同理心和同情心。 |
| 五、能知道自己和他人內在的情緒狀態，不一定會和外在的情緒表達一致；較成熟的狀態——知道自己的情緒表達行為會影響他人，因此，表達情緒時，會將他人可能的反應考慮在內。 |
| 六、能夠用自我規範的策略，調適應付厭惡或痛苦的情緒，並且能修正此情緒狀態的強度或持續時間。 |
| 七、知道關係的結構或本質，主要視怎麼溝通此關係而定，例如決定立即、真誠表達情緒到什麼程度，以及在關係中彼此情緒的互惠和對稱。成熟的親密關係指共同、互惠分享真實的感情。 |
| 八、情緒自我效能的能力，指個體能整體的看他自己的感覺是否是他自己想要的。亦即情緒自我效能——指個人能接受自己的情緒經驗，不管獨特和古怪，或是符合文化傳統，此自我接受和自己在情緒上想要得到的平衡信念一致。 |

摘譯自：Saarni, C. (1999). *The development of emotional competence*. New York: The Guilford Press.

目前在心理學界，對於是否有「情緒智力」及其內涵仍未取得共識（Davis, Stankov & Roberts, 1998）（註 4），由於一般心理學所稱的「智力」多指穩定、不易改變的潛在能力，因此，我們傾向用「情緒能力」而非情緒智力來統稱本課程所要教導的能力，希望藉由教導自閉症兒童認識情緒以及表達情緒，來增進自閉症兒童的情緒能力。本社會情緒課程的情緒技巧，著重於認識自己和他人四種最基本的情緒：高興、難過、害怕、生氣，最後並訓練自閉症兒童忍受挫折，增進控制自己情緒的能力。

## 第四節 實證研究

自閉症兒童的社會互動困難不只是精神醫學診斷時的重要指標，實證研究亦指出，自閉症者比一般人和身心障礙者更具有社會互動的缺陷，其社會能力發展也較遲緩（如Kanner, 1943; Hobson & Lee, 1998; Njardvik et al., 1999）。哈柏森和李（Hobson & Lee, 1998）研究自閉症者和智能障礙者在測驗室對不認識者自動或提示下打招呼和說再見的次數，受試者包括二十四位年齡介於八歲至二十一歲的自閉症者，以及二十四位八歲至二十三歲智能障礙者，兩組配對生理年齡和語文能力，實驗過程並拍攝錄影帶，結果發現自閉症者比智能障礙者較少主動用口語或非口語的手勢打招呼和說再見，並且打招呼時，較少有眼神接觸；很少自閉症者有笑容及會揮手對不認識者說再見。

那維克（Njardvik et al., 1999）比較極重度智障的三組成年人，包括「自閉症」、「不明確廣泛性發展障礙」（pervasive developmental disorder not otherwise specified, PDDNOS）和「智能障礙」，結果發現自閉症成人比PDDNOS和智障成人顯著具有適應方面的社交技巧缺陷，三組社交技巧的平均數以智障者最高，其次為 PDDNOS，自閉症者最低。

自閉症者不只在社會互動上有困難，研究也發現其具有情緒技巧方面的缺陷，例如不了解他人的面部表情（Celani, Battacchi & Arcidiacono, 1999; Klin et al., 1999）、呈現不適當的表情（McGee, Feldman & Chernin, 1991）、不了解因果關係（Jaedickeet, Storoschuk & Lord, 1994）、缺乏同理心（Yirmiya, Sigman, Kasari & Mundy, 1992）、缺乏「心智理論」（theory of mind）和「錯誤信念」（false belief）（Baron-Cohen, 1989）等。克林等人（Klin et al., 1999）比較自閉症、PDDNOS和非PDDNOS（包括智障和語障）三組兒童在「卡夫曼兒童測驗」（Kaufman Assessment Battery for Children）

的分測驗「認識人臉」（face recognition）分數上的差異，三組兒童在年齡和非語文智商的分數無顯著差異，結果發現，自閉症兒童「認識人臉」的分數顯著比 PDDNOS 和非 PDDNOS 兒童低，而 PDDNOS 和非 PDDNOS 兩組兒童在此分測驗分數並無顯著差異。他們認為自閉症兒童認識人臉能力的缺陷，不能用語文和非語文智力的缺陷、無法完成測驗工作要求或是視覺記憶缺陷來解釋。

學界企圖對自閉症者進行社交技巧訓練，至少已有二十年的歷史，早期的研究主要是在機構中進行，並且以自閉症青少年和成人的社交技巧訓練為主（如 Mesibov, 1984; Williams, 1989）。麥斯拔（Mesibov, 1984）針對機構中十五位年齡介於十四歲到三十五歲的自閉症青少年和成人進行社交技巧訓練，訓練方案包括個別訓練、團體討論和兩人一組練習。從自閉症者和其家人對訓練的回饋中得知，此訓練方案對自閉症者正向的同儕互動有助益。

近年來的研究則較重視兒童期的訓練，尤其是訓練學前兒童的社會互動能力，有的研究將教學重點放在訓練一般正常兒童社會互動技巧，然後要他們去和自閉症兒童互動，來幫助自閉症兒童學習適當的社交技巧（如 Roeyers, 1996; Goldstein, Kaczmarek, Pennington & Shafer, 1992; McGee, Almeida, Sulzer-Azaroff & Feldman, 1992）；有的則是將一般兒童和自閉症兒童一起訓練（如 Gonzalez-Lopez & Kamps, 1997; Kamps et al., 1992; Laushey & Heflin, 2000）。例如高斯汀（Goldstein et al., 1992）研究「同儕介入法」（peer-mediated intervention）對增進融合托兒所一般正常兒童和自閉症兒童社會互動的功效，受試者包括十位一般學齡前兒童以及五位自閉症兒童。在實驗前的基線階段，兩組兒童很少互動；在實驗的介入階段，實驗者對一般正常兒童施與六節策略訓練，教導一般兒童如何和身心障礙兒童互動，訓練的策略主要包括如何和同伴一起注意遊戲活動、如何對進行中的活動發表意見、如何承接同伴的話題。實驗結果發現，四位自閉症兒童在同儕訓練的介入階段，社會互動的比率有明顯的增加。

岡勒斯和肯培斯（Gonzalez-Lopez & Kamps, 1997）用小團體的方式，訓練年齡介於五到七歲的兒童社交技巧，其中包括四位自閉症兒童和十二位正常發展的兒童；一位自閉症兒童和三位一般兒童一組，由特教老師進行教學，訓練的社交技巧項目包括打招呼、叫名字、會話、模仿、遵循指令、分享、輪流和求助等，一般兒童並另外進行行為管理技術訓練，實驗結果發現，自閉症兒童顯著增加和一般兒童互動的次數和時間。

目前較少研究致力於自閉症者的情意技巧教學，大部分的實證研究，專注於比較自閉症者和其他身心障礙者在情緒能力上的差異（如 Celani et al., 1999; Klin et al., 1999; McGee et al., 1991; Yirmiya et al., 1992）以及研究自閉症者是否具有心智理論能力上的缺陷（如 Baron-Cohen, 1989; Baron-Cohen, 1991）。吉納（Gena et al., 1996）的研究，是目前能找到的少數已發表的報告，其教導四位自閉症青少年適當的情意行為，由治療師用示範、提示、增強技巧的方法對自閉症者進行一對一的訓練，訓練的項目包括談論喜歡的事情、對荒謬的事情會笑、表現同情心、表達感激和指出不喜歡。結果發現，自閉症者的訓練效果可以類化到未訓練的項目、不同的治療師、不同的時間和情境。

最近有些研究注重訓練自閉症者的「心智理論」能力（如黃玉華，民 89；Hadwin, Baron-Cohen, Howlin & Hill, 1996; Howlin, Baron-Cohen & Hadwin, 1999; Ozonoff & Miller, 1995），心智理論假設自閉症者猜測他人心智狀態的能力受損，導致他們無法根據信念去預測他人的情緒。何霖等人（Howlin et al., 1999）最近新出版一訓練自閉症者的心智理論課程，主要將心智理論概念分成「情緒」（emotion）、「信念」（belief）和「假裝」（pretence）三類，並將其難易度從簡單到困難分成五個等級（見表 2-4）。

表 2-4：心智理論課程

| | 情緒 | 信念 | 假裝 |
|---|---|---|---|
| 第一級 | 認識照片的表情（高興、難過、生氣、害怕） | 簡單的角色取替 | 感覺動作遊戲 |
| 第二級 | 認識圖片的表情（高興、難過、生氣、害怕） | 複雜的角色取替 | 功能的遊戲（少於等於兩個例子） |
| 第三級 | 指出情境中的情緒（高興、難過、生氣、害怕） | 看見而知道（自己／他人） | 功能的遊戲（多於兩個例子） |
| 第四級 | 渴望本位的情緒（高興、難過） | 真的相信／行動預測 | 假裝的遊戲（少於等於兩個例子） |
| 第五級 | 信念本位的情緒（高興、難過） | 錯誤信念 | 假裝的遊戲（多於兩個例子） |

摘譯自：Howlin, P., Baron-Cohen, S., & Hadwin, J. (1999). *Teaching children with autism to mind-read: A practical guide*. New York: John Wiley & Sons.

目前有關心智理論教學的研究，例如黃玉華（民 89）、歐諾夫和米勒（Ozonoff & Miller, 1995）和何德溫（Hadwin et al., 1996）皆指出自閉症者是可以訓練心智理論能力的，但難以類化至日常生活情境；例如歐諾夫和米勒（Ozonoff & Miller,

1995）的研究指出，心智理論能力的進步和老師、家長評自閉症者的社會能力無關；另外何德溫等人（Hadwin et al., 1996）發現，所訓練的能力無法類化到其他未教的教材，也無法藉由教學增加自閉症者「假裝遊戲」（pretend play）的能力。本社會情緒課程和心智理論課程的教學順序不同，著重社會能力和情緒能力的教導，在情緒能力教學的難易度上亦有不同看法。心智理論課程先從照片表情開始教，圖片表情在後，本課程則從簡單的線條開始，再到複雜的照片和老師示範，教學的過程重視一般兒童認知和情緒能力發展的先後順序（見第六章和附錄一）。

## 註解

註 *1.* 高斯汀（Goldstein）和其同僚所著的「技巧庫」（Skill-streaming）由美國 Research Press 公司出版，有興趣者可洽網址 http://www.researchpress.com。青少年課程第一版（1980）有中文譯本，譯名為《青少年行為改變策略》，黃玲蘭譯（1995），由五南圖書出版公司出版。

註 *2.* ACCEPTS 和 ACCESS 課程由美國 Pro-ed 公司出版，有興趣者可洽網址 http://www.proedinc.com

註 *3.* 「情緒智力」(emotional intelligence)在台灣翻譯成EQ，EQ 實為「情緒商數」(emotional quotient)的縮寫，乃測驗的一種標準分數。

註 *4.* 目前在心理學界，對於是否有「情緒智力」(emotional intelligence)仍有很大的爭議。《EQ》作者高曼(Goleman, 1998)認為智力可分成兩種，一種是知識的智力(intellectual)，乃傳統智力測驗所測量的認知能力；另一種為情緒智力。但戴維斯等人(Davis, Stankov & Roberts, 1998)的研究發現，目前用來測量情緒智力的測驗多為自陳量表，量表的題目內容和一般傳統智力測驗或人格測驗的題目相近，無法區別其中的差異，因此，無法用來證明有情緒智力的存在。

# 第三章

# 教學策略的運用

## 第一節

# 自閉症兒童的學習問題和教學策略

自閉症兒童的教育工作對老師或家長而言，經常是一項很大的挑戰，老師或家長發現，自閉症兒童和一般兒童的學習方式非常的不同，他們很難用一般的教學方式來溝通，經常需要大人一對一的教導。以下敘述自閉症兒童常見的學習問題以及有效的教學策略。

## 一、自閉症兒童的學習問題

### (一)不易學習認知課程

由於自閉症兒童從外界獲取資訊的能力比一般孩子薄弱，再加上對外界事物的變動不敏感，在學習時，往往必須提供額外的協助，才能跟上學習進度。常見的學習問題，例如有注意力的問題、容易分心、會特別注意某部分而忽略其他部分、不知道老師現在在講第幾題、不知道現在要寫習作第幾頁等；並且經常會偏愛某個特殊主題，例如特別喜歡國旗、地球儀、樂譜等；上課時，當老師已經開始講下一個主題，仍會停留在剛剛的主題，並且一直複述老師所說的話；碰到有興趣的主題時，若老師想轉移，會堅持要繼續該主題。另外，常見的問題如缺乏抽象思考的能力，需要具體的實物來幫助了解認知課程等。

### ㈡不易和他人建立互動關係

自閉症兒童經常有社交方面的困難，很難和人建立滿意的人際關係。常見的社交問題，例如好像活在自己的世界中，不喜歡被打擾，不注意周圍發生的事；在團體中，顯得退縮、冷漠；並且常眼瞪空白處，和人談話時，表情冷淡，不看說話者，也沒有眼神接觸；經常對人視而不見，不會向人打招呼，也不會社會性的微笑，對別人的問話不理不睬，好像沒聽到。此外，自閉症兒童也不喜歡和人有身體接觸的行為，如被擁抱、輕拍等。

自閉症兒童也經常有情緒方面的障礙，更助長了人際互動的困難，常見的情緒障礙，例如挫折容忍力低、不願等待；對別人的指令或要求亂發脾氣；生氣時出現咬人、尖叫或自傷行為；移動時常用衝撞的動作；缺乏自我概念等。因此，當和老師、同學互動時，很容易造成別人的誤會，產生社交上的障礙。

此外，有些自閉症兒童還會出現一些自我刺激或怪異的問題行為，例如無聊時搖晃手指頭或身體；焦慮時喃喃自語說個不停；有奇怪的癖好，如喜歡聞別人身體的味道或躲在某個角落等。這些奇怪的行為，在低、中年級時，可能會被同學視為怪人，在高年級時，則可能因此而被同學排斥，增加老師處理班級事務的困擾。

### ㈢有表達和接收語言的障礙

自閉症兒童經常很快學會認字，會說很多的名詞、動詞或助詞，但是卻缺乏將整個句子整合、掌握句子表達內容的能力，常見的語言表達問題有：喜歡複述某個聲音或某句話（如電視廣告詞）；說話沒有抑揚頓挫，講話像機器人，不帶感情；音量控制不當，該講小聲時，卻說得很大聲；回答別人問話時，仿說別人的問句，不會和人對談；代名詞反轉，把「我」說成「你」、「你」說成「我」；不清楚肯定和否定的用法，「是」說成「不是」、「好」說成「不好」等。

自閉症兒童也經常有語言接收的問題，例如對人的問話沒反應，好像聾子、聽不懂別人的指令、誤解別人的話等。自閉症兒童也不易理解別人的肢體語言，例如用手勢、姿勢、表情等傳達的溝通訊息，常發生的現象如別人在哭泣或做出很生氣的表情時，自閉症兒童仍然無動於衷。自閉症兒童不像一般正常的兒童，會用一些肢體語言給別人回饋，例如對人笑一笑表示知道了，或是拉拉別人的手表示和好。其他因語言問題而引發的問題行為，例如當自閉症兒童想拒絕別人時，因為不會表達「不要」、「不行」，而用打人、打自己等行為來表達自己的情緒，因此，造成別人對自閉症兒童的誤會或反感。

### ㈣缺乏變通能力，對外在環境的改變無法做出正確的反應

自閉症兒童常有固執行為，喜歡固定反覆地做某些事情，例如東西一定要按照某種方式排放、上學時一定要走某條路等。並且經常無法立即配合場合或情境的轉變，而改變慣有的反應模式，當自閉症兒童學會某一個反應後，對於任何刺激都會採用相同的反應來應付，例如老師拿出圖卡要他說出這是什麼，孩子回答正確的答案，接著老師問他數量，孩子還是會回答這是什麼東西；雨天被雷聲嚇過，接下來只要看到下雨便會一直喊「打雷了」。因此，在教學情境中，孩子很容易因為固著的行為反應，無法對教學活動立即反應，或是因為不能適應改變而哭鬧，例如老師說出去排隊，以往排隊就是要出去上體育課，但今天是要去保健室，自閉症兒童則會因為和既有的想法不同而哭鬧不肯去，讓老師和同學莫

名其妙。

## 二、自閉症兒童的教學策略

由於自閉症兒童以上的特殊學習特徵，在教學中，需要運用一些策略來增進自閉症兒童的學習。

### ㈠結構化的教學情境

由於自閉症兒童特殊的學習特徵，因此，在教學時特別適合結構式的情境。首先，在教學空間和環境上，自閉症兒童較適應有組織、有規律的班級和課程，不適合開放式的教育。有些學校為幫助身心障礙兒童適應普通班，會用返回歸的方式，先讓特殊兒童上一些較輕鬆的課程，例如體育、音樂等，讓其適應普通班的教學情境，這種安排或許適合其他障礙類的特殊兒童，但卻不適合自閉症兒童，因為自閉症兒童在沒有組織的環境中，較會發生問題行為，比較適應有結構的環境，因此，較適合的安排是讓自閉症兒童參與國語、數學等較有組織、有條理的課程。

其次，課程的安排應該盡量結構化，每一堂課的連接，要有一個清楚的開始和結束，學校的鈴聲就是一個很好的線索，並且，老師最好將日常的作息清楚列出來，貼在桌上或醒目的地方，讓自閉症兒童有一清楚的概念。此外，每一堂課對學生應有的反應，要有明確的期待。對於班級日常作息特別會出狀況的情境，最好將行為步驟逐條列出寫在紙上，讓自閉症兒童能跟著條文逐條檢查，例如放學時的排隊流程、抄聯絡簿應注意的事項等。

### ㈡視覺線索的運用

自閉症兒童的學習管道和一般兒童不同，比較容易從視覺的管道來學習新事物，對聽覺的口語指令反應較遲緩，也經常聽不懂複雜的語文內容。有名的自閉症者畜牧學博士天寶・葛蘭汀（Temple Grandin）在描述自己的學習方式時就說，她的心智學習主要是靠視覺學習，對聲音近似的字常搞不清楚，尤其碰到人際關係等較抽象的觀念時，她很難理解，常會用視覺上的微笑來代表（Grandin, 1999）。因此，本課程在教學時，盡量運用圖形等視覺線索來幫助自閉症兒童學習，例如在教導情緒時，運用情緒圖形、畫圖和錄影帶來幫助自閉症兒童理解與表達自己和他人的感覺。

另外，當自閉症兒童發生問題行為時，用口語制止學生的行為較無效果，最好的方式是將正確的行為畫圖或用文字寫出來（視學生的功能而定），當自閉症兒童發生問題行為時，要學生看圖或將文字讀一遍。例如在桌上貼紙條「上課時要坐在椅子上，雙手放好」，當自閉症兒童坐不住想亂跑時，就引導學生讀一遍句子，經常就能立刻控制住學生的行為。

而當自閉症兒童發生固執行為，堅持一定要按某種方法執行才可以時，最好的解決策略不是強迫或處罰學生，而是將舊的步驟和新的步驟分別條列出，然後教導自閉症兒童在某種情況用甲步驟，在另一種情況下用乙步驟，就像在原來的電腦程式再加寫另一條程式一樣，例如上述學生排隊到保健室哭鬧的例子，老師可以用路徑圖來解決學生的問題行為：

甲步驟：體育課 → 排隊 → 操　場

乙步驟：打　針 → 排隊 → 保健室

### ㈢直接教學法

目前教育改革倡導中、小學教育要多引導學生用問題解決策略或腦力激盪等開放性思考來學習，這些教學法雖然對一般的兒童有助益，但對自閉症兒童卻不適合；自閉症兒童較適合傳統以老師為主導的直接教學法。直接教學法的特點是教學過程由老師主導控制，老師有清楚的教學目標，使用具體的教科書或教材，教學時，老師會直接教導學生學科解題技巧，提供學生明確的例子，示範正確的做法讓學生模仿，對學生的回答，老師會提供立即的回饋，教材多半有標準答案，並且老師會不斷地監督學生的學習，提供練習題讓學生反覆練習，直到精熟為止。這種結構式、具體明確的教學策略，特別適合自閉症兒童的學習特徵，因此，在安置自閉症兒童時，盡量找教學較結構化的老師，自閉症兒童較容易適應成功。

### ㈣觀察學習

一般正常兒童學習事務，很多是經由觀察學習，即自動自發的模仿父母、老師或周圍人的行為，而學會一些新事物。這些模仿行為雖然經常發生在一般兒童身上，但卻很少發生在自閉症兒童身上。由於自閉症兒童經常以自我為中心，不在乎周圍發生的事物，因此，一般不會主動觀察模仿周圍人的行為，遊戲時，也不會模仿其他兒童的行為。由於自閉症兒童欠缺自動模仿的能力，因此，常無法藉由模仿同儕的正常行為，而跟上團體的腳步，使普通班的安置無法達到最大的受益。例如老師說要上國語課，同學拿出國語課本，自閉症兒童不知道要做什麼，但也不會看同學在做什麼而跟著做。因此，訓練自閉症兒童觀察模仿的能力，乃是幫助自閉症兒童學習新事務和適應普通班很重要的技能。

由於模仿能力乃是學會更複雜高級技巧的基礎能力，因此，本課程在開始的單元，特別強調訓練兒童觀察模仿的能力，並且藉由「請你跟我這樣做」的遊戲來學習模仿老師不同的動作。另外，研究發現，自閉症兒童較難經由觀察真人示範而學會新行為，比較容易模仿錄影帶中人物所做的示範（Charlop-Christy, Le & Freeman, 2000），因此，本課程在學習較抽象的內容如情緒表情時，乃是由訓練學生觀察模仿錄影帶開始，當學生學會時，再進步到由老師和同學表演，其他同學模仿。

### ㈤增強物的使用

由於很多自閉症兒童有學習方面的問題，例如在教室坐不住、挫折忍受力低、情緒不穩定、對作息和環境的改變有強烈的反應等，因此，在學習時，經常需要有增強物來增加自閉症兒童學習的動機。適當的使用增強物，可以讓自閉症兒童及時建立新行為，並維持良好的行為。增強物分為原級增強物和次級增強物，原級增強物指對人生理上重要的增強物，如食物、飲料等；次級增強物包括物品（貼紙、玩具）、活動（玩電動玩具十分鐘、打球等）和社會增強（微笑、稱讚、擁抱、拍手等）（Alberto & Troutman, 1999）。

基本上，增強物最好是用自然增強，亦即以日常生活中自然發生的事物作為增強物。幾乎所有的增強物都有可能是自然增強物。此外，用社會性增強比用食物、金錢、物品等物質增強物好。但在教學時，我們可能會發現，當自閉症兒童剛進入團體生活時，食物增強對這些兒童似乎最有效（如餅乾、糖果、飲料等），其次為物品增強物（如貼紙、玩具、蓋章、分數等），社會性增強對這群孩子有時沒什麼用，誇獎他也沒反應，有些兒童甚至討厭別人碰觸他的身體（如誇獎孩子時，拍拍孩子的肩膀或頭）。我們發現，年齡愈小、功能愈低的自閉症兒童，經常需要每教導一個行為，就要立即給與增強物才願意繼續學習。因此，老師在選擇增強物時，需要依照學生的認知功能、成熟度、年齡做調整，對年幼或功能較低的兒童，需選擇具體的物品作為增強物；對年紀較大或功能較高的兒童，則選用社會性增強物。當學生的行為建立後，再逐漸延宕增強的時間，最後完全廢除物質增強物，以社會性增強來代替，幫助學生建立內在的學習動機。

## 第二節

# 行為管理制度的建立

前文提到增強物對自閉症兒童教學的重要性，因此，教學時，老師最好能夠規畫出「團體行為管理制度」和「個別行為管理制度」，來增加自閉症兒童的學習動機。在設計行為管理制度之前，老師必須先調查和了解每位自閉症學生所好惡的物品，以便規畫出適合每位小朋友的行為管理制度。老師可透過直接觀察法，或藉由與學生、父母、同學或其他老師的晤談，來幫忙蒐集有關學生偏好的資料。

其次，選擇增強物時，要考慮到自閉症兒童的認知能力和成熟度，以便設計出他們能了解的行為管理制度，例如若學生還不明白社會性增強的意義，則還是得從原級食物增強開始，再慢慢教導學生社會性增強的意義。此外，還要考慮到執行的可行性，若所訂出的增強制度在執行上有人力或情境上的不方便，則有必要重新檢討增強制度。最後，在學生目標行為建立之後，要逐步褪除增強物。

茲以高雄市一所國小的自閉症資源班為例，說明行為管理制度的制定過程：

## 一、了解自閉症兒童的好惡物品

在選擇增強物前，老師要先調查學生的喜好來選擇增強物，主要考慮學生的年齡、興趣、功能和發展狀況，「增強物調查表」的範例見附錄五。自閉症資源班學生能力概述和其喜好、厭惡事物的描述如下表（見表 3-1）。

表 3-1：自閉症資源班學生能力概述和其喜好、厭惡事物的描述

| 學生 | 性別 | 年齡 | 年級 | 能力概述 | 喜好 | 厭惡 |
|---|---|---|---|---|---|---|
| A | 女 | 十歲六個月 | 四 | 有基本的口語能力，學習較被動 | 電視廣告<br>商品目錄<br>購物 | 罰站<br>青菜<br>水果<br>不能下課 |
| B | 男 | 九歲五個月 | 三 | 口語能力有限，有注意力問題 | 購物<br>運動飲料<br>剪圓形 | 罰站<br>青菜<br>水果<br>不能下課 |
| C | 男 | 八歲七個月 | 三 | 和普通班同學差距不大 | 電腦<br>購物 | 罰站<br>不能下課 |
| D | 女 | 八歲五個月 | 三 | 有基本口語能力，學習主動 | 電腦<br>購物<br>畫畫 | 罰站<br>青菜<br>水果<br>不能下課 |
| E | 男 | 七歲五個月 | 二 | 和普通班同學差距不大 | 電腦<br>購物 | 罰站<br>不能下課 |
| F | 男 | 七歲十一個月 | 一 | 有基本口語能力，有注意力問題 | 電腦<br>購物 | 罰站<br>不能下課 |

（下頁續）

（續上頁）

| | | | | | | |
|---|---|---|---|---|---|---|
| G | 男 | 七歲二個月 | 一 | 和普通班同學差距不大 | 電腦<br>購物 | 罰站<br>不能下課 |
| H | 女 | 六歲五個月 | 一 | 有基本口語能力，有嚴重情緒問題 | 購物<br>運動飲料 | 罰站<br>不能下課 |

## 二、建立團體和個別行為管理制度

基本上，行為管理制度本身具有社會規範的涵義，由於自閉症兒童較難領悟社會制度的意義，為了幫助學生盡快建立制度的觀念，以及產生行為和增強物之間的連結，此自閉症資源班的行為管理制度除了增加好行為外（得「○」和貼紙），亦包括減少壞行為（得「×」和罰站）。此減少壞行為的規定乃是為了能幫助自閉症兒童在他表現出不適當的行為時，能立即得到老師的回饋，知道自己的行為是不適當的，而不只在學生表現好行為時，才給學生回饋。

### ㈠團體行為管理制度

依據以上學生能力和喜好的描述，資源班規畫出以下的團體行為管理制度：

1. 上課表現好可以得「○」。

2. 三個「○」換一張貼紙，集滿十張貼紙，可以去超市購物。

3. 表現不好得「×」，一個「×」扣掉一個「○」。

4. 若沒有「○」可扣，得三個「×」要罰站。

在減少壞行為的部分，由於大多數個案不喜歡下課時間被剝奪，因此，下課罰站（得三個「×」）成了全班最後的處罰方式，其中個案 A、B、D、F、H 的社會能力較弱，必須親眼目睹同學正在享受權利，才知道自己正在被剝奪權利，因此，罰站時會配合增強其他表現好的同學，例如玩玩具、享用好吃的點心等，讓學生感受到自己的權利被剝奪。

### ㈡個別增強制度

上述的團體行為管理制度是依照所有學生的好惡所設計的，由於自閉症兒童在認知能力、特性上有很大的差異，因此，再依據學生的能力制定個別增強制度，以幫助學生盡快建立新行為。對上述個案 A、B、D、F、H 而言，由於等待集滿十張貼紙的時間太長，學生可能會失去耐心而令增強制度無效，因此，在過程中加入較密集的個別增強制度。此外，個別增強制度也會因學生程度的不同，而調整增強的密集度及選用不同的增強物。個別增強制度見表 3-2 所示。

表 3-2：個別增強制度

| 學生 | 個別增強制度 |
|---|---|
| A | 每集滿三張貼紙，可先看購物目錄。 |
| B | 每集滿三張貼紙，可先用筆圈出購物目錄中老師指定的商品，並用剪刀剪下。 |
| C | 集滿十張貼紙，可以去超市購物。 |
| D | 每集滿五張貼紙，可畫出想買的東西。 |
| E | 集滿十張貼紙，可以去超市購物。 |
| F | 每集滿五張貼紙，可以用電腦打出要買的東西。 |
| G | 集滿十張貼紙，可以去超市購物。 |
| H | 每集滿一張貼紙，可喝一口運動飲料。 |

上述的行為管理制度訂定後，我們會與家長、普通班教師、學校行政人員等相關人員進行聯繫，進一步討論行為管理制度的可行性，若有必要，再進行修改，以提高可行性。在學生能完成行為目標後，我們會逐步褪去其個別行為管理的部分，最後只保留團體行為管理制度。

### ㈢注意事項

*1.* 在制定學生行為管理制度時，盡可能讓學生參與，並把

行為管理制度與希望學生達成的目標，以明顯的視覺線索及學生可以了解的方式，陳列在教室中的明顯處提醒學生，以預防學生因不清楚老師的要求和教室規範而犯錯。

2. 用食物、飲料當增強物時，較適合在學生功能較低，需要一對一教學時，教學時間不要太長，並且只給少量的增強物，如餅乾一次只給學生一小塊、飲料只喝一口，盡量延宕滿足。

3. 在制定行為管理制度時，主要以增加學生的好行為（增強、加分、契約）為主，減少壞行為的處罰方式（忽略、扣點、隔離、斥責、打手心等）為輔，處罰的策略最好在增加好行為沒效時才使用。對於其他類特殊兒童，例如注意力缺陷過動症兒童，建議最好用增加好行為的鼓勵策略，處罰策略較易引起學生反感。

4. 忽略學生不適當的行為，用在一些特殊兒童身上非常有效，例如注意力缺陷過動症、情緒障礙、智能障礙等；但老師或家長可能會發現忽略策略對自閉症兒童無效，雖然自閉症兒童亦可能為了引起別人的注意而發生問題行為如自傷等，但大部分自閉症兒童的問題行為，不是為了引起社會注意而產生的，乃是用錯方法溝通自己的需要或因為自我刺激自得其樂，因此，老師運用行為管理技術時，要了解特殊兒童的特質，選用適當的方法進行班級經營。

5. 當學生能達成目標時，要逐步褪除增強物，先去除個別行為管理制度，再去除團體行為管理制度，以社會性增強來取代。

6. 若學生在學習過程中經常會發生某問題行為，這時，若只是處罰學生不適當的行為，經常無法減少學生的問題行為，碰到這種情況，如一直照行為管理制度來處罰學生，則會讓學生很挫折，較好的方式是教導學生正確的行為，並反覆練習。有關這個部分，請參見本章第五節「學生問題行為的處理」。

## 第三節

## 教材教具的製作

### 一、教材教具的使用原則

由於自閉症兒童社會互動和溝通方面的障礙，使教學者在進行教學時，不僅較難從學生的表情動作察覺其學習問題，也不易從教學活動中得到學生的回饋，藉以修正教學方向。因此，在教學的過程中，不論是自製或是直接選用坊間已有的教材教具，運用教材教具的最終目標都是在克服自閉症兒童固有的問題行為，符合學生的學習需求，達到既定的教學目標。

由於大部分的自閉症兒童其視覺及空間技能較佳，多以視覺線索作為主要的學習管道，因此，在教導自閉症兒童學習的過程中，選用教材教具以提供學生視覺搜尋的線索，以及加速學生將學習內容類化於生活情境之中為主要考量。一般說來，教材教具可以分為以下兩種形式——操作式和解說式（見表 3-3）。

表 3-3：教材教具的形式

| | 操作式 | 解說式 |
|---|---|---|
| 功能 | 透過實際操作或紙筆書寫的方式讓學生熟悉學習內容，以達成教學目的。 | 透過其他材料的呈現，輔助老師教學內容的說明。 |
| 目的 | 以不同的形式觀察或評量學生的學習效果。 | 以不同的教學媒體提供不同的學習刺激。 |
| 種類 | 學習單、書寫小白板。 | 錄影帶、圖卡、字卡。 |

此外，教材教具主要是用來輔助學生學習，並不是老師教學的主體，因此，設計時應從以下幾個方向來考量：

㈠**考量學生的身心特性**：依學生學習的優勢管道來設計教材教具，如用視覺圖像、文字等教材幫助自閉症兒童學習。

㈡**具有功能性取向**：教材教具的取得或設計，應從日常生活中取得，不僅有助於學生將學習技能類化到生活中，也能讓家長利用家中既有的物品、器具幫助學生融入日常活動中。例如要訓練學生的溝通能力，這時選用攜帶方便的溝通卡片，比用電腦溝通板容易幫助學生類化到日常生活中。

## 二、教材教具的製作

有關本課程的教材教具，除了一些情緒表情、情境圖卡需要自製外，多半是隨手可得的教材，如學生的照片、卡通錄影帶等，老師可以自製教材教具，也可以從坊間找尋可用的教材教具加以改良，符合學生的學習需求。另外，由於普通班的教學中，經常需要抄寫黑版，本課程為培養自閉症兒童的抄寫能力，很多單元雖能事先製作作業單，但多以老師寫在黑板上，學生再模仿抄寫到練習本的方式進行教學。以下就本課程各單元所需教材教具的製作和編選原則逐一說明於表 3-4。

表 3-4 ：教材教具的製作和編選原則

| 單元 | 課程名稱 | 所需教材教具 | 教材教具的製作／編選原則 |
|---|---|---|---|
| 一 | 注意看 | 增強物（如小餅乾、糖果、飲料、小汽車、玩偶各若干） | • 應以學生實際對增強物的需求為主要考量。<br>• 老師可以先透過調查表（見附錄五）的填寫與評估後，再利用最能引起孩子學習動機的增強物為教材。 |
| 二 | 依指令做動作 | 無 | • 在訓練孩子的初期，亦可將字卡與命令同時呈現，增加孩子對指令的聯結。 |
| 三 | 知道自己和他人的名字 | 1. 全班學生的照片<br>2. 椅子各若干張 | • 全班學生照片的呈現，可依班級座位的安排。<br>• 對功能較低的學生，可以呈現他較熟悉的小朋友的照片。 |

（下頁續）

（續上頁）

| | | | |
|---|---|---|---|
| 四 | 分辨自己或他人的物品 | 學生、家長或老師的日常用品（如鞋子、水壺等） | • 以生活中較特別或讓孩子印象深刻的物品為優先呈現的目標。<br>• 當孩子可以正確的分辨自己或他人的物品時，亦可用照片來取代實物。 |
| 五 | 表達自己的好惡 | 1. 食物（如飲料、餅乾、葡萄乾等）<br>2. 玩具<br>3. 活動照片<br>4. 喜歡（笑臉☺）和不喜歡（哭臉☹）的圖卡<br>5. 椅子 | • 老師可以先透過調查表（見附錄五）的填寫與評估後，再利用最能引起孩子學習動機的增強物為教材。<br>• 活動照片可以孩子平時在家中或學校從事過的活動為主，程度較佳者可以用他人的活動照片取代。<br>• 活動照片可以先依不同類別（如遊戲、旅遊等）呈現，加深印象。 |

（下頁續）

（續上頁）

| | | | |
|---|---|---|---|
| 六 | 知道自己和他人的性別 | 1.男孩和女孩的圖片各若干張<br>2.公廁男、女性別圖示各一張<br>3.全班學生照片<br>4.椅子 | • 使用班上同學、兄弟姊妹或家長的照片。<br>• 事先調查學校廁所男、女性別圖示的種類。 |
| 七 | 自我介紹 | 無 | • 班級、全班學生名字、年齡等的字牌。<br>• 提示學生時，可以利用寫有問句的字牌；亦可事先將自我介紹的流程寫下，讓學生在練習時邊看邊說，逐步減少提示。<br>• 對於學生的喜好介紹，老師可以先限制範圍，例如喜歡吃的東西、喜歡看的電視節目等，藉由每一次的練習，逐步擴充學生介紹的內容，等到熟練後，才採開放的方式讓學生自由發表。 |

（下頁續）

（續上頁）

| | | | |
|---|---|---|---|
| 八 | 認識高興和不高興的表情 | 1. 笑臉☺和哭臉☹的圖片各一張（只有嘴部的變化）<br>2. 高興和難過的圖片各若干張（包括嘴、眼睛或眉毛的變化）<br>3. 高興和難過的照片各若干張<br>4. 卡通錄影帶（如：「櫻桃小丸子」）<br>5. 鏡子 | • 選擇笑臉☺和哭臉☹的圖片時，要強調嘴部變化，並可以要求學生在紙上仿畫。<br>• 高興和難過的圖片在剛開始時，應該著重實際人物的臉部特寫，之後才以一般生活照的照片為教材。<br>• 卡通錄影帶出現高興和難過的情境時，可以先正常播放，然後再慢動作播放一次，加深學生的印象。 |
| 九 | 知道自己和他人是高興或難過 | 1. 喜愛的食物（如巧克力）和厭惡的食物（如青菜）<br>2. 表情圖片<br>3. 情境照片<br>4. 卡通錄影帶（如：「櫻桃小丸子」） | • 讓學生認識高興或難過的感受時，可以先用字卡提示。<br>• 功能佳的學生對情緒的感受，可以用學習單的形式，先用口頭作答，再進行書寫。 |

（下頁續）

（續上頁）

| | | | |
|---|---|---|---|
| 十 | 知道自己和他人害怕的感受 | 1. 卡通錄影帶（如：「小鹿斑比」、「玩具總動員」）<br>2. 電影錄影帶（如：「101 忠狗」、「侏羅紀公園」）<br>3. 故事書<br>4. 害怕、高興或難過的情境圖片<br>5. 害怕、高興或難過的情境照片 | • 老師可以先透過調查表了解孩子平時的生活習性，藉以選擇適合的教學情境。<br>• 卡通錄影帶出現害怕的情境時，可以先正常播放，再慢動作播放，並配合口語，加深學生的印象。<br>• 教學時，所選用的害怕物品，要特別注意不可讓孩子怕到想要逃避，物品出現的順序從稍排斥，但有增強物的情形下仍願意碰觸，到孩子很討厭，這樣才能讓孩子自然而然的用口語表達出害怕的情緒。 |
| 十一 | 知道自己和他人生氣的感受 | 1. 生氣情境的卡通錄影帶（如：「櫻桃小丸子」）<br>2. 生氣情境的電影錄影帶（如：「小鬼當家」） | • 生氣的情緒表達比起其他情緒較不容易察覺，因此，剛開始不妨選擇學生較熟悉的情境。生氣情境可以包括在家中常出現的情境，老師在 |

（下頁續）

（續上頁）

| | | | |
|---|---|---|---|
| | | 3.生氣、高興、難過或害怕的情境圖片<br>4.生氣、高興、難過或害怕的情境照片 | 用家中情境時，最好事先調查是否家長在這個情境下都會出現相同的反應，以便聯結動作、表情和情緒，例如考試考不好、亂跑等。<br>• 情境圖片與情境照片可以先使用學生較熟悉的情境，再逐步加入其他未曾出現過的。 |
| 十二 | 容忍挫折 | 1.食物（如糖果、巧克力、餅乾）<br>2.玩具<br>3.音樂帶<br>4.錄音機<br>5.鐘<br>6.貼紙<br>7.學生的個人照<br>8.接力棒 | • 進行此單元時，老師亦可利用紀錄表記錄學生行為發生的次數或情形，一方面可以作為學生行為評估的依據，另一方面也可以與家中記錄互相對照，找出對學生最有用的增強物及行為管理的方法。<br>• 進行本單元時，老師的提示方式可以口頭或字卡提示交替使用。 |

（下頁續）

（續上頁）

| | | | |
|---|---|---|---|
| | | | • 以音樂作為工具時，要注意學生是否排斥某種音樂，當學生不能接受時，可以提醒他用口語表達不喜歡。<br>• 以時鐘作為工具時，應先選擇圓形，以便學生能清楚的辨識區間或報讀時間。<br>• 進行團體教學時，教學者可以用字卡提示學生守規矩。學生的常規記錄可以用大字報呈現，利用學生的榮譽感增加學生挫折容忍力。 |

## 第四節

# 教學情境的布置

教學情境的布置是為了讓學生透過情境的呈現，提升學習成效，增加學習動機。由於自閉症兒童的學習，多以視覺線索為主要管道，因此，教室空間規畫要有清楚明確的界限，幫助學生學習，有關教室布置請見第四章第三節「資源教室的布置」。本課程在教學時，各單元教學情境布置原則見表3-5。

表3-5：各單元教學情境布置原則

| 單元 | 課程名稱 | 情境布置原則 |
| --- | --- | --- |
| 一 | 注意看 | 1.教學初期或學生程度較差者<br>在這個教學階段，教師提供一至二個學生最感興趣的增強物即可，例如學生最愛的玩具或食物（若提供食物為增強物，亦應考量學生的用餐時間，可達事半功倍之效），並在重複數次後，給與學生回饋。教師可以依學生程度彈性調整呈現的物品，直到學生能立即對於指令產生聯結，接著用高功能者的方式布置情境。<br>2.高功能者<br>在教室中可以隨意放置孩子喜愛的增強物，教學時，要求學生依教學者的指示移動視線注視教室內的人、事、物。<br>3.最終目標<br>在教室的一般情境中（不特別提供增強物），能主動或依教學者的指示，注視目前教學者進行的活動。 |

（下頁續）

（續上頁）

| | | |
|---|---|---|
| 二 | 依指令做動作 | • 直接挑選最需要學生依指令做動作的場合來練習，如進教室後先拿出聯絡單夾在資料夾中（此時可以在門口張貼提示的字卡或由協同教學者口頭提醒）。<br>• 要求學生依指令做動作時，要注意教室的動線問題、各類物品的放置位置及指令的邏輯性。 |
| 三 | 知道自己和他人的名字 | 1. **教學初期或學生程度較差者**<br>用不同的顏色或符號代表不同的學生名字，等到學生熟練同學名字後，再改為統一格式。分辨物品的初期，應提供差異性大且對個人具意義性的物品（如小明藍色的水壺、小英是長頭髮），增加學生對物品的認同感。 |
| 四 | 分辨自己或他人的物品 | 2. **最終目標**<br>當老師要求將玩具或物品歸位時，學生能辨認出自己的物品，並協助別人物品歸位。 |
| 五 | 表達自己的好惡 | 1. **教學初期或學生程度較差者**<br>進行此單元時，所運用的物品應以學生熟悉或是學過的為主，並將這些物品布置於教學情境中。教學初期，應以對學生較具吸引力之物品為主，再逐漸增加其他類別。 |

（下頁續）

（續上頁）

| | | |
|---|---|---|
| | | 2. 高功能者<br>教學物品亦可分類放在櫃子中，教學時，搭配依指令做動作，協助孩子表達自己的好惡。<br>3. 最終目標<br>能主動對班上所欲進行的活動或呈現的物品表達出好惡，不用問題行為來表達需求，能用口語說出。 |
| 六 | 知道自己和他人的性別 | 1. 教學初期或學生程度較差者<br>用不同的顏色或符號代表不同的學生性別，等到學生熟練同學性別後，再改為統一格式。分辨物品的初期，應提供差異性大且對個人具意義性的物品，增加學生對性別的認同感。<br>2. 高功能者<br>將全班學生的名字配上照片或先用顏色區別，如男生藍色、女生紅色，作為分類，貼在所有需要辨別的地方（如置物櫃、檔案夾的布置）。<br>3. 最終目標<br>學生能知道自己和他人的性別，並能依性別做出合宜的行為，為未來實施性教育做準備。 |
| 七 | 自我介紹 | 1. 教學初期或學生程度較差者<br>(1)學生在發表時，可以搭起一個高台（如講台或是舞台），讓學生有備受重視的感覺。 |

（下頁續）

（續上頁）

| | | |
|---|---|---|
| | | ⑵學生自我介紹時，台下聆聽者適度的反應也是很重要的（如拍手），因此，可以由協同教學者給與台下學生不同的提示。<br>2. 高功能者<br>等到學生在資源班熟悉此技能後，可找機會讓他在普通班中使用，以便能得到普通班同學的增強。此項單元主要和單元五結合，亦可複習單元一與單元二所學過的技能。<br>3. 最終目標<br>能和同學有話題交談，能結交朋友，讓同學認識自己，也能認識同學，知道彼此的喜好。 |
| 八<br><br><br><br><br><br>九 | 認識高興和不高興的表情<br><br><br><br>知道自己和他人是高興或難過 | 1. 教學初期或學生程度較差者<br>⑴和學生喜愛的增強物相聯結，學生較容易體會高興和不高興的概念，例如當給學生增強物時教學生「我得到了巧克力，好高興」，並做出高興的表情動作。<br>⑵當學生能力較低時，只分成兩類情緒：高興和不高興，並和好惡相結合，幫助學生了解正向和負向的情緒。等學生了解高興和不高興的概念後，再分為四種情緒：高興、難過、害怕和生氣。<br>⑶由於一般人多半不習慣用口語表達情緒，使自閉症兒童難以了解情緒，因此，在教學過程中，請父母或普通班老師在發生情 |

（下頁續）

（續上頁）

| | | |
|---|---|---|
| 十 | 知道自己和他人害怕的感受 | 緒的日常生活情境中，能用口語表達出自己的情緒，幫助學生學習情緒字彙，並能和情境相聯結。<br>2.高功能者<br>(1)在此單元的教學過程中，可以在班級牆壁上布置一個版面，老師每天更換不同的照片，讓學生玩表情連連看。<br>(2)老師也可以將每張照片搭配句子來描述，加深學生的印象（如到百貨公司買玩具，真是高興）。<br>(3)在日常生活若看到和表情有關的圖片或照片（如書的封面、報紙上的照片等），可以隨時讓孩子辨認情緒。<br>(4)錄下孩子生活中自己或重要他人高興、難過、害怕或生氣時的聲音或影像（如媽媽生日、弟弟感冒、停電時妹妹在哭等），讓孩子練習辨認情緒。<br>(5)當學生學會四種基本情緒後，可以教導學生其他的情緒字彙（如快樂、開心、傷心等），並和情境相聯結。<br>3.最終目標<br>能因應情境做出適當的情緒反應，並了解他人的情緒。 |
| 十一 | 知道自己和他人生氣的感受 | |

（下頁續）

（續上頁）

| | | |
|---|---|---|
| 十二 | 容忍挫折 | *1.* **教學初期或學生程度較差者**<br>⑴在進行此單元時，練習等待的規則，以普通班常發生的活動為優先考量（如玩玩具、讓老師改作業等）。<br>⑵在教學初期，最好設置能讓孩子一目了然的計時器或等待工具（如定時提醒或是在地上做出明顯的標誌）。<br>⑶給學生的獎勵可以做成大字報貼在牆壁，並配合姓名的配對，以達到增強的效果。<br>*2.* **高功能者**<br>當學生學會忍耐時，可以進一步在活動進行前，先發給學生喜歡的增強物，訓練學生忍受挫折、抗拒誘惑的能力。<br>*3.* **最終目標**<br>能忍耐普通班大團體的教學情境；面臨挫折情境時，不會亂發脾氣或做出不適當的行為。 |

## 第五節

# 學生問題行為的處理

當學生發生問題行為時，過去在學界講求訓練老師或家長運用「行為改變技術」（behavior modification）來處理學生的問題行為，因此，當個案發生嚴重問題行為時，很多治療機構會用肢體處罰或限制的方式（如電擊、綑綁、拘禁個案等）來進行治療工作。這個方式到了一九八〇年代，由於社會大眾開始重視身心障礙者的權利，「行為改變技術」的名稱和內涵逐漸被「行為管理技術」（behavior management）或「應用行為分析」（applied behavior analysis）所取代，主張運用行為改變技術的目的是要幫助個案管理自己的行為，因此，應該盡量運用增強策略，少用嫌惡的處罰策略。

問題行為處理的觀念，到了一九九〇年代有了更大的更新，名詞如「功能分析」（functional analysis）、「功能評量」（functional assessment）、「正向行為支持」（positive behavior support）開始取代了舊有的「行為改變」或「行為管理」技術，主張老師或治療人員應該去了解個案問題行為發生的背景因素，並針對原因研擬對策，治療的重點不在禁止個案的問題行為，而是在運用教育的策略教導個案表現新行為，以達到改變個案行為問題的目的。這個趨勢獲得確立，是在一九九七年美國聯邦政府於「身心障礙者教育法案」（Individuals with Disabilities Education Act, IDEA）（如同台灣的「特殊教育法」）中明文規定，當身心障礙學生發生問題行為時，學校需進行「功能行為評量」（functional behavioral assessment）。在這個法案中，聯邦政府規定，在學校處理身心障礙學生的問題行為前，個別化教育計畫小組必須在十天內擬出「功能行為評量計畫」，蒐集學生的相關資料，並在行為介入計畫中，提出正向行為支持的介入策略。因此，過去「功能評量」或「正向行為支持」只是學界建議的較佳策略，現在已成為美國法律的明文規定（Gresham, Watson & Skinner, 2001）。

目前台灣的特殊教育法雖然尚未有相關的條文規定，但依筆者的經驗，行為管理制度（見本章第二節）主要是用在規範學生日常生活作息的表現。當學生有特別的問題行為（如上課喃喃自語、自傷等），一直無法遵守教室的規定時，若持續處罰學生，並無法改變或減少學生的問題行為，反而容易產生彈性疲乏，這時最好的策略不是加重處罰學生，而是進行「功能評量」，找出學生發生問題行為的背後原因，然後再進行處理。茲將「功能評量」和「正向行為支持」的步驟說明如下：

## 一、功能評量

功能評量是一種蒐集有關事前因素、行為和後果的資料，以決定個案問題行為發生的原因方法（Gresham et al., 2001）。功能評量有很多種方式，例如晤談法、觀察法、評量表法、資料回顧等，都可以用來蒐集學生發生問題行為的前因後果，其中最簡單的方式，是用觀察法和晤談法來調查問題行為發生的原因。觀察法乃是調查人員實際到環境中觀察學生問題行為發生的因素，然後將觀察結果填在觀察表中（見附錄六的「問題行為紀錄表」）。此外，調查人員亦可以用晤談的方式，訪問個案本人、家長、普通班老師或同儕等了解個案的人，來蒐集個案問題行為發生的背景因素，訪談的主要內容為：

㈠**問題行為**：學生的問題行為是什麼？

㈡**發生問題行為前的背景因素**：在問題行為發生前，有哪些因素（如地點、時間、情境和人員等）可以用來預測學生會發生問題行為？（見附錄七「問題行為發生原因檢核表」）

㈢**不發生問題行為的背景因素**：有哪些因素（如地點、時間、情境和人員等）可以用來預測問題行為不會發生？

㈣**後果**：當問題行為發生後，哪些後果處理因素，可能是導致問題行為持續發生的原因？

㈤**過去策略**：以前曾經用過哪些策略來減少問題行為但沒效？

以上的觀察或訪問法，主要就是要找出行為問題發生的 ABC 關係——亦即「事前因素」（antecedents）、「行為」

（behaviors），和「後果」（consequences）三者間的關係（Alberto & Troutman, 1999; O'Neill et al., 1997；施顯烇，民84）。當老師找出ABC三者之間的關係後，接著對問題提出假設，找出引起問題行為發生的可能因素，這些因素大致可歸納成以下六類：

㈠**引起別人的注意**：例如當母親不注意個案時，個案會發生自傷行為，可能想引起母親的注意。

㈡**獲得東西或事情**：例如下課時，當同學在玩遊戲，個案會去鬧同學，並躺在地上，可能想和同學玩，但不會說。

㈢**逃避、延後、減少事情或活動**：例如老師要個案寫作業時，個案就會開始喃喃自語，可能不想寫作業。

㈣**逃避或避免人員**：例如每當個案的家長來訪時，個案會不斷地搖晃身體，出現自我刺激行為，可能家長管教過嚴，個案看到家長來，很焦慮。

㈤**感官的刺激或滿足**：例如當下課時，個案會一個人坐在座位上，不斷地搖晃手，藉以獲得感官的滿足。

㈥**生理因素**：例如個案一直哭鬧，可能因為換藥物的關係。

## 個案問題舉例

小明上課時經常會發生自傷行為，這時老師會用斥責或行動阻止的方式去阻止小明自傷，雖然肢體禁止的方式可以阻止自傷，但自傷問題一直持續發生，無法根除。因此，老師決定依照上述晤談法來蒐集資料，結果如下：

㈠**問題行為**：小明在上課時，有時會發生自傷行為，自己打自己。

㈡**發生問題行為前的背景因素**：老師發現小明在自傷前，會先搖晃身體。

㈢**不發生問題行為的背景因素**：剛開始上課前十分鐘或上課內容較簡單時。

㈣**後果**：當老師發現小明自傷時，老師會斥責小明，大聲叫小明不要，但常常沒有用，反讓身體搖晃更厲害，最後老師會用肢體去阻止小明自傷，導致上課時常花很多時間處理小明的問題。

㈤**過去策略**：斥責小明、行動阻止小明、和家長談是否有方法可以控制自傷行為（如藥物等），但行為還是持續發生。

蒐集完資料後，接著提出引發問題行為的假設：個案上課時會發生自傷行為，可能是因為練習或活動太難，由於個案擔心不會寫，產生焦慮反應，所以發生自傷行為。接下來就可以擬定問題行為處理計畫，一般包括六個步驟（Sugai, Lewis-Palmer & Hagan, 1998）：

㈠基於蒐集來的資料提出假設。

㈡從資料中看假設是否合理。

㈢發展因果關係圖。

㈣擬定行為支持計畫。

㈤擬出執行計畫的步驟。

㈥執行計畫，並評估效果。

例如上述小明自傷行為的例子，老師發現小明在自傷前，會先搖晃身體，並且練習或活動太難可能是小明自傷的原因，因此，老師擬出以下行為支持計畫：

㈠當老師看見小明搖晃身體時，就先予以制止。

㈡當練習或活動太難時，老師不用斥責的方式阻止，改用鼓勵和關心的方式，請小明不要擔心。

經過實驗後，老師發現自傷行為的嚴重度明顯降低，但仍要花很多上課時間處理，可能是因為口語提示對自閉症兒童較無效的關係。於是，老師決定從口語提醒，改成書面提醒，將提示的句子寫出，貼在小明的桌上，每當上課時，小明開始搖晃身體，就請小明讀一遍句子：「不會沒關係，只要努力就可以了！」另外，當同學看到，也可幫忙提醒。經實驗後，老師發現讀句子的方式產生較好的效果，雖然一堂課老師要多次提醒小明讀句子，但小明搖晃身體後，不再有自己打自己的自傷行為。老師下一步的計畫是，當小明不再有自傷行為後，老師逐漸減少提醒的次數，並訓練小明，當害怕自己不會寫時，自己讀句子一遍。

## 二、正向行為支持策略

以上小明的例子，老師所使用的策略即是「正向行為支持」。「正向行為支持」乃是用正向的非處罰的介入策略，去增加個案的經驗、能力和技巧，來減少問題行為的發生。傳統的「行為改變技術」和「正向行為支持」在原則、假設上有很大的差別，茲將兩者作比較（見表3-6）（Ruef, Higgins, Glaeser & Patnode, 1998; Weigle, 1997）。

表 3-6 ：「行為改變技術」和「正向行為支持」的比較

| 行爲改變技術 | 正向行爲支持 |
|---|---|
| 因個案本身有問題才發生問題行為。 | 因環境、情境、技巧缺陷等因素造成問題行為。 |
| 重點在矯治個案。 | 重點在改變環境、情境、技巧缺陷等因素。 |

（下頁續）

（續上頁）

| | |
|---|---|
| 測量和記錄問題行為發生的次數、頻率、長度，以建立行為發生的基線期資料。 | 用功能評量來蒐集資料，了解問題行為發生的前因後果。 |
| 介入的目標在讓問題行為消失。 | 介入的目標在創造新經驗、新關係，學習新技巧。 |
| 使用增強策略以及減少問題行為的策略，如消弱、隔離、扣分、身體的制服、過度矯正等。 | 使用正向行為支持的策略，如改變作息、改變座位、教導溝通技巧、社交技巧等。 |
| 由行為改變的專業人員來進行。 | 由生態環境中相關的人員一起進行。 |
| 從行為的角度切入，對問題行為下操作型定義，將情境單一化好控制變項，來減少問題行為的發生。 | 使用多方面的處理模式，從不同的角度切入，來處理問題行為。 |
| 重在事後治療。 | 重在事前預防。 |
| 重在達成短期介入的目標。 | 重在達成長期終身的目標。 |

以下介紹幾個常用的正向行為支持策略：

## ㈠消除誘發的因素

正向行為支持重視事前的預防勝過事後處遇，亦即老師在問題行為未發生前，發現學生出現問題行為的先兆時，就先做處理，消除誘發的因素。例如前述小明的例子，由於小明在自傷前，會先搖晃身體，老師可以在小明搖晃身體時，就先給與視覺線索的提示，告訴小明適當的行為表現，來減少自傷行為的發生；另外，有些學生在發生問題行為前會情緒忽然顯得很亢奮，若功能評量發現因果關係，老師可以在學生有此情緒時，提示學生放鬆，如告訴個案「跟著老師深呼吸，慢慢吐氣」，並可以藉由家長座談，了解學生喜歡和厭惡的事物或活動，減少誘發問題行為的因素，做好事先預防的工作。

### ㈡改變教室的環境

自閉症兒童在非結構化的開放情境中，很容易不知所措或產生自我刺激行為，因此，在教室布置上可以做較結構化的安排，清楚的規畫空間，讓自閉症兒童能從環境中獲得視覺線索的提示，降低焦慮，減少問題行為的發生。例如在放學前的教室清潔活動中，小華經常不願意配合工作：當同學都在清潔環境時，小華開始會拿掃把掃兩下，但工作沒做五分鐘，接著就不再打掃而到處遊走，需要老師在旁一直監督、不斷提示才願意完成。於是，老師用觀察法調查小華問題行為發生的原因，結果發現小華似乎不知道清潔工作所要做的範圍是什麼，每次都是老師說掃這裡，才會掃，而且經常掃兩下就認為工作已經完成。因此，老師決定在教室的地板上，貼上明顯的標誌，告訴小華應該掃除的區域。經過實驗後，老師發現，雖然小華經常掃不乾淨，但都會遵守規定完成清潔工作，接著老師決定，教導小華「乾淨」和「骯髒」的概念。

### ㈢作息的修改

目前學校的作息，常採用固定的格式，自閉症兒童由於生理和認知功能的限制，經常無法像一般兒童有較長久的注意力，可以學習很久的時間，因此，在不影響其他同學作息的情況下，老師可以將作息做彈性的修改，以減少問題行為的發生。修改的原則之一就是作息的安排能夠考慮學生個人的喜好，增加學生對環境的控制能力。基本上，作息可以做時間、內容、次序方面的調整，例如小強有嚴重的注意力缺陷，上課經常無法集中注意力，每次上課十到二十分鐘後，就會開始無聊的搖晃手或做別的事，若老師阻止，小強會很生氣，然後亂發脾氣。經過功能評量後，老師決定修改作息的時間，先將一堂課分成三段，用三個圖形表示，兩段是上課時間，中間一段是休息時間，當小強上完二十分鐘時，允許小強可以休息五分鐘，但休息時間必須安靜坐在座位上，不可干擾同學，當時間到時，老師再用圖卡提醒小強要上課了。

另外的例子，例如父母規定大雄回家時，要先寫作業，才能打電動玩具，但每次大雄回家後，第一件事就是要打電動玩具，不肯寫作業，若父母強迫，大雄會大發脾氣，經常鬧到最後作業都沒寫。經過功能分析後，父母決定修改作息，允許大雄自由選擇活動的次序，來增加他完成的動機。首先將晚上的時間劃分成幾個時區，並將例行要做的活動逐條列出，接著將活動做成文字卡片，每天當大雄放學回家時，就讓大雄自己決定某個時區所要進行的活動，然後按照作息表進行。結果大雄配合作息的意願提高，並多半能完成作業。

### ㈣增加選擇的機會

由於自閉症兒童受到能力的限制，老師或家長經常會過於強調學生要遵守規定，要求學生在什麼情形下，要做什麼表現，以及哪些表現可以得到增強，哪些會受到處罰，因而忽略自閉症兒童個人的喜好和選擇的自由。經常見到的現象是當自閉症兒童長大時，常會和老師或家長鬧情緒，不肯配合執行老師或家長的規定。因此，老師和家長應該讓學生可以自由表達他的喜好，選擇他喜歡或不喜歡的事情或活動。研究發現，增加學生選擇的機會，可以顯著減少問題行為的發生，例如摩斯（Moes, 1998）研究讓自閉症兒童在家庭作業中能夠自由選擇作業完成的次序和所用的教材，結果發現可以增加自閉症兒童作業的正確度、數量和喜好，並且減少學生在寫作業時發生問題行為。

基本上，可以讓學生自由選擇的地方包括（Shevin & Klein, 1984）：

1. **選擇活動**：讓學生可以從兩個或以上的活動中做選擇。
2. **是否要參與活動**：讓學生可以選擇是否參加活動，允許學生選擇「不」。
3. **決定什麼時候停止**：若學生決定停止，老師接受學生的選擇。
4. **決定用什麼方法完成**：讓學生可以選擇他所要用的方法。
5. **選擇同伴**：讓學生可以選擇他和誰一組。

### ㈤教學和課程的調整

調整教學和課程亦是減少問題行為的方法。首先在教學管道方面，很多老師常利用聽覺作為教學管道，由於自閉症兒童比較容易從視覺的管道學習新事物，因此，當學生上課無法遵守老師的指令時，老師可以用圖形或文字做輔助，幫助學生了解教學內容；在教導抽象概念時，亦盡量用文字、圖形或實物做教學輔具；老師問學生的問題或所下的指令，要盡量具體，不要用模糊不清的句子，例如當學生上課分心在玩手指頭時，較具體的指令是「上課看黑板」，這會比用「上課要專心」好。另外，當需要兒童注意黑板時，最好用磁鐵或醒目的教具提醒學生該注意的地方；不相干的內容，可以遮起來，幫助自閉症兒童注意老師所講的地方。

當學生無法適應很長的教學時間時，老師可以縮短課程的時間，將課程分成幾個教學活動，每個活動十分鐘，來增加學生專注的時間。若自閉症兒童因課程較難無法跟上進度時，老師可以另外出較簡單的題目給學生練習。此外，亦可將作業分成兩個部分，將較難的題目作為加分題，允許能力較低的學生可以只做基本的練習題。此外，資源班老師編寫適合自閉症兒童能力的個別化教學目標，並和普通班老師溝通也十分重要，這可預防學生因為教材不適當所造成的行為問題。

### ㈥教導功能性替代行為

由於自閉症兒童溝通和社會能力方面的缺陷，導致他們經常無法用適當的方法來表達他們的需求，因此，減少問題行為的方法之一，就是教導自閉症兒童功能性的替代行為，即教導適當的溝通技巧和社會技巧來代替問題行為。例如小強只有少許語言表達能力，他喜歡一個人玩，每當同學靠近他時，他就會亂發脾氣或尖叫。經過功能分析後發現，小強缺乏和同學分享的能力，不習慣有同學在旁邊玩，於是老師決定教小強如何和同學分享。首先呈現分享的圖片，內容是一個人將物品拿給別人，圖旁邊寫著「分享」兩個字，下面是如何分享的句子「我喜歡和同學分享，有時同學會靠近我，不用緊張，他們只是想要跟我玩，我喜歡和同學分享」，經過幾次教導後，小強開始可以讓同學在旁邊玩耍，而不會亂發脾氣，並且慢慢願意和同學分享。

在教導自閉症兒童溝通或社交技巧時，很重要的教學技巧是利用圖片或文字將所要教導的行為描述出來，讓自閉症兒童了解；接著再用實際的情況演練，可以由老師或同學示範，再由自閉症兒童演練一遍，若學生不會時，老師可以給與提示，最好多用幾個不同的情境做練習，學生比較容易學會替代性的技巧。

### ㈦肌肉放鬆法

當個案因受環境刺激的影響，而產生焦躁的情緒或攻擊行為時，除了教導個案用適當的溝通和社交技巧來表達需求外，亦可教導個案「肌肉放鬆法」——亦即當個案感覺到壓力時，可以用深呼吸或肌肉放鬆法，來降低緊張的程度，以減少問題行為的發生。有很多種放鬆法可以用來鬆懈肌肉和降低緊張的情緒，其中常用的一種稱為「漸進式放鬆」（progressive relaxation）（Goldstein, 1988）。首先，在進行練習前，個案要先在安靜的地方冷靜半小時，然後進行漸進式放鬆，過程是先將肌肉握緊，然後再放鬆，讓個案練習緊張和放鬆兩者的差別。進行時，個案先將眼睛闔起來，首先從手掌開始練習，雙手握拳握緊，口中慢慢唸「握緊」，讓肌肉握緊約十秒，接著放鬆雙手，口中慢慢唸「放鬆」，讓肌肉放鬆約二十秒，這是第一遍的緊縮放鬆循環。接著練習身體的其他部位，如手臂、肩膀、頸部、前額、眼睛和鼻子、嘴巴、胸部和背部、肚子、手、腳，全部共有十個部位。每個身體肌肉部位要練習兩遍，做完一個再做下一個部位。全部做完後，再做五次深呼吸（Cautela & Groden, 1978; Goldstein, 1988）。

自閉症兒童要練習肌肉放鬆法，需要具備幾個先備條件：必須可以安靜地坐在椅子上至少五秒以上，可以模仿老師的動作，並遵守簡單的指令（如站起來、坐下、過來等）。另外，幫助自閉症兒童將放鬆法和深呼吸類化至壓力的情境，最好的方法是讓自閉症兒童每天練習兩次，每次練習幾分鐘，而不是一週一次練習一節課（Cautela & Groden, 1978）。

#### ㈧醫藥的介入

若個案的行為問題較嚴重，且無法單獨靠特殊教育介入來處理時，適當的醫藥介入是必要的（如個案有嚴重的注意力缺陷或活動量過多等）。然而，在使用藥物時，可能會有一些藥物的副作用，需要老師與家長詳細的記錄學生的行為反應，並與醫生密切的聯繫，讓醫生能有詳細的資訊做處方的調整，不要自己任意變動處方，以免藥的療效尚未發揮，只感受到藥的副作用，因而對醫藥失去信心。

## 三、行為管理技術

除了上述「正向行為支持」的策略外，行為管理技術中有很多策略也經常用在問題行為發生後的事後處理上，其中增強正向行為亦屬於「正向行為支持」的策略之一，老師可以選用增強物來增加自閉症兒童學習適當的行為，有關使用增強制度的方式請參考第二節。在運用行為管理技術時，我們必須小心避免使用嫌惡的處理策略（如體罰、打手心）。老師選用行為管理策略的優先順序是：先選用正向行為支持的策略，接著是「區別增強」，然後是「消弱」，以及取走想要的刺激物（如反應損失法、暫時隔離法），最好不要用呈現厭惡刺激物的方法，例如斥責、過度校正法、打手心、綑綁、關禁閉等方式，容易讓學生產生反感的情緒，並學會大人罵人、打人的行為，最後造成彈性疲乏，處罰無效（Alberto & Troutman, 1999），對於這點，資源班老師要與家長、普通班教師、學校行政人員等達成共識。行為的後果處理可以分為以下幾個部分：

### ㈠區別增強

「區別增強」是指當學生減少或不發生問題行為時，學生能獲得增強。區別增強主要有三種方式，分別為「區別增強低比率行為」（differential reinforcement of low rates of behavior, DRL）、「區別增強其他行為」（differential reinforcement of other behaviors, DRO）、「區別增強替代行為」（differential reinforcement of alternative behaviors, DRA）（Alberto & Troutman, 1999），其區別列表如表 3-7。

### ㈡消弱

有時問題行為的產生，是因為老師或家長無意中獎勵了學生的問題行為。例如小明每次寫作業時都拖拖拉拉，當父母叫小明動作快一點，小明就會亂發脾氣不肯寫，若一再催促，小明接著就會尖叫，並躺在地上哭鬧，碰到這種情形，父母就會停止不再要求小明，允許小明不寫作業。長久下來，小明每次逃避寫作業時，就會用躺在地上哭鬧的方式來達到目的，也就是父母在無意間獎勵了小明亂發脾氣的行為。

表 3-7：區別增強

| | 目的 | 處理 | 行爲目標舉例 |
|---|---|---|---|
| 區別增強低比率行爲 | 減少行為至可接受的程度。 | 強調減少發生的次數。 | 小英在上課的四十分鐘內，大叫吸引老師注意的次數不會超過三次。 |
| 區別增強其他行爲 | 減少行為至不發生。 | 強調增加不發生行為的時間。 | 小英在上課的四十分鐘內，不會用大叫吸引老師的注意。 |
| 區別增強替代行爲 | 增強另一個替代的功能性行為。 | 強調發展替代的功能性行為。 | 當小英想引起老師的注意時，會用舉手的方式，而不是大叫。 |

基本上，若學生問題行為的發生是為了要引起別人的注意，這時最好的方法是用「消弱」（extinction）策略——亦即忽略學生的不當行為。例如小美上課時，經常用大叫的方式想讓同學注意她，處理的方法之一是老師教導班上同學，每當小美大叫時，同學不要理會，幾次以後，小美就不會再用大叫來吸引別人的注意。老師在運用「消弱」策略時，最好配合使用增強策略——當學生用適當的表達方式時，老師能立即給與增強。

需要注意的是，若學生是以自傷行為來引起別人的注意時，用忽略的方式可能會導致學生受到傷害，因此，較佳的策略是在學生自傷行為未發生前，就先做處理，消除誘發的因素，並教導學生用適當的溝通或社交技巧來表達需求。萬一學生發生自傷行為時，老師除了阻止學生打傷自己外，最好用前述區別增強的方式，提示並增強學生適當的表達方式（如舉手），必要時，可以用肢體的提示幫助學生舉起手來。

### ㈢反應損失法

「反應損失法」（response-cost procedures）是指當問題行為發生後，老師立即取走學生想要的增強物，以減少問題行為繼續發生的可能性（Alberto & Troutman, 1999）。例如第二節敘述的扣分制度，若學生違反教室規定，如上課時亂摸其他的小朋友，則打一個「×」，三個「×」便要扣掉一張貼紙。實施反應損失法前，需要先制定好班規，並讓學生知道班規內容。使用「反應損失法」時，最好不要用食物或很難取走的物品（如玩具）當做增強物，造成老師在取走增強物時，需要動用肢體強制執行。此外，老師需要同時用增強系統，才會增加學生表現適當行為的動機。

### ㈣暫時隔離法

當學生出現攻擊、打架、大聲哭鬧、破壞物品或其他嚴重問題行為時，最快速阻止問題行為惡化的方式就是「暫時隔離法」（time-out procedures）。「暫時隔離法」是指當某個不當行為發生後，老師立刻停止學生的活動，並將學生隔離。暫時隔離法包括「隔離空間」和「非隔離空間」兩種方式，隔離空間是將學生移到隔離室等和原來活動不一樣的空間；非隔離空間則是在原來活動的地方，禁止學生參與活動，例如到教室後面罰站。

老師在使用暫時隔離法時，要注意以下幾件事：

1. 隔離的主要目的是要幫助學生了解他的問題行為是錯誤的，並不是要減輕自己的負擔，因此，隔離的時間不要太長，一般不超過十分鐘；對年幼的孩子如三到五歲，則不要超過三分鐘。依筆者的經驗，隔離一分鐘即足以讓年幼的孩子學到教訓。
2. 發生問題行為時，要立即施以隔離，才能幫助學生建立錯誤行為和隔離之間的聯結，不要在隔離前，花時間對學生說勸導的話或花時間解釋原因。
3. 最好生態環境中的所有成人，都採用一致的策略，在學生發生嚴重問題行為時，能立即施以隔離策略。若是生態環境中的成人，都能用一致的管教態度，學生會很快學會，一般只有在剛開始處理問題行為時，需要使用隔離策略，以後多半只需要提出口頭警告，學生即可停止問題行為。

4. 若老師已制定好規定，但學生在隔離時卻哭鬧不停，產生強烈的情緒反應，這時處理方式不是取消隔離，而是老師和學生一起隔離。老師可以給學生一個時鐘或沙漏，教導學生如何看時間，並在隔離的地方耐心等待，學習接受被處罰的後果，如此，才能增加學生的挫折忍受力，達到隔離的目的。

# 第四章

# 資源班的經營

很多身心障礙學生雖然安置在普通班，但在回歸至普通教育時，往往會有學習、社會互動、情緒調適等問題，需要特殊教育不斷地支持和協助，才能適應普通班的生活，「資源教室」（resource room）便在這過程扮演了相當重要的角色。在台灣，由於受到教育行政體制的影響，若不以「班」存在，很難得到經費和人事編制，故台灣的「資源教室」稱為「資源班」。本章就高雄市一所國小自閉症資源班為例，分別以資源班的服務、資源班課程的安排、資源教室的布置、教育評量、個別化教育計畫的撰寫、教師間的合作、同儕接納課程的實施、與學校行政人員的溝通、親師合作等內容加以描述說明。

## 第一節

# 資源班的服務

### 一、身心障礙資源班教師的角色功能

身心障礙資源班所服務的對象，主要是安置在普通班的身心障礙學生，這些學生主要為各種不分類別的輕度障礙學

生。資源班教師在面臨這些具有不同特殊教育需求的學生時，面臨很大的挑戰，主要的工作包括教學評量、選擇編輯適當的教材、使用有效的教學策略，並需協助學生適應普通班，與普通班教師、同學以及家長做有效的溝通，務使身心障礙學生能夠在最少限制的環境中，發揮最大的學習潛能。

身心障礙學生在所處的教育環境中是否能適應，受到很多因素的影響，各影響因素見圖 4-1。

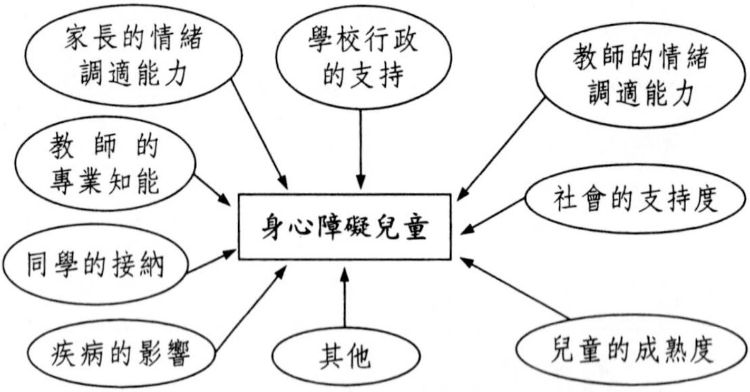


圖 4-1：影響身心障礙學生適應的因素

也因此，一位成功的資源班教師其角色包括：

㈠**對身心障礙學生提供服務**：協助身心障礙學生發揮潛能、適應環境，克服其發展所帶來的限制。

㈡**對身心障礙家長提供服務**：提供家長有關身心障礙的知識，

提供特教諮詢服務，進行親職教育，並幫助家長克服與孩子、普通班老師和學生、普通班家長相處時的挫折與壓力，提升其情緒調適的能力。

㈢**對普通班教師提供服務**：提供有關特殊學生的相關資訊，建議對學生適當的教學策略和評量方法，和普通班教師合作，共同解決身心障礙學生所產生的問題，對普通班教師在教導身心障礙學生時所面臨的挫折給與支持，彼此勉勵。

㈣**對普通班學生提供服務**：幫助普通班學生了解身心障礙，學習接納班上的身心障礙學生，教導普通班學生如何幫助身心障礙同學，間接協助普通班學生學會助人及解決問題的社會技能。

㈤**對學校行政提供服務**：規畫全校性的支持服務系統，提供建議給相關的行政規畫（如排課、編班等），定期提供特教資訊及諮詢給全校師生。

㈥**對社區提供服務**：針對社區內家長辦理相關的親職講座。

㈦**與其他專業人員充分合作**：與醫生、職能治療師、語言治療師、社工員等專業人員共同合作幫助學生。

目前高雄市教育局特別針對安置在普通班的自閉症兒童設置了「自閉症資源班」，服務對象為安置在普通班的自閉症學生。雖然服務對象以輕度障礙的學生為主，但亦有中、重度智障的自閉症兒童，因其家長拒絕其子弟至自足式特殊班就讀，而被安置於普通班就讀，並接受資源班的服務。

## 二、服務的範圍和方式

目前高雄市這所國小自閉症資源班提供的服務有「直接服務」和「間接服務」兩種，直接服務的對象為安置在普通班的自閉症兒童；間接服務的對象為自閉症兒童的家長、普通班教師及普通班學生。直接服務內容有自閉症兒童的課業輔導、社會技能訓練、生活能力的培養等；間接服務內容則包括自閉症家長之親職教育，教導普通班教師、學生如何與自閉症兒童相處，以及在校園內設置特殊教育學習角，讓全校師生有更多機會學習有關自閉症和其他身心障礙的概念。

## 三、自閉症兒童在資源班的服務重點

前文所提，身心障礙學生在普通班是否能適應良好，受到很多因素的影響，而資源班老師的角色便是盡可能的幫助自閉症兒童去除「不利」的因素，並營造「有利」的環境，本章所舉例之自閉症資源班的工作重點如下：

㈠由於自閉症兒童有溝通、社會互動與固執行為的嚴重問題，因此，在學生的課程設計上，除了功能性學科的補救教學外，並加強訓練自閉症兒童溝通能力，把自閉症兒童在融合教育環境中應有的社會技能加以編寫成課程，訓練學生的社會技巧及情緒辨識表達能力。

㈡在家長的親職教育中除了特教諮詢外，並加入溝通技巧的訓練，幫助家長有效的與學校老師及行政人員溝通。此外，並提供家長情緒心理調適方面的知識，主動關心家長，幫助家長克服面對孩子的情緒壓力。

㈢對於普通班教師，除了提供其特教諮詢外，亦定期至普通班協助普通班教師解決自閉症兒童的問題，主動關心普通班教師心理調適情形，避免普通班教師因帶自閉症兒童產生太大的心理壓力。

㈣在學校所舉辦的「普通班教師特教知能研習活動」中，加入普通班教師情緒調適的課程，幫助普通班教師在面對特殊兒童時，能做好情緒調適。此外，亦提供普通班教師如何與自閉症兒童之家長溝通的訊息，幫助普通班教師有效的與自閉症兒童家長溝通。

㈤對在普通班適應有困難的自閉症兒童，其排課加入普通班的同儕介入課程，資源班教師定期到普通班教導普通班學生如何與自閉症兒童相處，並訓練普通班學生學會解決自閉症兒童在班上所產生的問題。

㈥與學校行政人員做充分的溝通，以便為自閉症兒童營造一個有利的學習環境。

㈦參與自閉症兒童所在的普通班之家長會，主動向普通班家長說明自閉症兒童各項適應情形，以尋求普通班家長對融合教育的支持。

㈧在學校辦理相關研習、諮詢，幫助普通班老師們了解自閉症，辦理校內個案研討會，針對校內個案進行討論，增進學校處理個案行為問題的能力。

㈨此外，資源班老師亦定期參加相關的研習和進修活動，以增進自己的專業知能。

㈩蒐集相關的醫藥資訊給家長，並詳細記錄學生在服用精神科醫師處方後的副作用，主動與醫師討論，以便做更有效的醫藥介入。

## 第二節

# 資源班課程的安排

在課程的安排上，我們依據每位學生的個別需求進行排課，學生上課內容包括學科教學、社會技能訓練、親職教育、普通班團體輔導等（主要是教導普通班師生如何與自閉症兒童相處），教學方式包括個別課、小團體（三人及以下）、大團體（四人以上），以及在普通班中與普通班老師協同教學。

## 一、分組與排課

茲以高雄市這所國小自閉症資源班為例，學生分組主要考量的原則有兩項：

㈠學生的學習特質和能力。

㈡學生的年齡。

就原則㈠而言，當進行大團體教學時（四人以上），主要以合作學習的方式進行，將學生分成兩組進行競賽活動，採異質性分組，每組包括能力高者和能力低者，希望藉此讓能力高者學習幫助能力低者，能力低者能向能力高者模仿學習。在小團體教學時（三人及以下），則同質性高的學生分為一組，以便進行同一課題的教學活動。

就原則㈡而言，由於資源班經常包括不同年齡層的學生，許多教材必須考慮年齡上的適當性，除了適合各年齡層孩子參與的活動外（如學習進餐的禮儀），在安排教學活動時，先按學生年齡分組，以避免對低年級適當的活動，對高年級不適當（如五年級的學生和一年級的學生一起唱「兩隻老虎」

的兒歌，五年級學生回到普通班可能會被同儕笑「幼稚」）。在安排與普通班學生進行交流活動時，亦安排與同年級的普通班一起進行。

就排課而言，我們主要考慮兩項原則：

㈠學生的能力。

㈡學生在普通班的上課時間。

若自閉症兒童的能力和普通班的同學接近，其資源班的排課，便以團體課為主，並盡可能以外加方式排課，不去影響自閉症兒童在普通班的作息。若自閉症兒童的能力和所就讀的普通班學生有一段距離時，則在資源班除了團體課外，還會排行個別課，給學生較多的協助，排課除了外加的方式外，亦以抽離的方式進行。茲以八十七學年度高雄市此所自閉症資源班的排課分組表舉例說明之（見表 4-1 和表 4-2）。

表 4-1：自閉症資源班學生基本資料概況表

| 學生 | 性別 | 年齡 | 年級 | 能力概述 |
|---|---|---|---|---|
| A | 女 | 十歲六個月 | 四 | 有基本的口語能力，學習較被動。 |
| B | 男 | 九歲五個月 | 三 | 口語能力有限，有注意力問題。 |
| C | 男 | 八歲七個月 | 三 | 高功能自閉症，能力和普通班同學接近。 |

（下頁續）

（續上頁）

| | | | | |
|---|---|---|---|---|
| D | 女 | 八歲五個月 | 三 | 有基本口語能力，學習主動。 |
| E | 男 | 七歲五個月 | 二 | 高功能自閉症，能力和普通班同學接近。 |
| F | 男 | 七歲十一個月 | 一 | 有基本口語能力，有注意力問題。 |
| G | 男 | 七歲二個月 | 一 | 高功能自閉症，能力和普通班同學接近。 |
| H | 女 | 六歲五個月 | 一 | 有基本口語能力，有嚴重情緒問題。 |

表 4-2：資源班學生上課時間表

| 節次＼星期 | 星期一 | 星期二 | 星期三 | 星期四 | 星期五 |
|---|---|---|---|---|---|
| 1 | □H ○A | ○A □H | □A | □A | □H |
| 2 | ○A | ○A □B | □A | ○B □A | □H |
| 3 | | ○A □B | | ○B | |
| 4 | | □B | | ○B | |
| 5 | □○團體課 | | □○團體課 | □○團體課 | □○團體課 |
| 6 | EFGH | | ABCDEFG | ADG | BCDEF |
| 7 | | | | | |

註：□林老師的課
　　○黃老師的課

個別課主要針對能力較低的學生，例如個案A的主要教學內容包括一對一的學科補救教學及生活技能訓練；團體課主要以能力較高的學生為主，但基於合作學習的原理，亦加入能力低的學生，例如星期一下午的團體課，其中EG的能力較好、F能力中等、H能力較差。

## 二、社會情緒課程的排課

在課程實驗階段，自閉症資源班的排課主要以個別課為主，團體課主要用於實驗教學，每週只有兩次，每次一節課，用來教導自閉症兒童社會情緒技能。實驗結束後，由於團體課對學生適應團體生活有正向的幫助，因此，自閉症資源班的排課做了修改，排課分為個別課、小團體課與大團體課。個別課主要針對能力較低的學生，施以一對一的指導，例如注意力訓練、聽指令做動作等。

週一的小團體課，上課的學生多為低年級的小朋友，這個課程的重點在培養學生適應普通班的生活，主要放在教室生存技巧的訓練，如注意看、聽指令做動作等。週五的團體課，主要是為能力較高的學生設計，針對其能力再加深社會情緒課程的教學目標。

週三下午的大團體課，除了H外，每位學生都參加，這個課程的內容難度較高，對於能力高的自閉症兒童，我們要求其能達到課程的教學目標；而能力較低的自閉症兒童，則放在訓練其模仿能力高的學生。

## 第三節

# 資源教室的布置

自閉症資源班的教室布置，主要以滿足學生最大學習需求為主要考量，由於學生的課程包括靜態的個別課、團體課、動態課程、電腦教學等，因此，教室區域的規畫便分為個別教學區、團體教學區、獨立學習區、活動區、電腦教學區、視聽教學區、行政區、圖書角和玩具角。自閉症資源班教室平面圖簡繪如下頁所示（見圖 4-2）。

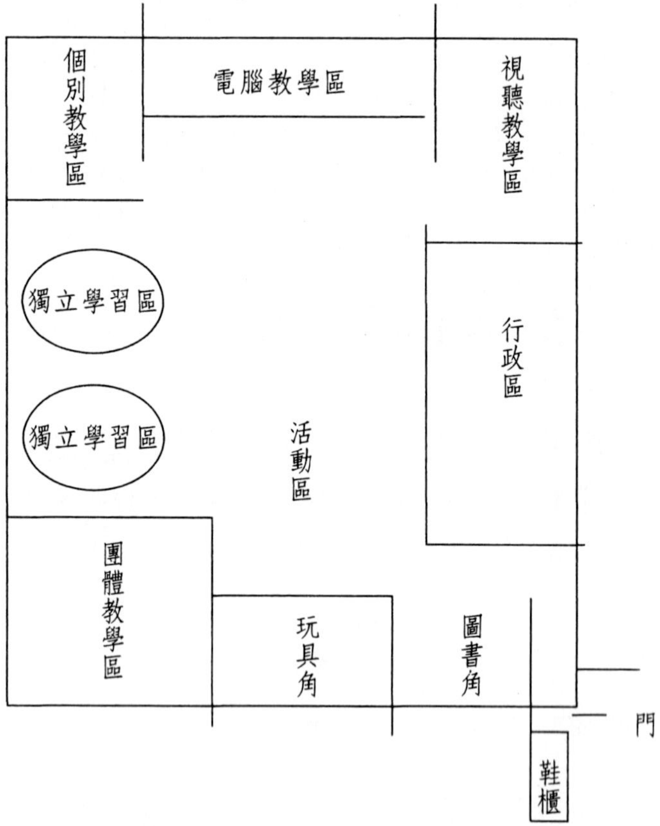


圖 4-2 ：自閉症資源教室平面圖

而各區的功能簡述如下：

## 一、個別教學區

主要是進行一對一或一對二教學時使用，其平面圖見圖 4-3。

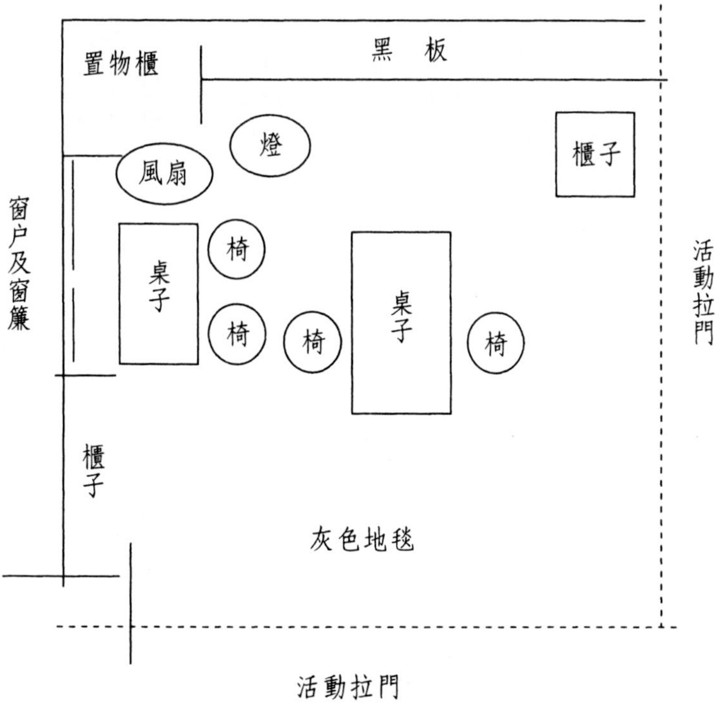


圖 4-3 ：個別教學區

本區主要以活動拉門與其他地區隔開，以避免學生受到不必要干擾影響。但隨著學生能力的增長，教學者會適時放入一些干擾，以訓練學生的專注力。全區用灰色地毯提供學生視覺線索，幫助學生明白此區為個別教學區。

## 二、團體教學區

主要是進行團體教學活動，其平面圖見圖 4-4。

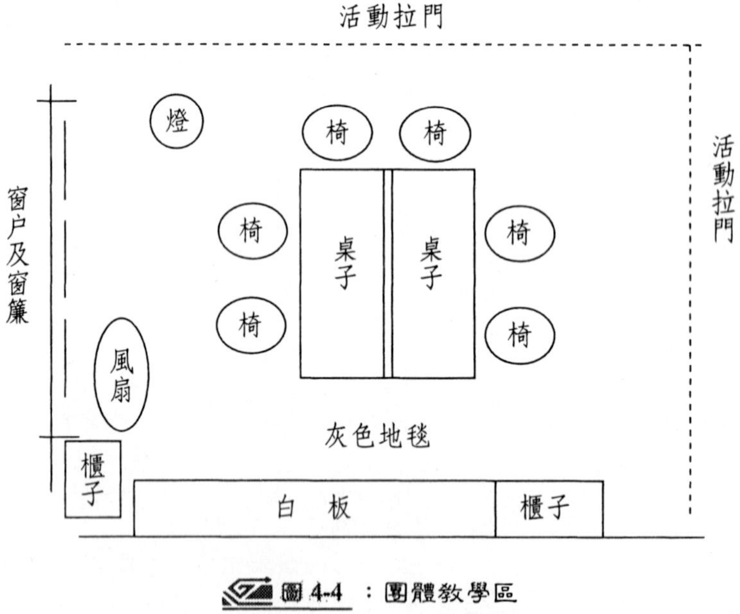


圖 4-4 ：團體教學區

本區亦用灰色地毯作為區隔教學區的視覺線索，並以拉門隔絕外在的干擾。本區主要是用來進行團體教學，但若同時有兩位老師分別為兩位小朋友上個別課時，亦可變成另一個個別教學區。

## 三、玩具角和圖書角

玩具角主要以紅、粉紅相間地毯為區隔，裡頭擺放玩具；而圖書角主要以藍、淡藍色相間地毯作為區隔，主要是擺放圖書。其櫃子上分別有玩具、圖書的相片作為視覺線索，以提示學生物品正確的擺放位置。此兩區主要作為學生休息時使用，其平面圖見圖 4-5。

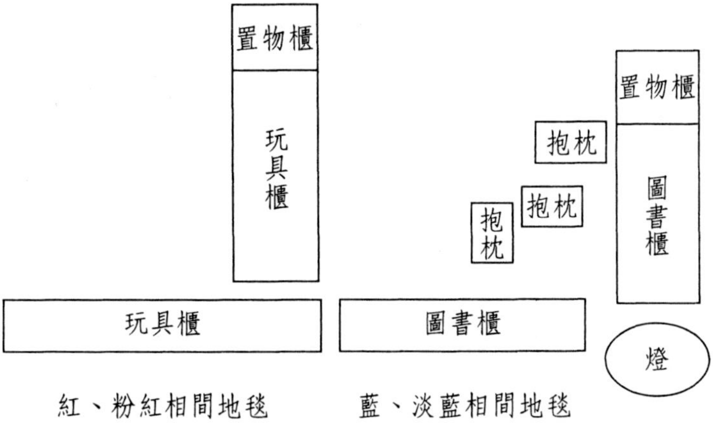


圖 4-5：玩具角和圖書角

## 四、電腦教學區和視聽教學區

電腦教學區中以藍、灰相間的地毯作為區隔，內有電腦兩部，電話一支（可上網）；而視聽教學區以紅、灰相間地毯作為區隔，活動視聽櫃內有電視、放影機、攝影機，可移動至活動區中進行大團體視聽教學，其平面圖見圖 4-6。

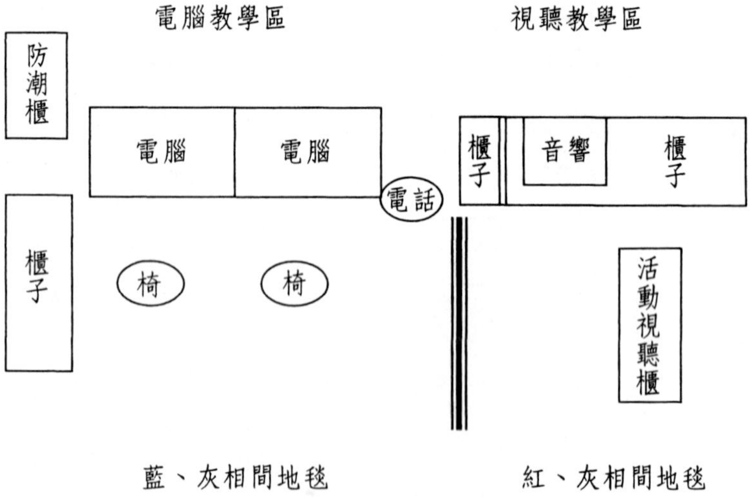


圖 4-6 ：電腦教學區和視聽教學區

## 五、行政區、活動區及獨立學習區

行政區是用多色地毯組成，主要是老師辦公及放置學生檔案、教具的地方；活動區是由綠色地毯作為區隔，內有彈簧床、治療球、籃框，在籃框前有五塊不同顏色地毯，是讓學生練習定點投籃用。活動區主要是用來進行動態的團體活動；獨立學習區是由兩張獨立學習桌構成，主要是讓學生在此練習獨立操作的技能，這三區的平面圖見圖 4-7。

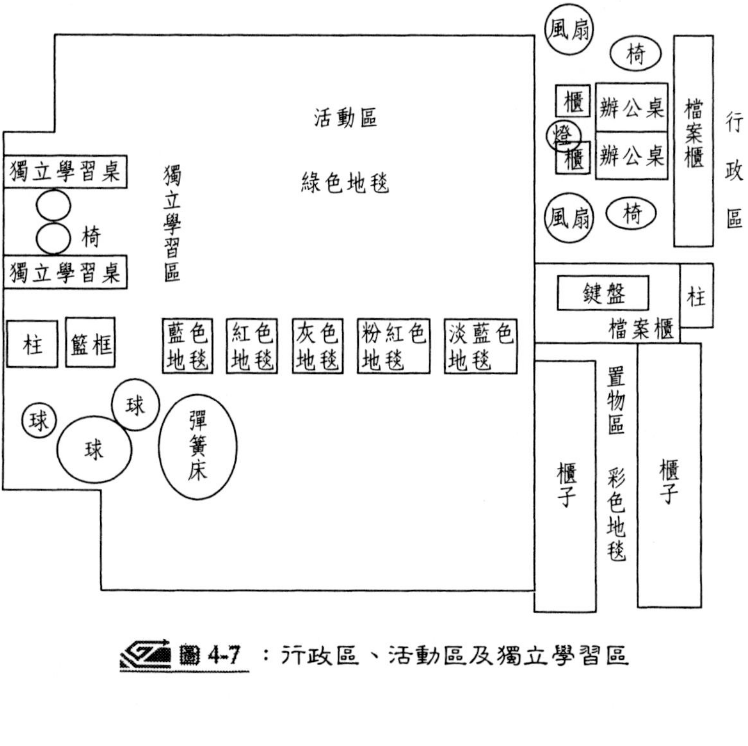


圖 4-7：行政區、活動區及獨立學習區

第四節

# 教育評量

## 一、評量方式

由於自閉症兒童個別差異大，故評量的方式也因學生的能力而異。除了新生入學時，會對報名的個案施以鑑定方面的測驗外（如智力測驗），平時資源班評量的目的，主要是提供學生及教學者了解學生的學習狀況，以便能訂定學生下一階段的學習目標。茲將目前自閉症資源班常用的教育評量種類介紹如下：

### ㈠觀察法

觀察法常用在評量一些情意性的目標（如會主動向老師問早）及學生的學習態度（如能安靜坐在椅子上上課）。評量標準採用六等級方式評估學生通過與否，評量標準為：完全不會為 0、五次練習會一次為 1、會兩次為 2、會三次為 3、會四次為 4、完全會為 5。一般而言，老師可以依據自己的需要自行設計觀察表格及評量標準。

### ㈡口頭評量

在教學的過程中，有時亦用口頭評量的方式來評估學生的學習狀況，口頭評量分「正式」和「非正式」，正式為編定題目，定期對學生口頭評量；非正式則是日常和學生對話時，看學生的應對能力。

### ㈢紙筆評量

紙筆評量亦分為「正式」（如定期考查、平時考）及「非正式」（如平時作業單），評量的標準可依學生的個別狀況來制定。

### ㈣檔案評量

學生平時的作業、作品亦是評量的項目，這些作業或作品除了作為平時評量外，亦將學生的資料蒐集，建立檔案，每位學生有一檔案夾，用來幫助了解學生進步的情形；若學生的能力許可，亦包括學生自評的資料。總之，資源班的評量方式是多元化和個別化的，彈性很大，目的是為了要了解學生真正的學習狀況及潛能，以便能適時調整教學方案，訂定教學目標。

## 二、如何評量自閉症兒童的社會情緒能力

在評量自閉症兒童的社會情緒方面，通常會事先為每個孩子擬定教學目標，然後根據教學目標及學生的能力和現況，決定每單元結束後所要進行的評量方式。例如，若學生的教學目標為「能區辨他人是高興、難過、害怕或生氣」，假若學生的能力接近正常兒童如個案 C，則其評量包括：⑴觀察學生是否能區辨他人是高興、難過、害怕或生氣，⑵老師做一表情，要學生說出老師是高興、難過、害怕或生氣，⑶給一情境圖片，要其寫出圖中人物是高興、難過、害怕或生氣等；評量包含觀察、口頭評量和紙筆評量。假設學生的能力較低，為低年級，例如個案H，由於個案有嚴重的情緒問題，因此，雖然教學目標和個案C相同，但我們對他的評量只包括一項：觀察學生是否能區辨他人是高興、難過、害怕或生氣。

第五節

# 個別化教育計畫的撰寫

## 一、一般原則

「個別化教育計畫」（Individualized Education Program, 簡稱IEP），起源於美國在一九七五年所通過的94-142公法，其中規定學校需對每位身心障礙學生擬定「個別化教育計畫」，作為學生適性教育的具體計畫。我國特殊教育法第二十七條亦規定「各級學校應對每位身心障礙學生擬定個別化教育計畫，並應邀請身心障礙學生家長參與其擬定與教育安置」。一般而言，「個別化教育計畫」的內容包括如下：

㈠**個案的現況描述**：依據個案教育診斷和評量的結果，將學生的各項能力表現情形加以描述，包括個案的認知能力、溝通能力、行動能力、情緒、人際關係、感官功能、健康狀況、生活自理能力、國文、數學等學業能力的表現，作為選擇相關服務及擬定教育長短期目標的依據。

㈡**個案的基本資料與家庭狀況**：主要包括學生的姓名、性別、出生年月日、父母職業、家庭生活的情形、生長史等。

㈢**學生障礙狀況對其在普通班上課及生活上的影響**：將學生的醫學診斷、鑑定及各種評量的結果加以整理、摘要，有條理的呈現出來，並加以描述學生的障礙在普通班上課及生活上的影響。

㈣**適合學生的評量方式**：呈現評估學期目標或學年目標是否達成的評量方法及評量的標準。

㈤**學生因行為問題影響學習者，其行政支援及處理方式。**

㈥**學年教育目標及學期教育目標**：學年和學期教育目標主要是依據學生的現況能力、教育需求及家長的期待等，擬定學生在一學年或一學期能達到的長期教育目標，每一項長期教育目標之下，會因實際執行的需求，再劃分出幾項短期目標。

㈦**學生所需之特殊教育與相關專業服務**：主要列出個案特殊教育服務的時間和項目、個案在校內／外所需要的醫療服務、心理輔導、聽能訓練、語言治療、物理治療、職能治療、交通工具、休閒能力的培養、親職教育及社工員的服務等。並敘述接受服務的頻率、項目內容及專業服務的負責人等資訊。

㈧**學生能參加普通學校（班）之時間及項目。**

㈨**學期教育目標是否達成之評量日期與標準。**

㈩**轉銜服務**：個案在教育階段的最後一年，「個別化教育計畫」需包括個案的轉銜服務。

「個別化教育計畫」中的「現況描述」、「長（學年及學期目標）、短期目標」是整份計畫的主要核心，因此，在擬定「個別化教育計畫」前，要先了解學生在認知能力、溝通能力、行動能力、情緒、人際關係、感官功能、健康狀況、生活自理能力及學業能力等方面的現況，這些能力的評量，除了使用標準化的評量工具外，亦可運用觀察、晤談等非標準化的方式蒐集資料。在蒐集完「現況描述」的資料後，以學生目前所處的生態環境，優先考慮現階段最需要學習的技能，並考量學生的學習能力，在詢問家長的意見後，擬定學生教育計畫的長短期目標。以下舉例說明如何依據現況描述，擬定學生的長短期目標：

一位就讀國小四年級普通班的自閉症兒童，當他在普通班時，只要考試遇到挫折，就會自言自語一直說個不停，嚴重影響其他同學考試作答。在這個例子中，普通班乃是這位學生主要的生態環境，由於考試時，他會自言自語妨礙他人作答，因此，個案要在普通班適應成功，最優先要學會的技能是：考試時能安靜作答。經過評估後，發現這位學生目前的能力是：可以在視覺線索的提示下保持安靜二十分鐘，但是挫折容忍力低。因此，我們將他的長期目標擬為：在標語「遇到不會做的題目不要難過，要保持安靜」的提示下，能安靜作答完成考試。

接著我們擬定短期目標，主要是將達成長期目標的過程分成幾個小目標，例如：⑴當考試遇到挫折時，能抬頭看「遇到不會做的題目不要難過，要保持安靜」的標語。⑵當考試遇到挫折時，能抬頭看「遇到不會做的題目不要難過，要保持安靜」的標語，並保持安靜二十分鐘。⑶當考試遇到挫折時，能抬頭看「遇到不會做的題目不要難過，要保持安靜」的標語，並保持安靜四十分鐘。

一般人在撰寫 IEP 時，最常犯的毛病是學生的現況和擬定的長短期目標間沒有關聯，教育計畫不是個別化的，乃是根據老師自己的想法，或是根據找來的教案所擬定出的教育計畫。因此，不管學生能力的好壞，全部資源班的學生都是相似的長短期目標，整份 IEP 會給人很不真實的感覺，就像是別人的教育目標，而不是個案的教育計畫。

另外，老師常混淆的地方是將平時教學的教案當成學生的「個別化教育計畫」，常在 IEP 中附上學生平時的作業單及平日上課的教案，使得整份 IEP 看起來十分厚重。其實「個別化教育計畫」就像年度企劃書一樣，著重的是學生教育方向的規畫，而非學生在資源班的教學記錄。

## 二、如何將自閉症兒童的社會情緒能力納入 IEP

個案H為國小一年級自閉症女童，有基本口語能力，但注意力短暫，挫折忍受力低，以下以此個案為例，說明如何將社會情緒能力納入個案的「個別化教育計畫」中。個案 H 第一年的現況能力描述及教學策略建議見表 4-3；第一年在語文和生活教育領域上的長短期目標見表 4-4 和表 4-5。

**表 4-3**：個案 H 第一年的現況能力描述及教學策略建議

| 領域 | 現況能力描述 | 教學策略建議 |
| --- | --- | --- |
| 行動能力 | • 上課增強的頻率需每完成一件工作即立即給與實物增強。 | • 將目標放在「每完成兩件工作給與立即性的實物增強」。 |
| 感官功能 | • 一對一上課時，注意教材時間約五分鐘。<br>• 上團體課時只有在特別提醒時，才會注意教學者。 | • 進行「專注力」的訓練，目標放在可連續注意教材十分鐘。<br>• 先不要參與大團體，上三人小團體。 |

（下頁續）

（續上頁）

| | | |
|---|---|---|
| 認知與學業表現 | •有十以內數和量的概念。<br>•沒有量的大小概念。<br>•沒有時間的概念。 | •教導其認識十以內大小的概念。<br>•教導其會看整點時間。 |
| 動作與生活自理能力 | •不會仿畫基本的幾何圖形。<br>•不會使用剪刀剪曲線。<br>•大、小便能自理，但屁股擦不乾淨。<br>•不太會使用湯匙舀太小的食物。<br>•會穿、脫衣褲，但不會扣小釦子。 | •教其仿畫、仿抄基本的幾何圖形。<br>•教其使用剪刀剪曲線。<br>•請家長協助其學會將屁股擦乾淨。<br>•建議家長讓其自行用餐，並可利用時間至醫院請教職能治療師療育方針。<br>•加強精細動作的訓練。 |
| 溝通能力 | •能聽懂日常生活中，大人所下的指令，如「去吃飯、去洗手」（只有一個動作的指令）。<br>•會用簡單的片語表達自己的需求（如要尿尿）。<br>•不會閱讀。 | •將目標放在聽懂兩個以上步驟的指令訓練。<br>•教導其能用「主詞+動詞+受詞」的句子表達。<br>•教導其閱讀常用片語的詞語卡。 |

（下頁續）

（續上頁）

| | | |
|---|---|---|
| 情緒與人際關係 | •不會表達自己的情緒，只會用哭鬧的方式表示。<br>•挫折容忍力低，遇到新的學習教材時，會大哭大鬧。 | •教導其認識自己的情緒。<br>•將增強的項目包含「看到新的功課時，能不哭鬧」。 |
| 健康狀況 | •良好。 | |

**表 4-4**：個案 H 第一年語文領域的長短期目標

<table>
<tr><td>學生姓名</td><td>H</td><td>性別</td><td colspan="4">女</td><td colspan="5">生日</td><td colspan="3"></td></tr>
<tr><td>實足年齡</td><td colspan="2">六歲五個月</td><td colspan="4">領域</td><td colspan="8">語文</td></tr>
<tr><td>設計者</td><td colspan="2">黃老師、林老師</td><td colspan="4">執行者</td><td colspan="8">黃老師、林老師</td></tr>
<tr><td>長期目標</td><td>短期目標</td><td>行爲目標</td><td colspan="9">評量日期與結果</td><td>評量方式</td><td>及格標準</td><td>是否繼續教學</td></tr>
<tr><td rowspan="3">一、能聽從指令依序做出兩個以上的動作。（民 87.9-88.6）</td><td rowspan="3">能說出所做的動作名稱。（87.9-87.11）</td><td>能聽從一個步驟的指令做出動作。</td><td>9月4日 4</td><td>9月11日 5</td><td>9月18日 5</td><td>9月25日 5</td><td></td><td></td><td></td><td></td><td></td><td>ab</td><td>5</td><td>否</td></tr>
<tr><td>能選出所做的動作名稱。</td><td>10月2日 3</td><td>10月9日 4</td><td>10月16日 5</td><td>10月23日 5</td><td></td><td></td><td></td><td></td><td></td><td>bc</td><td>5</td><td>否</td></tr>
<tr><td>能說出所做的動作名稱。</td><td>11月6日 3</td><td>11月13日 4</td><td>11月20日 5</td><td>11月27日 5</td><td></td><td></td><td></td><td></td><td></td><td>ab</td><td>5</td><td>否</td></tr>
</table>

（下頁續）

（續上頁）

| | | | | | | | | | | | | | | |
|---|---|---|---|---|---|---|---|---|---|---|---|---|---|---|
| | 能聽從具先後順序兩個步驟的指令做出動作。（87.12-88.1） | 能聽從兩個指令做出動作。 | 12月4日[3] | 12月11日[4] | 12月18日[4] | 12月28日[5] | 1月8日[5] | | | | | ab | 5 | 否 |
| | | 能聽從具先後順序兩個步驟的指令做出動作。 | 1月8日[3] | 1月15日[5] | 1月23日[5] | | | | | | | ab | 5 | 否 |
| | 能依先後順序說出所完成的兩個步驟的動作名稱。（88.3-88.5） | 能選出所完成的兩個步驟的動作名稱。 | 3月5日[4] | 3月12日[4] | 3月19日[5] | 3月26日[5] | | | | | | bc | 5 | 否 |
| | | 能說出所完成的兩個步驟的動作名稱。 | 4月2日[4] | 4月16日[5] | 4月23日[5] | | | | | | | ab | 5 | 否 |

（下頁續）

（續上頁）

| | | | | | | | | | | | | | | |
|---|---|---|---|---|---|---|---|---|---|---|---|---|---|---|
| | | 能依先後順序選出所完成的兩個步驟的動作名稱。 | 4月30日[5] | 5月7日[5] | | | | | | | | bc | 5 | 否 |
| | | 能依先後順序説出所完成的兩個步驟的動作名稱。 | 5月14日[3] | 5月21日[5] | 5月28日[5] | | | | | | | ab | 5 | 否 |
| | 能聽從具先後順序三個步驟的指令做出動作。（88.6） | 能聽從三個指令做出動作。 | 6月4日[3] | 6月11日[4] | 6月25日[4] | | | | | | | ab | 5 | 是 |
| | | 能聽從具先後順序三個步驟的指令做出動作。 | 6月4日[3] | 6月11日[4] | 6月25日[4] | | | | | | | ab | 5 | 是 |

（下頁續）

（續上頁）

| | | | | | | | | | | | | | | |
|---|---|---|---|---|---|---|---|---|---|---|---|---|---|---|
| 二、能使用「主詞＋動詞＋受詞」的句子表達。（民87.9-88.6） | 能使用「名詞＋動詞＋受詞」的句子表達。（87.9-87.11） | 能使用「名字＋動詞＋受詞」的句子表達。 | 9月14日3 | 9月21日4 | 9月28日4 | 10月4日4 | 10月11日4 | 10月18日5 | 10月25日4 | 11月16日5 | 11月30日5 | ab | 5 | 否 |
| | | 能使用「稱謂＋動詞＋受詞」的句子表達。 | 9月14日3 | 9月21日4 | 9月28日4 | 10月4日4 | 10月11日4 | 10月18日5 | 10月25日4 | 11月16日5 | 11月30日5 | ab | 5 | 否 |
| | 能使用「代名詞＋動詞＋受詞」的句子表達。（87.12-88.6） | 能使用「我＋動詞＋受詞」的句子表達。 | 12月7日2 | 12月14日3 | 12月21日3 | 12月28日3 | 1月4日4 | 1月11日4 | 1月18日5 | 1月25日5 | | ab | 5 | 否 |
| | | 能使用「你＋動詞＋受詞」的句子表達。 | 3月8日2 | 3月15日3 | 3月22日3 | 4月12日4 | 4月19日4 | 4月26日4 | 5月3日5 | 5月10日5 | | ab | 5 | 否 |

（下頁續）

（續上頁）

| | | | | | | | | | | | | | | |
|---|---|---|---|---|---|---|---|---|---|---|---|---|---|---|
| | | 能使用「他＋動詞＋受詞」的句子表達。 | 5月3日③ | 5月10日③ | 5月17日③ | 5月24日④ | 6月7日④ | 6月14日④ | 6月21日⑤ | 6月22日⑤ | | ab | 5 | 否 |
| 三、能閱讀常用片語的詞語卡。（民87.9-88.6） | 能仿讀常用片語的詞語卡。（87.9-87.12） | 能一邊仿讀、一邊用手指字。 | 9月14日③ | 9月21日④ | 9月28日④ | 10月4日④ | 10月11日④ | 10月18日⑤ | 10月25日⑤ | 11月16日⑤ | 11月30日⑤ | ab | 5 | 否 |
| | | 能一次仿讀一張詞語卡。 | 9月14日③ | 9月21日④ | 9月28日④ | 10月4日④ | 10月11日④ | 10月18日⑤ | 10月25日⑤ | 11月16日⑤ | 11月30日⑤ | abc | 5 | 否 |
| | | 能一次仿讀兩張學過的詞語卡。 | 12月7日④ | 12月14日④ | 12月21日⑤ | 12月28日⑤ | | | | | | abc | 5 | 否 |

（下頁續）

（續上頁）

| | | | | | | | | | | | | | |
|---|---|---|---|---|---|---|---|---|---|---|---|---|---|
| | 能認讀常用詞語卡。（88.1-88.6） | 能認讀家中常用詞語卡。 | 1月4日3 | 1月11日4 | 1月18日4 | 1月25日4 | 3月8日4 | 3月15日5 | 3月22日5 | 4月12日5 | | bc | 5 | 否 |
| | | 能認讀學校常用詞語卡。 | 5月14日3 | 5月21日3 | 5月28日4 | 6月7日4 | 6月14日4 | 6月21日5 | 6月22日5 | | | bc | 5 | 否 |
| | 能配對圖片與常用詞語卡。（88.1-88.6） | 能配對家中情境圖片與常用詞語卡。 | 1月4日3 | 1月11日4 | 1月18日4 | 1月25日4 | 3月8日4 | 3月15日4 | 3月22日5 | 4月12日5 | | bc | 5 | 否 |
| | | 能配對學校情境圖片與常用詞語卡。 | 5月14日3 | 5月21日3 | 5月28日4 | 6月7日4 | 6月14日4 | 6月21日5 | 6月22日5 | | | bc | 5 | 否 |

（下頁續）

（續上頁）

| | |
|---|---|
| 評量標準 | 0＝完全不會　1＝五次練習會一次　2＝五次練習會二次<br>3＝五次練習會三次　4＝五次練習會四次　5＝完全會 |
| 評量方式 | a.觀察　b.口頭評量　c.紙筆評量 |
| 及格標準 | 同評量標準 |

表4-5：個案H第一年生活教育領域的長短期目標

| | | | | | | | | | | | | | | |
|---|---|---|---|---|---|---|---|---|---|---|---|---|---|---|
| 學生姓名 | H | 性別 | 女 | | | | 生日 | | | | | | | |
| 實足年齡 | 六歲五個月 | | 領域 | | | | 生活教育 | | | | | | | |
| 設計者 | 黃老師、林老師 | | 執行者 | | | | 黃老師、林老師、個案父母 | | | | | | | |
| 長期目標 | 短期目標 | 行為目標 | 評量日期與結果 | | | | | | | | | 評量方式 | 及格標準 | 是否繼續教學 |
| 一、能連續注意上課教材十分鐘。（民87.9-88.6） | 能連續注視教材五分鐘。（87.9-87.11） | 能在一對二的情境連續注視教材五分鐘。 | 9月7日 4 | 9月14日 5 | 9月21日 5 | | | | | | | ab | 5 | 否 |
| | | 能在小團體連續注視教材五分鐘。 | 10月5日 3 | 10月12日 3 | 10月19日 3 | 10月26日 4 | 11月2日 4 | 11月9日 4 | 11月16日 5 | 11月23日 5 | | a | 5 | 否 |

（下頁續）

（續上頁）

| | | | | | | | | | | | | | | |
|---|---|---|---|---|---|---|---|---|---|---|---|---|---|---|
| | 能連續注視教材八分鐘。（87.12-88.1） | 能在一對一的情境連續注視教材八分鐘。 | 12月7日4 | 12月14日5 | 12月21日5 | | | | | | | a | 5 | 否 |
| | | 能在一對二的情境連續注視教材八分鐘。 | 12月28日4 | 1月11日5 | 1月18日5 | | | | | | | a | 5 | 否 |
| | | 能在小團體連續注視教材八分鐘。 | 1月11日3 | 1月18日5 | 1月25日5 | | | | | | | a | 5 | 否 |
| | 能連續注視教材十分鐘。（88.3-88.5） | 能在一對一的情境連續注視教材十分鐘。 | 3月1日3 | 3月8日4 | 3月15日5 | 3月22日5 | | | | | | a | 5 | 否 |

（下頁續）

（續上頁）

| | | | | | | | | | | | | | | |
|---|---|---|---|---|---|---|---|---|---|---|---|---|---|---|
| | | 能在一對二的情境連續注視教材十分鐘。 | 4月12日 [4] | 4月19日 [5] | 4月26日 [5] | | | | | | | a | 5 | 否 |
| | | 能在小團體連續注視教材十分鐘。 | 5月3日 [5] | 5月10日 [5] | 5月17日 [3] | 5月24日 [5] | 5月31日 [5] | | | | | a | 5 | 否 |
| | 當教學者在寫板書時，能不經提醒，主動看黑板持續十分鐘。（88.6） | 在團體中，聽到「看××」的指令，能看目標物持續十分鐘。 | 6月7日 [4] | 6月14日 [5] | 6月21日 [5] | | | | | | | a | 5 | 否 |
| | | 在團體中，聽到「看」或敲黑板的聲音，能看黑板持續十分鐘。 | 6月7日 [4] | 6月14日 [5] | 6月21日 [5] | | | | | | | a | 5 | 否 |

（下頁續）

（續上頁）

| | | | | | | | | | | | | | | |
|---|---|---|---|---|---|---|---|---|---|---|---|---|---|---|
| | | 當教學者在寫板書時，能不經提醒，主動看黑板持續十分鐘。 | 6月7日3 | 6月14日3 | 6月21日3 | | | | | | | a | 4 | 是 |
| 二、能流暢使用一年級學生日常生活常用的器具。（民87.9-88.6） | 能流暢使用湯匙舀東西。（87.9-87.11） | 能使用湯匙舀珠子。 | 9月14日3 | 9月21日4 | 9月28日4 | 10月4日5 | 10月11日5 | | | | | a | 5 | 否 |
| | | 能使用湯匙舀豆子。 | 9月28日3 | 10月4日3 | 10月11日3 | 10月18日4 | 10月25日4 | 11月16日5 | 11月30日5 | | | a | 5 | 否 |
| | | 能使用湯匙舀菜。 | 9月14日3 | 9月21日3 | 9月28日3 | 10月4日4 | 10月11日4 | 10月18日4 | 10月25日4 | 11月16日5 | 11月30日5 | a | 5 | 否 |

（下頁續）

（續上頁）

| | | | | | | | | | | | | | | |
|---|---|---|---|---|---|---|---|---|---|---|---|---|---|---|
| | 能流暢使用剪刀剪東西。（87.12-88.6） | 能用剪刀剪三十公分長的直線。 | 12月7日[2] | 12月14日[3] | 12月21日[3] | 12月28日[3] | 1月4日[4] | 1月11日[4] | 1月18日[5] | 1月25日[5] | | a | 5 | 否 |
| | | 能用剪刀剪曲線。 | 3月8日[2] | 3月15日[3] | 3月22日[3] | 4月12日[4] | 4月19日[4] | 4月26日[4] | 5月3日[5] | 5月10日[5] | | a | 5 | 否 |
| | | 能用剪刀剪幾何圖形。 | 5月3日[3] | 5月10日[3] | 5月17日[3] | 5月24日[4] | 6月7日[4] | 6月14日[4] | 6月21日[5] | 6月22日[5] | | a | 5 | 否 |
| | 能流暢的運筆仿畫。（87.3-88.6） | 能仿畫線條。 | 3月8日[3] | 3月15日[4] | 3月22日[4] | 4月12日[5] | 4月19日[5] | | | | | a | 5 | 否 |

（下頁續）

（續上頁）

| | | | | | | | | | | | | | | |
|---|---|---|---|---|---|---|---|---|---|---|---|---|---|---|
| | | 能仿畫幾何圖形。 | 3月8日2 | 3月15日3 | 3月22日3 | 4月12日4 | 4月19日4 | 4月26日4 | 5月3日5 | 5月10日5 | | a | 5 | 否 |
| | | 能在小格子內仿畫幾何圖形。 | 5月3日3 | 5月10日3 | 5月17日3 | 5月24日4 | 6月7日4 | 6月14日4 | 6月21日5 | 6月22日5 | | ab | 5 | 否 |
| 三、能說出自己是高興、生氣、害怕，還是難過。（民 88.1-88.6） | 給一情境，能說出自己在這個情境時會高興或難過。（88.1-88.4） | 當做喜歡做的事時，能指出自己的情緒是高興。 | 1月4日3 | 1月11日4 | 1月18日4 | 1月25日4 | 3月8日4 | 3月15日5 | 3月22日5 | 4月12日5 | | abc | 5 | 否 |
| | | 當做不喜歡做的事時，能指出自己的情緒是難過。 | 1月4日3 | 1月11日4 | 1月18日4 | 1月25日4 | 3月8日4 | 3月15日5 | 3月22日5 | 4月12日5 | | abc | 5 | 否 |

（下頁續）

（續上頁）

| | | | | | | | | | | | | | | |
|---|---|---|---|---|---|---|---|---|---|---|---|---|---|---|
| | 給一情境，能說出自己在這個情境時會高興、生氣、害怕還是難過。（88.5-88.6） | 給一害怕的情境，能說出自己會害怕。 | 5月14日 3 | 5月21日 3 | 5月28日 4 | 6月7日 4 | 6月14日 4 | 6月21日 5 | 6月22日 5 | | | abc | 5 | 否 |
| | | 給一生氣的情境，能說出自己會生氣。 | 5月14日 3 | 5月21日 3 | 5月28日 4 | 6月7日 4 | 6月14日 4 | 6月21日 5 | 6月22日 5 | | | abc | 5 | 否 |
| | | 給一情境，能說出自己在這個情境時會高興、生氣、害怕還是難過。 | 5月14日 3 | 5月21日 3 | 5月28日 4 | 6月7日 4 | 6月14日 4 | 6月21日 5 | 6月22日 5 | | | abc | 5 | 否 |
| 評量標準 | 0＝完全不會　1＝五次練習會一次　2＝五次練習會二次<br>3＝五次練習會三次　4＝五次練習會四次　5＝完全會 | | | | | | | | | | | | | |
| 評量方式 | a.觀察　b.口頭評量　c.紙筆評量 | | | | | | | | | | | | | |
| 及格標準 | 同評量標準 | | | | | | | | | | | | | |

由上述的長短期目標和評量中，我們可以清楚的看到，所有的長短期目標全是依據學生現階段的問題和所需要的學習能力而設計。其中並將本社會情緒課程的教學目標融入個案語文和生活教育的教學目標中，例如語文領域的「聽指令做動作」，生活教育領域的「能說出自己是高興、生氣、害怕還是難過」。學年結束後，我們檢討第一年教學目標的執行情況，觀察整理出個案H第二學年的現況能力描述及教學策略建議（見表 4-6），然後再依據第二年的表現 ，擬出第二年 IEP 的長短期目標。個案 H 第二年在語文和生活教育領域上的長短期目標見表 4-7 和表 4-8。

表 4-6：個案 H 第二年的現況能力描述及教學策略建議

| 領域 | 現況能力描述 | 教學策略建議 |
| --- | --- | --- |
| 行動能力 | • 可以在完成兩件工作後再給與實物增強。 | • 可將目標放在完成五件工作再給與實物增強。 |
| 感官功能 | • 上團體課在提示「看老師」的情況下，可注意教材約十分鐘。 | • 進行「專注力」訓練，目標放在可連續注意教材二十分鐘。<br>• 讓其練習上團體課，不經提示可隨時看老師。 |

（下頁續）

（續上頁）

| | | |
|---|---|---|
| 認知與學業表現 | •有十以內大小的概念。<br>•會看整點時鐘。 | •教導其認識三十以內的數和量。<br>•教導其學會看半點時鐘。 |
| 動作與生活自理能力 | •會使用湯匙舀菜不掉落。<br>•會在小格子內仿畫幾何圖形。<br>•會用剪刀剪幾何圖形。 | •教導其仿畫由幾何圖形構成的圖案。<br>•教導其用剪刀剪複雜圖形。<br>•教導其用攝子夾東西（作為使用筷子的先備技能）。 |
| 溝通能力 | •不會依順序完成三個指令的動作。<br>•會用「主詞＋動詞＋受詞」的句子表達。<br>•會閱讀日常生活常用詞的詞語卡。 | •加強依順序完成三個指令的動作練習。<br>•教導其在「主詞＋動詞＋受詞」的句子中，加入適當的形容詞。<br>•教其閱讀常用的「主詞＋動詞＋受詞」句子。 |
| 情緒與人際關係 | •會分辨自己是高興、生氣、害怕或難過。<br>•上課遇到新教材時，不會哭鬧，但會一直唸「我不會了，老師教我寫」。 | •教其分辨他人是高興、生氣、害怕或難過。<br>•將增強項目包含看到「上課不亂說話」的提示卡，能保持安靜。 |
| 健康狀況 | •良好。 | |

表 4-7：個案 H 第二年語文領域的長短期目標

| | | | | | |
|---|---|---|---|---|---|
| 學生姓名 | H | 性別 | 女 | 生日 | |
| 實足年齡 | 七歲五個月 | | 領域 | 語文 | |
| 設計者 | 黃老師、林老師 | | 執行者 | 黃老師、林老師 | |

| 長期目標 | 短期目標 | 行爲目標 | 評量日期與結果 | | | | | | | | | 評量方式 | 及格標準 | 是否繼續教學 |
|---|---|---|---|---|---|---|---|---|---|---|---|---|---|---|
| 一、在團體中，能依指令模仿同學的動作。（民 88.9-89.6） | 能聽從具先後順序三個步驟的指令做出動作。（88.9-89. 11） | 能聽從三個指令做出動作。 | | | | | | | | | | ab | 5 | |
| | | 能聽從具先後順序三個步驟的指令做出動作。 | | | | | | | | | | bc | 5 | |

（下頁續）

（續上頁）

| | | | | | | | | | | | | | | |
|---|---|---|---|---|---|---|---|---|---|---|---|---|---|---|
| | 在團體中，能依指令觀察同學的行為。（88.12-89. 1） | 能選出同學正在做什麼。 | | | | | | | | | | abc | 5 | |
| | | 能說出同學正在做什麼。 | | | | | | | | | | ab | 5 | |
| | 在團體中，能依老師指令模仿同學的動作。（89.3-89.6） | 在一對二的教學時，能依老師指令模仿同學的動作。 | | | | | | | | | | ab | 5 | |
| | | 在一對四的教學時，能依老師指令模仿同學的動作。 | | | | | | | | | | ab | 5 | |

（下頁續）

（續上頁）

| | | | | | | | | | | | | | | |
|---|---|---|---|---|---|---|---|---|---|---|---|---|---|---|
| 二、能在「主詞＋動詞＋受詞」的句子中，加入適當的形容詞。（民 88.9-89.6） | 能在「主詞＋動詞＋受詞」的句子中，加入適當的數量形容詞。（88.9-88.12） | 會說適當的量詞。 | | | | | | | | | | bc | 5 | |
| | | 能把量詞放在句中適當的位置。 | | | | | | | | | | bc | 4 | |
| | 能在「主詞＋動詞＋受詞」的句子中，加入適當的大小形容詞。（89.1-89.3） | 能選出適當的大小形容詞。 | | | | | | | | | | bc | 5 | |
| | | 能把大小形容詞放入句中適當的位置。 | | | | | | | | | | bc | 4 | |

（下頁續）

（續上頁）

| | | | | | | | | | | | | | | |
|---|---|---|---|---|---|---|---|---|---|---|---|---|---|---|
| | 能在「主詞＋動詞＋受詞」的句子中，加入適當的顏色形容詞。（89.4-89.6） | 能適當的使用顏色形容詞。 | | | | | | | | | | bc | 5 | |
| | | 能把顏色形容詞放在句中適當的位置。 | | | | | | | | | | bc | 4 | |
| 三、能閱讀常用的「主詞＋動詞＋受詞」的句子。（民 88.9-89.6） | 能仿讀常用的「主詞+動詞+受詞」的句子。（88.9-88.12） | 能一邊仿讀、一邊用手指句子。 | | | | | | | | | | ab | 5 | |
| | | 能一次仿讀一個句子。 | | | | | | | | | | abc | 5 | |
| | | 能一次仿讀兩張學過的句卡。 | | | | | | | | | | abc | 5 | |

（下頁續）

（續上頁）

| | | | | | | | | | | | | | | |
|---|---|---|---|---|---|---|---|---|---|---|---|---|---|---|
| | 能認讀常用句卡。（89.1-89.6） | 能認讀家中常用詞語卡。 | | | | | | | | | | bc | 5 | |
| | | 能認讀學校常用詞語卡。 | | | | | | | | | | bc | 5 | |
| | 能配對圖片與常用的「主詞＋動詞＋受詞」的句卡。（89.1-89.6） | 能配對家中情境圖片與常用句卡。 | | | | | | | | | | bc | 5 | |
| | | 能配對學校情境圖片與常用句卡。 | | | | | | | | | | bc | 5 | |
| 評量標準 | 0＝完全不會　1＝五次練習會一次　2＝五次練習會二次<br>3＝五次練習會三次　4＝五次練習會四次　5＝完全會 | | | | | | | | | | | | | |
| 評量方式 | a.觀察　b.口頭評量　c.紙筆評量 | | | | | | | | | | | | | |
| 及格標準 | 同評量標準 | | | | | | | | | | | | | |

表 4-8 ：個案 H 第二年生活教育領域的長短期目標

| 學生姓名 | H | 性別 | 女 | | | | 生日 | | | | | | | |
|---|---|---|---|---|---|---|---|---|---|---|---|---|---|---|
| 實足年齡 | 七歲五個月 | | 領域 | | | | 生活教育 | | | | | | | |
| 設計者 | 黃老師、林老師 | | 執行者 | | | | 黃老師、林老師、個案父母 | | | | | | | |
| 長期目標 | 短期目標 | 行爲目標 | 評量日期與結果 | | | | | | | | | 評量方式 | 及格標準 | 是否繼續教學 |
| 一、能連續注意上課教材二十分鐘。（民 88.9-89.6） | 能連續注視教材十五分鐘。（88.9-88.11） | 能在一對二的情境連續注視教材十五分鐘。 | | | | | | | | | | ab | 5 | |
| | | 能在小團體連續注視教材十五分鐘。 | | | | | | | | | | a | 5 | |

（下頁續）

（續上頁）

| | | | | | | | | | | | | | | |
|---|---|---|---|---|---|---|---|---|---|---|---|---|---|---|
| | 能連續注視教材十八分鐘。（88.12-89.1） | 能在一對一的情境連續注視教材十八分鐘。 | | | | | | | | | | a | 5 | |
| | | 能在一對二的情境連續注視教材十八分鐘。 | | | | | | | | | | a | 5 | |
| | | 能在小團體連續注視教材十八分鐘。 | | | | | | | | | | a | 5 | |
| | 能連續注視教材二十分鐘。（89.3-89.5） | 能在一對一的情境連續注視教材二十分鐘。 | | | | | | | | | | a | 5 | |

（下頁續）

（續上頁）

| | | | | | | | | | | | | | | |
|---|---|---|---|---|---|---|---|---|---|---|---|---|---|---|
| | | 能在一對二的情境連續注視教材二十分鐘。 | | | | | | | | | | a | 5 | |
| | | 能在小團體連續注視教材二十分鐘。 | | | | | | | | | | a | 5 | |
| | 當教學者在寫板書時，能不經提醒，主動看黑板持續二十分鐘。（89.6） | 在團體中，聽到「看××」的指令，能看目標物持續二十分鐘。 | | | | | | | | | | a | 5 | |
| | | 在團體中，聽到「看」或敲黑板的聲音，能看黑板持續二十分鐘。 | | | | | | | | | | a | 5 | |

（下頁續）

（續上頁）

| | | | | | | | | | | | | | | |
|---|---|---|---|---|---|---|---|---|---|---|---|---|---|---|
| | | 當教學者在寫板書時，能不經提醒，主動看黑板持續二十分鐘。 | | | | | | | | | | a | 5 | |
| 二、能流暢使用同齡學生日常生活常用的器具。（民 88.9-89.6） | 能流暢使用鑷子夾東西。（88.9-88.11） | 能使用鑷子夾大珠子。 | | | | | | | | | | a | 5 | |
| | | 能使用鑷子夾小珠子。 | | | | | | | | | | a | 5 | |
| | | 能使用鑷子夾橡皮筋。 | | | | | | | | | | a | 5 | |
| | 能流暢使用剪刀剪複雜圖形。（88.12-89.6） | 能用剪刀剪所畫的花。 | | | | | | | | | | a | 5 | |
| | | 能用剪刀剪所畫的動物。 | | | | | | | | | | a | 5 | |

（下頁續）

（續上頁）

| | | | | | | | | | | | | | | |
|---|---|---|---|---|---|---|---|---|---|---|---|---|---|---|
| | | 能用剪刀剪所畫的生活用品。 | | | | | | | | | | a | 5 | |
| | 能流暢的運筆仿畫（寫）。（89.3-89.6） | 能仿畫花朵。 | | | | | | | | | | a | 5 | |
| | | 能仿畫動物。 | | | | | | | | | | a | 5 | |
| | | 能仿畫日常生活用品。 | | | | | | | | | | a | 5 | |
| | | 能在作業簿上仿寫簡單筆畫。 | | | | | | | | | | ac | 4 | |

（下頁續）

（續上頁）

| | | | | | | | | | | | | abc | 5 | |
|---|---|---|---|---|---|---|---|---|---|---|---|---|---|---|
| 三、能說出他人是高興、生氣、害怕還是難過。（民 89.1-89.6） | 給一情境，能說出他人在這個情境時會高興或難過。（89.1-89.6） | 能指出他人的情緒是高興。 | | | | | | | | | | abc | 5 | |
| | | 能指出他人的情緒是難過。 | | | | | | | | | | abc | 5 | |
| | 給一情境，能說出他人在這個情境時會高興、生氣、害怕還是難過。（89.1 - 89.6） | 能說出他人在害怕。 | | | | | | | | | | abc | 5 | |
| | | 能說出他人在生氣 | | | | | | | | | | abc | 5 | |
| | | 給一情境，能說出他人在這個情境時會高興、生氣、害怕還是難過。 | | | | | | | | | | abc | 5 | |

（下頁續）

（續上頁）

| | |
|---|---|
| 評量標準 | 0＝完全不會　1＝五次練習會一次　2＝五次練習會二次<br>3＝五次練習會三次　4＝五次練習會四次　5＝完全會 |
| 評量方式 | a.觀察　b.口頭評量　c.紙筆評量 |
| 及格標準 | 同評量標準 |

註：本範例由高雄市民族國小黃慈愛、林書萍老師提供

第六節

# 教師間的合作

一個資源班的經營是否能發揮最大的效能，教師間能否合作是十分關鍵的因素，由於在師資養成的過程中，並沒有特別訓練老師的合作能力，因此，「合作」對許多老師來說是一項很大的挑戰。茲就資源班老師間的合作及與普通班老師的合作兩部分加以討論。

## 一、資源班老師間的合作

一個資源班的經營是否成功，和兩位教師間是否能充分合作有著相當大的關係，「合作」的內容，基本上包括一起撰寫學生的個別化教學計畫、一起規畫班上大小的事務等；另外，兩位老師對待學生的態度也最好一致。由於長時間合作關係不易建立，因此，學校在分派老師時，若能依老師不同的特質做合適的搭配，老師間的合作關係可以較快建立起來。倘若老師間的「適配」指數極低，則很可能在帶班時，需要一段長時間來彼此適應，因而降低班務處理的效率。茲

## 十二、容忍挫折

說明：本單元的目標，在於訓練孩子增加容忍挫折的能力。

表 5-21：「容忍挫折」單元家長配合事項

| 配合事項 | 練習 | | | | | 答對次數 |
|---|---|---|---|---|---|---|
| | 1 | 2 | 3 | 4 | 5 | |
| 1. 吃飯時，讓孩子先坐好，等十分鐘再開動。 | | | | | | |
| 2. 給孩子喜歡的食物或玩具，要求先和他說完話後再開始。 | | | | | | |
| 3. 孩子要求某一件事時，媽媽故意推說正在忙，要他等待。 | | | | | | |
| 4. 教孩子當家人正在忙時，他可以怎樣打發時間，例如「爸爸看電視時，你可以拿故事書在他旁邊坐」、「媽媽講電話時，你可以先拿圖畫紙畫畫或是看故事書」。 | | | | | | |

## 第六章

# 自閉症兒童
# 社會情緒課程

• 課程設計者 •

楊蕢芬、黃慈愛、王美惠、蘇淑芬、蔡淑妃、林書萍

## 單元一

# 注意看

### 目標

1. 在團體中，聽到「看××」的指令，能看目標物。
2. 在團體中，聽到「看」或敲黑板的聲音，能看黑板。
3. 在團體中，當教學者在說話時，經提醒能看老師。
4. 在團體中，當教學者在說話時，經提醒能看老師，並有眼神接觸。
5. 在團體中，當教學者在說話時，能不經提醒，主動看老師。
6. 當教學者在寫板書時，能不經提醒，主動看黑板。

### 教材

增強物（如小餅乾、糖果、飲料、小汽車、玩偶各若干）

## 準備活動

1. 教學者將增強物（小餅乾、汽水）放在學生胸前約二十至三十公分處，用口語或手勢，指示學生注意看。
2. 教學者將學生所愛的增強物放在嘴旁或鼻前，讓學生注視你的臉。
3. 將增強物放在學生面前，左右、上下緩慢移動，指示學生追視增強物。
4. 在學生面前，將增強物放置在房間的四週，用口語或手勢，指示學生取回增強物。
5. 與學生面對面，以兩人視線能平視為準，對學生說：「看我！」指示學生看你的眼睛。

## 教學活動

1. 教學者訓練學生在團體中，看教學者所說的目標物。
   (1)對低功能的學生——教學的重點放在要求在教室上課時，能依教學者的指令，看教室內的人、事、物。
   (2)對高功能的學生——教學的重點放在：(a)戶外教學時，能依教學者的指令，看環境中的人、事、物；(b)當教學者同時呈現兩種以上刺激物，並且其中一項為學生所喜好的事物時，學生能依指令注意看目標物，例如同時呈現電腦畫面和圖卡時，學生能聽指令看圖卡。

2. 教學者將教材呈現於黑板，要求學生看黑板，並在進行一段時間後，要求學生在聽到敲黑板聲音時，能注意看黑板。

3. 教學者可將作業寫在黑板上，要求學生抄寫，訓練學生注意看黑板的能力。開始時，可以用磁鐵提示，標出要學生抄寫的部分，協助學生找到欲抄寫的位置，等學生熟練後，則褪去磁鐵的提示，並逐漸將所要抄寫的內容加長（由字到詞，由詞到句子，再由句子到一小段文章）。

單元二

# 依指令做動作

## 目標

1. 在團體中，能模仿教學者做出簡單的動作。
2. 在團體中，能聽從一個步驟的指令，做出動作。
3. 在團體中，能說出所做的動作名稱。
4. 在團體中，能依指令，觀察同學的行為。
5. 在團體中，能聽從具先後順序兩個步驟的指令，做出動作。
6. 在團體中，能依先後順序，說出所完成的兩個步驟的動作名稱。
7. 在團體中，能聽從具先後順序三個步驟的指令，做出動作。
8. 在團體中，能依指令，模仿同學的動作。
9. 在團體中，不經提醒，能去觀察同學的行為，說出同學在做什麼。
10. 在團體中，當自己不知道教學者的指令時，能觀察模仿同學的行為。

## 教材

物品圖片若干張

## 準備活動

1. 教學者和學生面對面坐下，教學者同時用口語和手勢做一簡單動作（拍手、摸頭、踏腳等）讓學生模仿，若學生沒有模仿教學者的動作，請助理協助學生做出動作。
2. 教學者只用口語要學生完成簡單動作，例如「站起來」、「拍手」等，若學生沒有跟隨指令做出動作，請助理協助學生做出動作。

## 教學活動

1. 教學者玩「請你跟我這樣做」的遊戲，教學者同時用口語和手勢做一簡單動作（拍手、摸頭、踏腳等）讓學生模仿，若學生沒有照樣做，請助理協助學生做出動作。
2. 教學者用口語要學生完成簡單動作，例如「站起來」、「舉手」等。教學者在說完指令，待學生完成動作後，教學者問學生「你剛才做了什麼事」，要學生回答，練習指令和動作間的聯結。

3. 教學者讓學生練習一個步驟的指令，例如「把國語課本放在桌上」、「從鉛筆盒中拿出鉛筆」等。若學生無法跟隨指令完成動作，教學者可將一連串相關的指令分開說，每次只說一項，待學生完成第一個動作後，再下第二個指令，例如教學者先說：「把國語課本」當學生都拿出國語課本後，再說：「放在桌上」。

4. 逐漸將指令增加複雜性，並且包括先後順序，要學生在指令下完後，再執行動作，例如「拿出紙來，把紙對摺」。待學生完成動作後，教學者問學生「你剛才做了什麼事」，要學生能依先後順序回答所完成的兩個步驟的動作名稱。

5. 等學生熟練兩個步驟的指令後，再增加到三個步驟的連續指令，例如「收好書包後，靠上椅子，到外面排隊」、「搬你的椅子，到小明的座位，和他一起看課本」等。若學生無法跟隨連續指令完成動作，教學者可先將一連串的指令分開說，如活動3.，等學生熟悉各步驟的指令後，再下連續指令。

6. 教學者準備圖片若干，要學生輪流完成老師所下的指令，對低功能的學生用較簡單的指令，例如「找出椅子」的圖卡；對高功能的學生則可出較難的題目，例如「找出飲料」的圖卡（只有汽水、果汁圖卡）、「找出 7-11 在賣的食物」等（見圖 6-1）。

圖 6-1：找出 7-11 在賣的食物

7. 當學生的能力提升至可以聽從教學者的指令時，這時要將單元一「注意看」和單元二「依指令做動作」的能力進一步結合，並將教學的重點放在團體的訓練，訓練學生不僅能觀察模仿教學者的動作、能依教學者的指令做動作，也能觀察模仿同學的行為。例如教學者下指令，要學生先看某位同學在做什麼，再模仿該位同學的動作。

8.當進行至單元三、四、六、七時，可以回過頭來再訓練「依指令做動作」的能力，活動的內容可以配合單元三、四、六、七一起練習，例如教學者可下指令要學生看「王小華的衣服是什麼顏色？」、「張小茜是什麼性別？」、「張嘉嘉今年幾歲？」、「丁大中在做什麼？」等，把它記錄下來（見圖 6-2）。

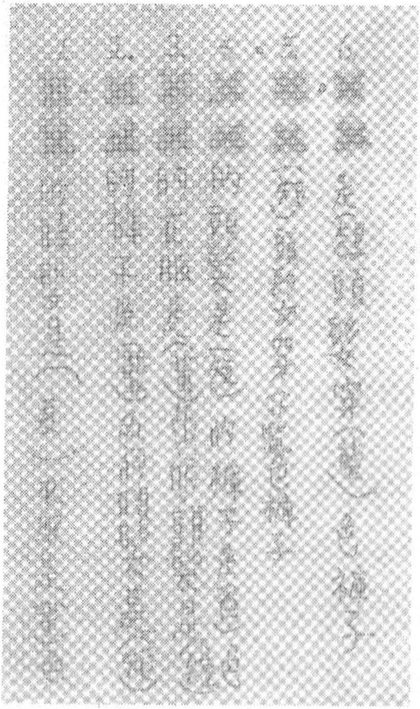

圖 6-2：作業單——描述同學的頭髮和衣服

9. 在進行單元三、四、六、七時，視教學情況，可隨時請學生回答例如「王小明現在在做什麼？」、「剛才下課丁大中在做什麼？」等問題。

10. 上課時，若自閉症兒童因不知道要做什麼而發呆或自我刺激時，教學者可提醒其和同學做一樣的動作，例如「小華！和丁大中做同樣的動作！」

單元三

# 知道自己和他人的名字

## 目標

1. 在團體中，聽到自己的姓名，把頭轉向聲源。
2. 在團體中，能仿說自己的姓名。
3. 在團體中，聽到自己的姓名，能舉手喊「有」。
4. 在團體中，當教學者問他名字時，能說出自己的姓名。
5. 在團體中，聽到他人的姓名，能指出此人。
6. 在團體中，能仿說他人的姓名。
7. 在團體中，能說出他人的姓名。

## 教材

1. 全班學生的照片
2. 椅子若干張

## 準備活動

1. 教學者和學生面對面坐下，教學者叫學生的名字，看學生是否有反應。如果沒有反應，教學者用手協助，使學生的臉面向他，並使其眼神與教學者接觸；如果有反應（如看教學者）則給與增強。若學生一致持續地有反應，則示範要學生舉手喊「有」，當學生完成時，則給與增強。
2. 問學生：「你叫什麼名字？」讓他回答。若不能，則助理代為回答，並指示學生仿說助理的答案。當自閉症兒童不知道如何回答時，經常會仿說別人的問話，例如回答：「你叫什麼名字？」為幫助自閉症兒童了解兩人對話的涵義，當學生無法說出自己的名字時，最好請助理代為回答，而不是由教學者幫忙回答。

## 教學活動

1. 在團體中點名，教學者先點名能力較好的學生，讓他舉手喊「有」，接著點名其他的學生，讓他模仿會的同學。如果都沒有人會，則請助理先做示範。
2. 玩「倫敦鐵橋」的遊戲，被「鐵橋」夾住的學生要說出自己的姓名，能說出自己姓名者，給與增強；若說不出來，教學者可以提示學生的姓，幫助他回答。當學生大多能回答自己的姓名時，則退除提示，要答對的，才給與增強，並請所有的同學一起跟著說一遍被「鐵橋」夾住的學生的姓名。

3. 教學者拿同學的照片，要學生輪流找出此人，先指定能力較好的學生進行此活動，若他能找出照片中的人，則給與增強；接著教學者說出這位學生的名字，要同學仿說。

4. 玩「猜猜他是誰？」的遊戲，讓學生輪流抽出一張同學的照片，然後說出照片中同學的名字，能說出的學生，給與增強。

5. 玩「搶椅子」的遊戲，請沒有搶到椅子的學生說出教學者指定之同學的姓名，若能說出，則給與增強。

6. 本單元的活動可以配合語文活動進行教學，教學者請每一位學生帶一張活動照片，或是拍攝學生從事活動時的照片，然後，教學者呈現學生的照片，要學生回答同學的姓名和他所做的事，例如「王小明畫圖」、「張嘉嘉吃漢堡」、「丁大中掃地」等（見圖 6-3）。

圖 6-3 ：他在做什麼呢？

單元四

# 分辨自己或他人的物品

## 目標

1. 在團體中，能指出屬於自己的日常用品。
2. 在團體中，能辨認屬於自己的東西。
3. 在團體中，能說出哪些日常用品是屬於自己的（用正確的代名詞）。
4. 在團體中，能指出屬於他人的日常用品。
5. 在團體中，能說出哪些日常用品是屬於他人的（用正確的代名詞或名字）。

## 教材

學生、家長或老師的日常用品（如鞋子、水壺等）

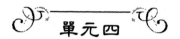

## 準備活動

1. 教學者拿出一樣屬於學生喜好的個人用品和一樣他人的用品，放在桌子說：「哪一個是（名字）的東西？」要學生從兩樣中指出屬於自己的物品。首先，教學者呈現屬於學生自己的東西（如鞋子）和別人不同類型的東西（如鉛筆盒），要學生指認。如果學生能夠完成，接著，教學者呈現屬於學生自己的東西（如鞋子）和別人同類型的東西（如鞋子）。如果學生指認正確，則逐漸增加到三樣或以上的東西，讓學生指出屬於自己的物品。
2. 教學者拿出一樣屬於學生喜歡的個人用品，接著說：「這是（名字）的東西（玩具或物品名稱）。」要學生仿說。等學生熟悉後，教學者接著問：「這是誰的東西？」要學生回答說：「這是（自己的名字）的東西。」若學生猶豫或仿說教學者的問句，教學者立即說：「這是（學生名字）的東西。」並要學生仿說，直到學生能立即說出為止。
3. 當學生能正確指認自己的所有物品時，教學者接著讓學生練習用代名詞代替自己的名字。教學者問學生：「這是誰的東西？」要學生回答說：「這是我的東西。」若學生不會用代名詞，可以請助理代替學生回答：「這是我的東西。」然後要學生仿說。注意教學者不要代替學生回答，才不會讓學生更混淆。

## 教學活動

1. 請學生帶自己的照片到學校，指示學生將自己的照片貼在自己的桌上或櫃子，告訴他，這是你自己的桌子或櫃子。接著，教學者指著別人的照片，告訴學生，這是別人的桌子或櫃子。
2. 請學生將自己的一項物品拿到中間，玩找東西的遊戲，大家圍成一圈唱歌，音樂停止即找自己的東西。練習的順序為：
   (1)每位學生拿一件自己的東西到中間，可以是不同類型，例如書包、帽子、鉛筆盒、課本，要學生從中找出屬於自己的東西。
   (2)教學者要每位學生拿一件同類型的東西（如書包）到中間，要學生找出屬於自己的東西。
   (3)教學者逐漸增加物品的件數，讓小朋友辨認屬於自己的東西。

## 單元五

# 表達自己的好惡

## 目標

1. 在團體中，呈現喜歡的食物、玩具或活動的名稱時，能表示要該食物、玩具或活動。
2. 在團體中，呈現不喜歡的食物、玩具或活動的名稱時，能表示不要該食物、玩具或活動。
3. 在團體中，呈現一種食物、玩具或活動的名稱，能舉手表示要或不要。
4. 在團體中，呈現兩種食物、玩具或活動照片，能從兩種中選出一種喜歡的。
5. 在團體中，呈現三種食物、玩具或活動照片，能從三種中選出一種喜歡的。
6. 在團體中，說出兩種食物、玩具或活動的名稱，不呈現該物品，能從兩種中選出一種喜歡的。

7. 在團體中，呈現兩種食物、玩具或活動的名稱，能口頭或舉手選擇所要的食物、玩具或活動。
8. 在團體中，隨機呈現任一種食物、玩具或活動的名稱，能表達自己的喜好。
9. 到便利商店購物時，能選擇自己想要的物品。

## 教材

1. 食物（如飲料、餅乾、糖果、葡萄乾、蕃茄等）
2. 玩具（如球）
3. 混淆物（學生覺得無意義的東西，如電池、板擦）
4. 活動照片
5. 喜歡（笑臉☺）和不喜歡（哭臉☹）的圖卡
6. 椅子

## 準備活動

1. 教學者在進行此單元前，需先調查學生喜歡和不喜歡的食物、玩具或活動。
2. 準備學生喜愛的東西（如果汁），先讓學生喝一口，把杯子拿開，問學生還要不要繼續喝，如果學生示意（點頭、用手去抓或指果汁），則讓學生再喝一口，直到喝完或一再示意不喝為止；如果學生沒有反應，可以將果汁靠嘴巴，吸引他，接著拿開，如果學生示意要喝，則讓學生喝一口。

3. 在學生從事喜歡的活動時（如玩球），讓其中斷，問學生要不要繼續，如果學生示意要，則讓學生繼續，反之，則中止。若學生能明確並連續示意繼續時，教學者可以指導學生用點頭表示要。

4. 教學者呈現學生不喜歡的物品，問學生要不要，若學生點頭，則將該物品給學生，例如學生討厭蕃茄，當學生點頭要時，則將蕃茄給學生；若學生呈現厭惡的表情，拒絕接受，教學者立即搖頭說「不要」，要學生跟著搖頭表示不要。

## 教學活動

1. 教學者在團體中，呈現學生喜歡的東西（如餅乾），然後逐一問學生：「你要不要餅乾？」若學生沒表示、搖頭或仿說問句回答：「要不要餅乾？」或「不要餅乾。」則不給學生餅乾。等全部問完後，再問一次答錯的學生：「你要不要餅乾？」要學生仿說：「小華（學生的名字）要餅乾。」（有代名詞混淆問題者）或「我要餅乾。」（高功能者）答對才給學生餅乾。

2. 教學者接著拿出學生不喜歡的物品（如蕃茄），逐一問學生要不要，當學生沒表示、點頭或說要時，教學者將蕃茄給學生，若學生拒絕，則給與提示說：「小華（學生的名字）不要蕃茄。」（有代名詞混淆問題者）或「我不要蕃茄。」（高功能者）要學生仿說，直到學生搖頭或說出不要才停止，讓學生反覆練習。
3. 教學者同時呈現兩種物品，一為學生喜歡的物品（如餅乾），一為學生不喜歡或無意義的東西（如電池），然後逐一問學生：「你要餅乾還是電池？」當學生說出喜歡物品的名稱時，給學生他想要的食物或玩具作為增強。若學生仿說教學者的問句而說錯成「電池」，教學者將電池給學生，若學生拒絕，則給與提示如活動2.，直到學生說出不要該物品才停止，然後教學者再重複活動3.，讓學生選。
4. 準備兩種學生不特別偏好的食物、活動照片或玩具，兩個同時放在學生面前，逐一問學生：「你要哪一個？」當學生說出名稱時，給學生他想要的食物或玩具作為增強。
5. 準備三種學生吃過的食物、做過的活動照片或玩過的玩具，放在學生面前，問學生：「你要吃（做、玩）哪一個？」要學生說出他想要的食物、玩具或活動名稱，等學生說出後，即給學生想要的食物、玩具或活動作為增強。

6. 不呈現物品，用口語說出兩種食物、活動名稱或玩具，要學生說出他想要的食物、活動或玩具，當學生說出名稱時，給學生他想要的食物或玩具作為增強。若學生對所給的食物或玩具呈現拒絕的行為，教學方法回到活動2.。

7. 教學者在團體中，呈現學生喜愛的食物（如餅乾、巧克力），教學者問：「要吃餅乾的舉手？」然後把餅乾發給舉手的學生吃。此活動可在午餐或點心時間隨機練習。

8. 教學者在團體中，呈現學生不喜歡的物品（如青菜、水果），教學者問：「要吃青菜的舉手？」然後把青菜分給舉手的學生吃，若學生拒吃，教學方法同活動2.，示意要學生吃完，當學生說出他不要該物品時，教學者提示說：「不吃，不能舉手。」

9. 教學者在團體中，隨機呈現一樣學生喜愛的食物與學生厭惡的食物，問學生：「要吃××的舉手？」讓學生練習體會舉手（要、有、喜歡）和不舉手（不要、沒有、不喜歡、討厭）的不同，教學者亦可用活動代替食物（如玩玩具、雙手舉高）。

10. 教學者在團體中，呈現兩種沒有特別偏好的同類型食物（如養樂多和白開水）或活動（如不同的故事書），要學生舉手，從中選一樣喜歡的食物或活動。

11. 本單元的活動可以配合「語文活動」進行教學，教學者挑選食物（如餅乾、巧克力、蛋糕、米飯、水餃、青菜）、玩具（如洋娃娃、玩具車、積木）或活動名稱（如刷牙、看書、掃地、喝水、打電話），教學生認識不同物品、詞彙名稱，然後要學生回答喜歡或不喜歡此物品或活動。教學者先在黑板上畫笑臉 ☺ 和哭臉 ☹，告訴學生，笑臉 ☺ 表示喜歡，哭臉 ☹ 表示不喜歡，要學生將食物或事情名稱抄在作業單上，然後用笑臉 ☺ 和哭臉 ☹ 表示其喜歡或不喜歡（見圖 6-4）。

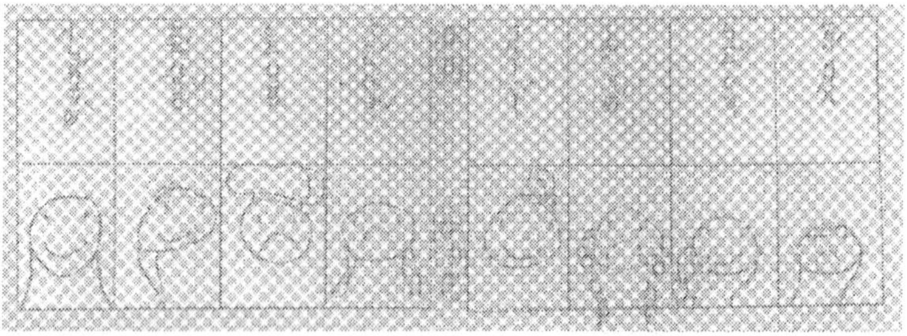

圖 6-4：作業單——用笑臉和哭臉表示喜歡或不喜歡

12. 在學生熟悉好惡的感覺後，可以玩「搶椅子」的遊戲。教學者準備椅子、笑臉 ☺ 和哭臉 ☹ 的圖卡若干張，在每張椅子上，貼上一種表情圖卡，笑臉表示喜歡，哭臉表示不喜歡。教學者在團體中，呈現一種食物、玩具或活動，問學生是否喜歡，喜歡者，去搶笑臉的椅子坐，不喜歡者，去搶哭臉的椅子坐，坐在笑臉椅子上的人可以吃該食物、玩該玩具或進行該活動，坐在哭臉椅子上者則不行。

13. 教學者帶學生至附近社區的便利商店購物，讓學生選擇自己喜好的物品購買，並請家長帶學生在課後時間進行練習。

單元六

# 知道自己和他人的性別

## 目標

1. 能仿說自己的性別。
2. 能說出自己的性別。
3. 能仿說他人的性別。
4. 說出一性別，能找出該性別的人。
5. 能說出他人的性別。

## 教材

1. 男孩和女孩的圖片各若干張
2. 公廁男、女性別圖示各一張
3. 全班學生照片
4. 椅子

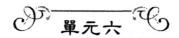

## 準備活動

1. 教學者和學生面對面坐下，同時呈現男孩和女孩的圖片，然後指著和學生相同的性別說：「這是男（女）生。」要學生仿說。學生仿說正確後，教學者接著說：「小明（名字），你也是男（女）生。」要學生指自己說：「男（女）生。」等學生熟悉後，漸增加句子的長度，例如「小明（名字），是男（女）生。」「小明（名字），我是男（女）生。」
2. 教學者呈現男孩和女孩的圖片，然後指著與學生不同性別的圖片說：「這是女（男）生。」要學生仿說。仿說正確後，教學者拿出與學生不同性別的照片說：「小英（名字），她也是女（男）生。」要學生指者照片仿說：「女（男）生。」等學生熟悉後，逐漸增加句子的長度，例如「小英（名字），是女（男）生。」「小華（名字），她也是女（男）生。」

## 教學活動

1. 教學者隨機呈現兩張不同性別的學生照片，一為學生的照片（如男生），一為同學的照片（如女生），逐一問學生照片中小朋友的性別，若學生能正確說出，則給與增強。

2. 教學者呈現男孩和女孩的圖片，然後拿出一般公廁使用的性別圖示與之配對，要學生指著圖片並說：「這是男生的，這是女生的。」然後隨機呈現，要學生配對並說出性別。等學生熟悉後，教學者可以帶學生實地到廁所練習辨認是女生的廁所，還是男生的廁所。
3. 教學者拿出班上同學的照片，逐一說明照片中的學生是男生還是女生，然後要學生跟著仿說同學的性別，若能正確說出，則給與增強；接著隨機抽出一張照片，輪流問學生照片中小朋友的性別，說對的給與增強。
4. 拿學生家人的照片，逐一說明照片中的人是男生還是女生，要學生仿說家人的性別，若能正確說出，則給與增強；接著隨機抽出一張照片，要學生說出照片中家人的性別。
5. 教學者將男生和女生的圖卡分別放在桌子兩邊，將同學和家人的照片混在一起，要學生分出一堆男生、一堆女生，並放在圖卡下方。教學者先示範若干照片，等學生了解後，要學生完成其餘照片，可以反覆練習。
6. 放音樂玩「傳球」遊戲（或傳帽子），當音樂停時，拿到球（或帽子）的學生，要說出自己的性別，可以由教學者先示範玩法。

7.玩「抽獎」遊戲，在袋中放入兩兩配對的圖卡（或積木），圖卡的圖案完全相同，抽到相同圖卡的學生，要說出對方的性別，說對的學生給與增強。

8.教學者將常用的稱謂字卡（爸爸、媽媽、哥哥、姊姊、爺爺、奶奶）貼在黑板上，將學生分成兩組比賽，依教學者的指令拿回卡片，卡片較多的那一組贏，例如教學者說：「男生。」學生即去拿爸爸、哥哥等的字卡回來。教學者可依學生人數決定字卡數，開始時，可以放較多熟悉的字卡，然後逐漸增加較不熟悉的字卡數。

9.教學者在團體中，呈現有性別特徵的圖卡，問學生：「他在做什麼？」、「他是男生還是女生？」要學生將答案寫在作業單上，例如「看花的女生」、「喝水的男生」等（見圖 6-5）。

10.教學者要學生在紙上每一格寫上年級和班級，下面寫男、女，然後讓學生繞校園一週，要學生觀察圈選某班級的老師是男生還是女生，要學生練習辨識性別，答對的給與增強（見圖 6-6）。

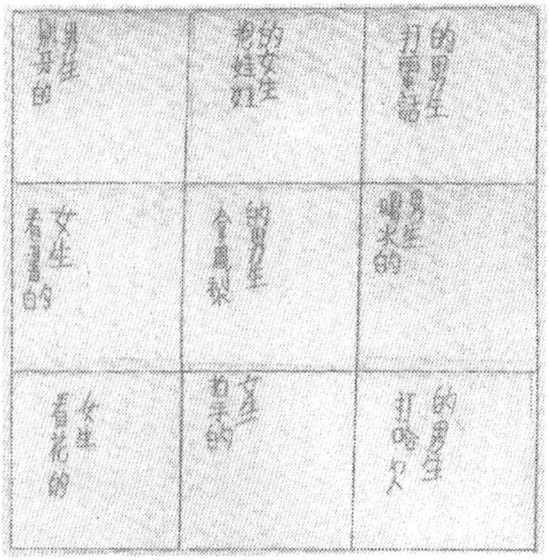

圖 6-5：作業單——他在做什麼？

圖 6-6：作業單——老師是男生還是女生？

單元七

# 自我介紹

## 目標

1. 在團體中，自我介紹時，能夠輪流說出自己的姓名。
2. 在團體中，在聽完別人自我介紹後，能夠說出別人的姓名。
3. 在團體中，在提示下，能夠說出自己的姓名、年齡、學校、年級、班級。
4. 在團體中，在提示下，能夠問別人的姓名。
5. 在團體中，在提示下，能夠問別人的姓名、年齡、學校、年級、班級。
6. 在團體中，在提示下，能夠回答自己的喜好。
7. 在團體中，在提示下，能夠說出別人的喜好。
8. 能在團體中，自我介紹，至少能說出三個屬性。
9. 能在團體中，自我介紹，至少能說出四個屬性。
10. 在聽完別人自我介紹後，不經提示，能夠記得別人的姓名和重要屬性。

## 教材

無

## 教學活動

1. 教學者告訴學生要學習自我介紹，讓學生知道可以介紹自己的名字、年齡、學校、年級班級，然後教學者告訴學生說：「請你自我介紹。」然後教學者問學生：「你叫什麼名字？」要學生說出：「我叫（××名字）。」接著練習年齡、學校、年級、班級。等學生熟悉以後，教學者要學生自我介紹，說出自己的名字、年齡（你今年幾歲？）、學校（你讀什麼學校？）和年級、班級（你讀幾年幾班？）。
2. 進行活動 1. 時，可以和語文課結合，教學者先在黑板上寫：

⑴姓名：我的名字是＿＿＿＿＿＿

⑵年齡：我今年＿＿＿＿歲

⑶我的學校：我讀＿＿＿＿國小

⑷我的班級：我讀＿＿＿年＿＿＿班

接著要學生抄寫在作業單上，並回答問題。寫好後，教學者要學生輪流到前面自我介紹，學生可以看自己作業單上的答案來自我介紹。

3.教學者和學生的角色替換，請學生問教學者叫什麼名字，若學生說不出來，教學者可以提示問句：「你叫什麼名字？」請學生仿說。學生仿說後，教學者立即回答自己的名字，並用手勢禁止學生仿說。接著練習年齡、學校和年級、班級。

4.教學者要學生輪流自我介紹，要學生注意聽別人自我介紹的內容，並記住自我介紹者的姓名，教學者在一位學生自我介紹完畢後，問其他學生：「剛才自我介紹的那位學生叫什麼名字？」答對的給與增強。

5.教學者告訴學生，在自我介紹中，也可以介紹自己的喜好，例如「喜歡吃什麼東西？」、「喜歡看什麼電影？」等，然後教學者問學生下列問題，讓學生回答：

⑴你喜歡吃什麼東西？

⑵你喜歡看什麼電視節目？

⑶你喜歡玩什麼玩具？

⑷你喜歡玩什麼遊戲？

⑸你喜歡去什麼地方玩？

⑹你最喜歡誰？

教學的過程為學生練習從只回答節目的名稱，到能用完整的句子回答，例如教學者問學生：「喜歡看什麼電視節目？」學生可以練習先回答：「美少女戰士（電視節目名稱）。」當學生可以用名稱回答問題後，教學者用完整的句子說一遍，要學生練習仿說完整的句子，例如教學者說：「我喜歡看美少女戰士。」要學生說一遍。當學生能用完整的句子回答後，教學者再逐一問學生一遍：「你喜歡看什麼電視節目？」只有在學生用完整的句子回答：「我喜歡看美少女戰士。」才給與增強。

6. 教學方式同活動 2.，教學者用填充題的方式將自我介紹的項目寫在黑板上，內容包括基本資料和喜好：

(1)姓名：我的名字是__________

(2)年齡：我今年______歲

(3)我喜歡吃的食物：我喜歡吃__________

(4)我喜歡的人是__________

(5)我喜歡做的事是__________

(6)我的學校：我讀______國小

教學者可以視學生的程度增加或減少項目（見圖 6-7 和 6-8）。

telligence. *Intelligence, 17*(4), 433-442.

McGee, G. G., Feldman, R. S., & Chernin, L. (1991). A comparison of emotional facial display by children with autism and typical preschoolers. *Journal of Early Intervention, 15*, 237-245.

McGee, G. G., Almeida, M. C., Sulzer-Azaroff, B., & Feldman, R. S. (1992). Promoting reciprocal interactions via peer incidental teaching. *Journal of Applied Behavior Analysis, 25,* 117-126.

McGinnis, E., & Goldstein, A. P. (1990). *Skillstreaming in early childhood: Teaching prosocial skills to the preschool and kindergarten child.* Champaign, IL: Research Press.

McGinnis, E., & Goldstein, A. P. (1997). *Skillstreaming the elementary school child: New strategies and perspectives for teaching prosocial skills (Rev. Ed.).* Champaign, IL: Research Press.

Mesibov, G. B. (1984). Social skills training with verbal autistic adolescents and adults: A program model. *Journal of Autism and Developmental Disorders, 14*(4), 395-404.

Mesibov, G., & Schopler, E. (1992). Introduction to high-functioning individuals with autism. In E. Schopler & G. B. Mesibov (Eds.), *High functioning individuals with autism* (pp. 3-9). New York: Plenum Press.

Mesibov, G., Schopler, E., Schaffer, B., & Landrus, R. (1988). *Individualized assessment and treatment for autistic and developmentally disabled children: Vol. IV. Adolescent and Adult Psychoeducational Profile (AAPEP).* Austin, TX: Pro-ed.

Moes, D. R. (1998). Integrating choice-making opportunities within teacher-assigned academic tasks to facilitate the performance of children with autism. *Journal of the Association for Persons with Severe Handicaps, 23*(4), 319-328.

Njardvik, U., Matson, J. L., & Cherry, K. E. (1999). A comparison of social skills in adults with autistic disorder, pervasive disorder not otherwise specified, and mental retardation. *Journal of Autism and Developmental Disorders, 29*(4), 287-295.

O'Neill, R. R., Horner, R. H., Albin, R. W., Sprague, J. R., Storey, K., & Newton, J. S. (1997). *Functional assessment and program development for problem behavior: A practical handbook.* Pacific Grove, CA: Brooks/Cole Publishing Company.

Ozonoff, S., & Miller, J. N. (1995). Teaching theory of mind: A new approach to social skills training for individuals with autism. *Journal of Autism and Developmental Disorders, 25*(4), 415-433.

Pollard, N. L. (1998). Development of social interaction skills in

# TOP醫療在台灣

## —— SNQ 認證專科醫療指南

## 急重症



## 重建手術與整形外科



## 肝膽腸胃疾病治療

## 糖尿病與慢性腎臟病



## 生殖、婦產



## 小兒治療與照護

# 從公益到公利
# 見證台灣醫療帶來的幸福

台灣醫療技術與水準一直深受國際肯定，在全球兩百大醫院中，台灣占了十四家。數量是亞洲第一、在全世界僅次於美國和德國，排名第三；眾多國際媒體，包括CNN、Discovery、Global Post等，更把台灣醫療服務水準列入世界十強。如此卓越的醫療成就均由台灣民眾所共享。

為提高台灣醫療國際形象，生策會自一九九八年開始推廣「國家生技醫療品質獎」與「SNQ國家品質標章」，集結近百位國內最具資望的醫學專家共同評審，透過親自走訪，從結構、過程、結果三大面向評選，了解其醫學突破關鍵與團隊研究能量。從中評定屬於「台灣第一」、「亞洲第一」、「世界第一」的醫療技術分別授予銅獎、銀獎、金獎之殊榮。本書所推薦的四十二個團隊，便是十年來獲獎的團隊。

十年走訪全台醫院，深刻感受到，在台灣不只看病容易，遇特殊緊急需求時，醫療體系均能隨時啟動救治，例如搶救心肌梗塞患者從掛號、會診、測心電圖到進行心導管治療，只須花半小時，遠快於國際平均九十分鐘的水準；緊急時刻啟動葉克膜體外循環只要十五分鐘，這都是台灣傲視全世界的優勢、更是全體國人獨享的幸福。生策會出版「TOP醫療在台灣」的目的之一，就是希望藉由記錄台灣的醫療榮耀，來肯定台灣各地的優秀醫療單位、幫助國人正確且有效率的進行就醫選擇。

為方便民眾按圖索驥，本書將醫療團隊分為「癌症診斷與治療」、「心血管與中風治療」、「糖尿病與慢性腎臟病」、「肝膽腸胃治療」、「重建手術」、「整形外科」、「生殖醫療」、「婦產科」、「急重症」、「睡眠治療與精神科」以及「罕見疾病」等領域。除了專科團隊介紹外，本書的重點在於讓數據說話，專科團隊除提出治療成效，還必須以國內外數據做為客觀佐證，以彰顯被推薦的公正與誠信。

醫療本是公益，如能將受益對象擴及全球則是公義，若能更進一步帶動其他產業（如新藥、醫材、健康照護等）發展，並提升台灣國際地位，則是全民公利。以具優勢與特色醫療服務產業／醫院做為生技醫藥產業發展的火車頭，進軍國際，擴大產業發展契機，是生策會念茲在茲的宗旨，「TOP醫療在台灣」的出版一方面是為肯定台灣醫療給國人帶來的幸福，另一方面也要讓全世界看見台灣傲人的醫療實力。

**陳維昭／生策會會長、SNQ評審團總召集人**

全台各大醫院院長共同推薦

# 台灣頂尖醫療團隊，值得您我按一個讚！

台灣的健保制度與高品質低成本的醫療受到諾貝爾經濟獎得主 Paul Krugman 的極力推崇，本書選列生策會國家生技醫療品質獎醫療團隊，在各專科領域居世界頂尖的傑出成就，突顯國人是活在醫療的天堂。

**許重義／SNQ 評審團召集人、中國醫藥大學附設醫院董事**

本書報導四十二個傲視全球的頂尖醫療團隊，代表醫界在專業崗位的用心及努力，以及在醫療的成就。醫學是利他的科學，絕大部分醫界人士竭盡腦力，不眠不休，搶救病人的生命，努力袪除痛苦，不只醫界，這是一份全體台灣人民足以引以為傲的醫學紀錄。

**李源德／SNQ 評審團召集人、前台大醫院院長**

本書推薦台灣醫療在品質和安全達世界頂尖級的特別傑出團隊，凝聚一股讓台灣幸福、讓世界確幸的力量。

**陳明豐／前台大醫院院長**

醫療技術的創新、進步是為服務更多的病人，生策會將臺灣高品質人性化的醫療服務資訊，彙編成輯與讀者分享，值得推薦。

**黃冠棠／台大醫院院長**

假使您周遊列國，一定可感受到台灣醫療系統的棒、費用合理、技術高超，但國人往往並不特別感受到。生策會特別出此書，介紹台灣頂尖醫療團隊，值得您我的肯定，請按一個讚！

**侯勝茂／新光吳火獅紀念醫院院長**

這本書呈現台灣醫界數十年來默默耕耘，挽救病患、維護健康的優質醫療，讓全世界看見台灣傲人的事蹟。

**陳宏一／前三軍總醫院院長**

參與十年評審，見高品質醫療，把關民眾健康；前輩努力心血，個個皆為標竿，為我醫界之光。

**朱紀洪／前三軍總醫院院長**

全民享受優質的醫療照護，生策會是重要的推手。透過專家的深入瞭解，把全國最傑出的醫療團隊發掘出來，將最優秀的醫療成績，呈現給國人分享；讓台灣醫療，傲視全球！

**林志明／前國泰綜合醫院院長**

導引百姓守護健康，記錄寶島卓越醫療，值得專業人士和一般國人品味珍藏。

**張煥禎／壢新醫院院長**

本書勾勒出台灣醫療人員，為達成更高、更好、更人性的醫療境界，在繁忙的業務裏，找尋最有療效、最有效率、最佳整合的模式。

**徐永年／台中市衛生局局長**

「國家生技醫療品質獎」能彰顯台灣醫療世界級的特色與進步。

**周德陽／中國醫藥大學附設醫院院長**

生策會推動SNQ與國家生技醫療品質獎，十年有成，使台灣的醫療安全與品質明顯提升，驗證了「鼓勵是動力，創新是成功關鍵」這句話，台灣醫療必然再跨進更卓越的境界。

**張金堅／澄清綜合醫院中港院區院長**

身為台灣人，你可以藉此了解全人醫療落實在台灣的現況感到幸福，並為多項在國際上亮眼的成就為台灣感到驕傲。

**郭守仁／彰化基督教醫院院長**

生策會在過去十餘年推動SNQ與國家生技醫療品質獎的努力，在台灣醫界所發揮的影響力是不容忽視的正面力量。不僅讓台灣各醫院有呈現醫療特色的舞台，而且導引了各醫院朝向追求卓越的方向。

**陳誠仁／嘉義基督教醫院院長**

「國家生技醫療品質獎」已經成為全國醫療品質的標竿，也是所有醫療機構，積極爭取的最高榮譽。

**陳肇隆／高雄長庚紀念醫院院長**

台灣的醫療著重品質提升、社會關懷及創新，加上各醫療團隊的努力及生策會的大力推動，得到傲人的成績並受到國際重視，是台灣之光。

**許勝雄／前高雄醫學大學附設中和紀念醫院院長**

台灣醫療產業秉持創新改變，追求卓越之精神！多項醫療技術已躍升世界水準，讓世界看見台灣，我們做到了！

**賴文德／高雄醫學大學附設中和紀念醫院院長**

此書集結了台灣北、中、南、東各地的傑出醫療團隊，不僅展現世界醫療創新領先的地位，達到無以倫比的品質水準，更樹立起醫療的人品典範；價值非凡。

**林俊龍／佛教慈濟綜合醫院執行長**

（排列順序依醫院所在地由北至南排序）

## 心律不整別忽視 心臟衰竭、腦中風前兆

# 引領全球 心房顫動電燒術

陳適安教授（前排左五）領先國際，找出心房顫動的原因，北榮心房顫動電燒術成功率超越國際水準。

全球超過三千萬人有心房顫動問題，心臟衰竭機會比正常人高三倍，死亡率高兩倍；發生中風的機會比正常人高五到六倍，而且一旦中風，一年內有半數死亡。心房顫動原因複雜、病灶判斷難度高，一度是全球都無法完全治療的問題。

**一九九七年領先國際，發現肺靜脈細胞不正常發電，至今心房顫動電燒手術成功率已近九成。**

——臺北榮民總醫院心臟內科

四十七歲的姚先生，最近爬坡、走樓梯都覺得喘，做心電圖檢查心跳每分鐘一百六十下，趕到急診、透過藥物控制，才讓心跳降下來。一周後，情況急轉直下，一下子從無力、腹瀉、失眠演變成嚴重的呼吸困難、身體水腫，送到醫院才發現已處於心臟衰竭的險境，全身許多器官已經產生病變，醫師發出病危通知。

## 心律不整
## 像是不定時炸彈

醫界稱心律不整是個殺手，不是沒有原因。當心跳速率忽快忽慢而且不規律，心臟的血液輸出量便會減少，造成血壓下降，因而出現心悸、胸悶、呼吸困難、氣促、頭暈等症狀。**長期下來，心臟功能會惡化，導致心臟衰竭，一旦演變成急重症，則可能導致全身器官衰竭、甚至死亡。**

## 心臟不正常放電

我們的心臟能日以繼夜不斷跳動，是因為心臟裡有「節律點」，節律點能產生傳導衝動，刺激心肌收縮，從左心室把血液輸送出去，產生規律的心臟跳動，在正常狀況下，成人的心跳每分鐘約在六十下到一百下左右。

然而，一旦心房組織內，出現了很多、很快速的不正常放電，導致心房無法正常的收縮，心跳數忽快忽慢而不規律，就會造成心律不整。此時血液就無法正常流動，很容易在左心房產生血栓，一旦血栓隨著血液循環，流出心臟，很容易導致器官的栓塞，如果栓塞在腦部，就會發生腦中風。

## 我有心房顫動的毛病嗎？

最常見的心律不整就是「心房顫動」。台灣有二十三萬人有心房顫動的毛病，年紀愈大愈容易發生。**另外，患有高血壓、心衰竭、糖尿病、甲狀腺機能亢進，也是心房顫動好發族群**。

要瞭解自己是否患有心房顫動，最直接有效的方式，就是進行心電圖檢查。經診斷後，患有心房顫動的病人，可服用抗心律不整藥物，若是心跳過慢，則可裝置心律調整器，加快心跳速度。

不過用藥物治療心律不整，只能治標，無法治本，而且需要長期服藥，如果想要一勞永逸，拆掉心臟裡的不定時炸彈，目前主要的治療方式就是「電燒術」。

## 拆掉心臟炸彈的引信

**心房顫動電燒術，是利用跟筆尖差不多粗細的電極導管，配合3D立體定位系統導引，經由血管進入，放到心房內，清除那些不正常放電的病灶，成功率可達九成，且住院時間短，通常只需要三天，也沒有一般手術的疤痕。**

大部份病人只要一次的電燒治療，就可以根治心律不整的毛病，不需要一直服藥。不過，仍有部分病人術後會復發，就需要進行再一次的電燒治療。**以目前的醫療數據來看，電燒的五年成效比藥物控制更佳，也能夠減少陣發性心房顫動演變成永久性心房顫動的機會**。

當然，並非所有心律不整的病人，都需要進行這項治療。目前醫師通常會先開處方心律不整的藥物，服用三、四個月，如果吃藥效果不佳，才評估是否進行電燒治療。

## 術前評估與精準檢測

進行電燒手術前需要進行各項檢查，包括經胸壁心臟超音波檢查，評估心臟結構及功能；以及經食道心臟超音波，確認心房內是否存在血栓。**如果有血栓，因為有引起中風的危險，就暫時不能做手術。此時必須先將血栓溶化掉，才能進行電燒，血栓才不會流出造成栓塞**。為了幫助醫師進行電燒手術時，更精準定位，皆已採用先進的心臟電腦斷層，結合3D重組的技術，做成心臟立體的圖像。

## 台灣醫療成就領先國際

在台灣，臺北榮總心臟內科心房顫動電燒術團隊，不只是國內第一把交椅，更引領國際開創技術。團隊的靈魂人物—陳適安醫師，在一九九七年與法國波爾多大學Haissaguerre教授同時提出肺靜脈是造成心房顫動的主要根源，也就是因為這個重大發現，讓心房顫動終於變成可治癒的疾病。

二〇〇〇年，陳適安團隊不斷鑽研電生理學，再度領先國際發現，除了肺靜脈之外，上腔靜脈也是心房顫動的來源之一，推翻之前法國團隊認為肺靜脈是心房顫動唯一根源的論點。

臺北榮總心房顫動電燒術團隊目前已完成了超過兩千例個案、治療結果領先國際，不但吸引美國、歐洲、澳洲、亞洲、中東等地的醫師前來取經學習，協助培育了兩百多位國外電生理醫師與護理人員，並幫助二十六個國家建立心房顫動電燒術手術室，讓這項手術造福全球。

## 1分鐘看團隊醫療成效

| | 臺北榮民總醫院電燒手術結果 (2009-2011) | 國際研究報告 (R. Cappato, H. Calkins,、S.A. Chen, et al. Circ Arrhythm Electrophysiol 2010) |
|---|---|---|
| 死　亡 | 0 (0%) | 25 (0.15%) |
| 心包膜填塞 | 3 (0.46%) | 213 (1.31%) |
| 氣　胸 | 0 (0%) | 15 (0.09%) |
| 血　胸 | 0 (0%) | 4 (0.02%) |
| 敗血症、膿瘍、心內膜炎 | 0 (0%) | 2 (0.01%) |
| 永久性橫膈膜麻痺 | 0 (0%) | 28 (0.17%) |
| 股動脈假性動脈瘤 | 7 (1.07%) | 152 (0.93%) |
| 動靜脈瘻管 | 4 (0.61%) | 88 (0.54%) |
| 需手術修補之瓣膜損傷 | 0 (0%) | 11 (0.07%) |
| 心房食道瘻管 | 0 (0%) | 6 (0.04%) |
| 中　風 | 1 (0.15%) | 37 (0.23%) |
| 短暫性腦缺血發作 | 2 (0.30%) | 115 (0.71%) |
| 需治療之肺靜脈狹窄 | 0 (0%) | 48 (0.29%) |
| 總併發症 | 17 (2.59%) | 741 (4.54%) |

資料來源：臺北榮民總醫院心臟內科

搶救心肌梗塞，高榮與時間賽跑！救護車即時傳送心電圖，讓患者一抵院立刻接受治療。

## 從送上救護車的那刻 開始急救

# 搶救急性心肌梗塞 分秒必爭

猝死！心臟病是導致猝死的重要因素，尤其是急性心肌梗塞，如果無法及時搶救，死亡率高達五成以上！三成以上患者甚至來不及送醫、或者在救護車上就休克死亡！面對突發而來的心肌梗塞，「時間」是決定生死的關鍵。

病患到院至第一次氣球擴張治療時間平均僅五十三分鐘，超越國際九十分鐘急診標準。

——高雄榮總心臟血管醫學中心

五十歲的中年男子，近半年常胸悶難過，一次胸痛逐漸加劇，正想自行騎機車前往醫院，卻當場倒地，失去呼吸、心跳。救護車抵達測量心電圖，立即發現是心肌梗塞，火速把資料傳到急診室，啟動緊急救援，從鬼門關前救回一命。

## 心肌梗塞前兆：心痛喘冒冷汗 卡緊叫救護車

人的心臟主要透過三條大血管供應心肌細胞血液氧分與營養，主要的主動脈幹底部分出兩邊血管，一邊是左主幹，再分為左前降支與左迴旋支；另一邊則是右冠狀動脈（如圖）。**三條血管只要任何一條被阻塞，心肌就無法獲得充足血流，進而引發心肌損傷、壞死、嚴重的導致心跳停止、危及生命。這就是「心肌梗塞」**。

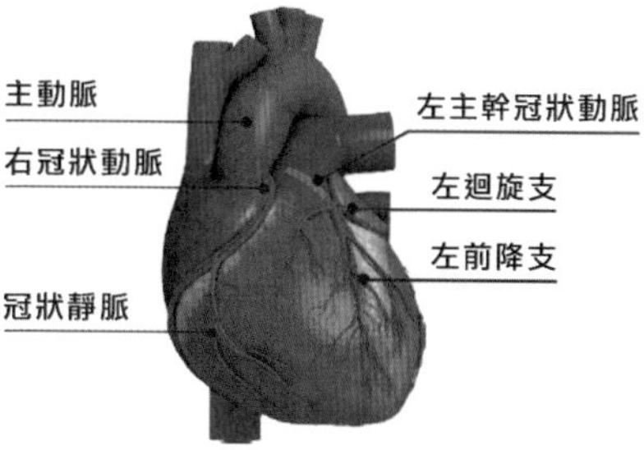


面對心肌梗塞，有句口訣：「心痛喘冒冷汗，卡緊叫救護車」。心痛代表「胸痛或胸悶」、喘代表「喘氣」、冒汗代表「流冷汗」，一旦有胸痛或胸悶合併冒冷汗或喘氣症狀，就有高度心肌梗塞可能性，必須立刻打一一九叫救護車送醫院。

**不過有時一些非典型症狀、例如「上腹悶痛」，也可能是心肌梗塞的警訊！如果腹部悶痛，感覺累累的，也要注意。**曾經就有醫師腹部悶痛，誤以為自己是腸胃炎，結果一照心電圖，發現心電圖呈現ST段（註）上升、有心肌梗塞狀況，後來緊急做心導管才發現右冠狀動脈整條都已經被阻塞了。

*（註）ST段上升代表冠狀動脈完全阻塞，需要立即處置，恢復血管暢通。

## 急性心肌梗塞 心電圖判讀是關鍵

對醫生而言，心電圖是判斷心肌梗塞最重要的工具！**透過心電圖的判讀，醫師可以了解到底是慢性還是急性心肌梗塞、也可以一探血管堵塞的位置、了解血管是全堵還是有部分血流可通過**，這些資訊都會影響醫師的判斷和治療方法的選擇。尤其是看到心電圖ST段上升型的急性心肌梗塞（STEMI）病患，目前治療準則建議盡快做氣球擴張術、疏通血管。

二〇一三年三月起，高雄榮總與高雄市六個消防分隊合作推動「救護車即時無線傳輸心電圖」，當有緊急救護需要時，心電圖會在第一時間傳輸到心臟科醫師手機，掌握病患是否罹患

「心肌梗塞」。並能在病患到院五十分鐘內，立即進行心導管手術，目前高雄市已擴充至十五個消防分隊配備此系統；這項措施實行後兩年已傳輸六百八十七例，成功救起四十名急性心肌梗塞患者，讓死亡率從百分之二十一降至百分之五以下。

除了心電圖，病患自己也要用心！為了幫助醫師準確判斷病情，到醫院時一定要把病況說明清楚，通常醫師需要知道「痛多久了、頻率有多少、總共痛了幾次？」、「痛的感覺有沒有延伸到別的地方？」、「有沒有快要暈倒的感覺？」、「大概都是幾點開始感覺心臟不舒服？有什麼症狀？會不會同時覺得噁心、頭暈或心悸？」、「心臟不舒服的時候，通常都在做什麼？通常是一開始就很不舒服，還是越來越不舒服？」

## 心肌梗塞急診 裡應外合搶時間

急性心肌梗塞的搶救關鍵在十二小時內，一旦超過六小時，至少九成心臟肌肉將缺血壞死，因此這是一個與時間賽跑的疾病，越早打通血管越好！

**為了提高搶救效率，高雄榮總心臟血管醫學中心一方面改變急診流程，讓有胸痛症狀的病人馬上先做心電圖、再做檢傷分類，第一時間掌握是否為心肌梗塞，儘速急救。另外，特別把急性心肌梗塞藥物處方建檔、並且設計心導管耗材方便包，讓醫生可以馬上開藥、做疏通手術。**

高雄榮總也和周圍的十四家醫院合作，建立「緊急心導管醫療網」和二十四小時緊急心導管雙專線，由心臟專科醫師親自負責和協調轉院。而病人在轉院前，高雄榮總的心導管技術人員和醫師也會透過資訊交換、及時先查看病人心電圖、提早準備合適治療方案。病人一抵達醫院，心臟科醫師已經在急診室準備就續、立刻轉送到導管室治療。

## 六十分鐘內 進行心肌再灌流 超越國際水準

高雄榮總目前病人到院後進行心肌再灌流的時間（註），都能控制在六十分鐘以內。**而針對心電圖ST段上升型的急性心肌梗塞（STEMI）病患，到院至第一次氣球擴張治療時間（D2B, Door-to-balloon, time）更曾經達平均只需二十八分鐘，**

**比美國心臟學會／美國心臟學院治療準則建議的九十分鐘快了許多。**而及早打通血管的好處，不但能降低死亡率、病患日後心肌梗塞復發率也比較低，住院和復健時間也相對縮短。

＊（註）心肌再灌流－臨床上打通血流的方式包括使用藥物－血栓溶解劑如 t-PA、氣球擴張術或心導管手術裝支架，或者透過外科繞道手術做新的血管通路。醫師會按照患者病情的複雜程度、治療方式的風險、和中長期效果、個別狀況等加以考慮合適處置方法。

## 1分鐘看團隊醫療成效

急性ST段上升心肌梗塞病患住院期間死亡率比較表

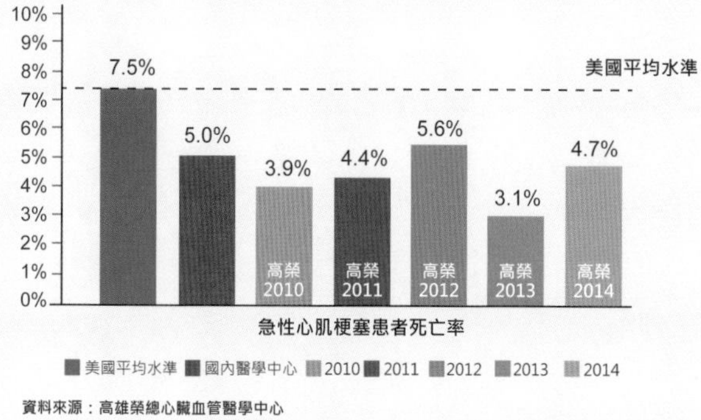


資料來源：高雄榮總心臟血管醫學中心
Circulation 2008;117:2502

急性心肌梗塞死亡率50%

# 創新橈動脈心導管手術　清除血栓

首創 24 小時待命的心血管介入性醫療團隊，力求在 15 分鐘內完成整裝。

病人一旦被診斷為急性心肌梗塞，表示血管已被血栓堵住，會立即推入心導管室急救。時間對於急性心肌梗塞的患者，為何這麼重要？因為在愈短時間，進行正確的醫療，清除要命的血栓，才能搶救已受傷且瀕臨死亡的心臟肌肉，減少後續併發症的風險。

經由手部橈動脈進行「冠狀動脈血栓清除治療」，四十分鐘可將血栓吸出，且提高血管再通成功率高達百分之九十五；三十天內重大合併症明顯降低至百分之二・八，領先全球。

——高雄長庚紀念醫院心臟內科
心血管介入性醫療團隊

一名家住鳳山的六十五歲男性病患，有高血壓病史、體型肥胖，並長期吸菸。某天突然感到不適，自行就醫，不久即出現心因性休克。經檢查發現其有兩條心臟冠狀動脈阻塞，經過跨科整合的醫療團隊努力，立即在十五分鐘內，緊急接上葉克膜進行冠狀動脈血管再灌流治療，順利救回病患生命。

## 什麼人容易發生心肌梗塞？

罹患急性心肌梗塞（AMI）的危險族群，包括男性在四十五歲以上、女性為五十五歲以上或停經後，有抽菸習慣、有高膽固醇、高血壓、糖尿病及早發冠心病家族史。其次，腰圍大、三酸甘油脂超過一百五十毫克、收縮血壓超過一百三十、空腹血糖達一百一十毫克等代謝症候群者，亦是高危險群。

**另外，有心房顫動、風濕性心臟病者，還有兒童的川崎氏症等，都可能引起心肌梗塞**。由於每晚一分鐘，就會讓心肌缺氧時間拉長，急性心肌梗塞的緊急處置相當重要，如無法及時搶救，病人死亡率高達百分之五十。

## 第一時間緊急血管再通治療

依據國際標準，AMI患者必須在發病後緊急就醫，其黃金救命時間不能超過六個小時。傳統的急性心肌梗塞的治療方式，是靠血栓溶解劑打通阻塞的冠狀動脈，但成功機率僅百分之五十四，且有百分之一出現腦出血的機率，一旦發生，死亡率就高達百分之六十到八十。近年則以緊急冠狀動脈血管再通術治療，包含氣球導管擴張或支架置放，可讓成功率提高至百分之八十五。

因此，以冠狀動脈氣球擴張術及支架置入替代血栓溶解劑之治療，對於AMI患者來說，有效減少了因溶栓藥物所產生之併發症，讓冠狀動脈成功回復正常血流，提高存活率。但仍有百分之十五的機率，血管末端仍無法流通，可能原因，為血栓繼續往血管下游堵塞，造成二度傷害，故病患術後仍須緊急使用主動脈內氣球幫浦，來增加冠狀動脈血流量。

## 創新從手橈動脈取血栓提高存活率

緊急心導管手術的成功與否，「時間」絕對是第一要素，這包括醫療團隊「整裝待命」的速度、有經驗的醫師第一時間的判斷和治療，才能及早把阻塞的血管打通。高雄長庚紀念醫院在一九九二首創二十四小時待命的心血管介入性醫療團隊，並建置了便捷的醫護宿舍，力求在十五分鐘內，團隊在心導管室待命完成。

為解決前述已進行冠狀動脈氣球擴張術，卻仍無法讓血管有效流通的百分之十五 AMI 病患。二〇〇二**年首例以經「橈動脈心導管介入治療術」來擴張病灶血管，並使用「冠狀動脈血栓清除裝置」清除血栓，成功完成大部分 AMI 介入治療**。

傳統的血管再通術治療，均由腹股動脈施行，其缺點為：容易出血，必須長

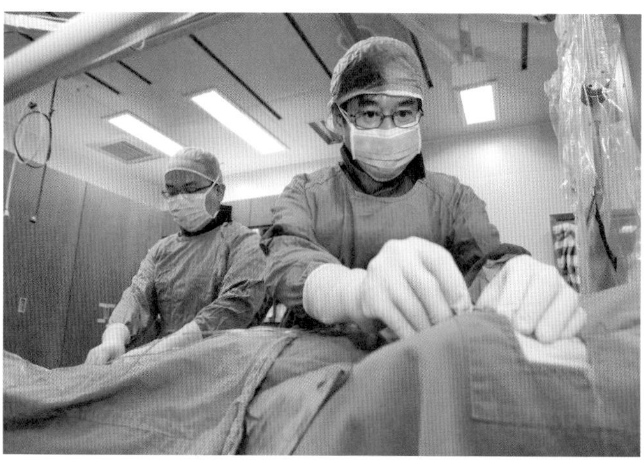

利用手上的「橈動脈」將導管送進心肌梗塞栓塞處，以降低出血量和輸血的機會。

時間臥床止血，或進行外科血管修補手術，且照護時因消毒緣故，易讓病患個人隱私感受不佳等。

**高雄長庚醫院率先成功採用「橈動脈心導管介入治療術」，利用手上的「橈動脈」將導管送進心肌梗塞栓塞處，以降低出血量和輸血的機會。同時，運用「冠狀動脈血栓清除裝置」抽取因介入治療所掉落之血栓，來避免血管末稍栓塞，讓血管再通成功率提高至百分之九十五。**

這些創新的治療方式，讓AMI病患可減少臥床時間、住院天數，達到最佳臨床療效與經濟效益。這樣的作法不只用於病情較穩定的心血管病患，還能進一步應用到病況危急、需施以搶救心肌存活的緊急手術上。

## 啟動葉克膜
## 搶救心肌不缺氧

搶救急性心肌梗塞的患者，分秒必爭，爭取讓心肌缺氧的時間縮短、搶救更多心肌，即可降低合併其他症狀的風險，例如心因性休克。

**心因性休克病患最主要的原因是心肌梗塞，如果沒有積極的治療方法，只採取保守治療，死亡率高達百分之九十**；就算是在積極治療下，死亡率仍高達百分之五十七，更別提，若休克發生在七十五歲以上的老人，死亡率更高達百分之六十四・一。

為減少病況緊急的AMI患者，因心因性休克所帶來的致命危機，高雄長庚醫院的醫療團隊，積極改善相關醫療步驟，可於極短時間內啟動葉克膜（ECMO）搶救心因性休克。外科團隊一接到電話通知，十分鐘內所有醫療人力全部到場、二十分鐘內完成葉克膜支持治療。如今所有原因導致心因性休克病患，透過葉克膜緊急治療後，高雄長庚可做到三十天內死亡率降低至百分之四十五・五，優於醫療文獻的統計結果。

## *1*分鐘看團隊醫療成效

1994年10月高雄長庚紀念醫院心臟內科心血管介入醫療團隊，率先完成台灣第1例經橈動脈穿刺心臟冠狀動脈攝影病例，逐步取代傳統手術須經腹股溝處股動脈穿刺方式，施作心臟冠狀動脈血管檢查及血管成型手術。

迄今每年心導管介入治療案例超過1,500例，累計早已超過萬例，減少很多血管併發症及輸血的需要、節省很多醫療資源免於浪費，並提高急性心肌梗塞患者的存活率。

資料來源：高雄長庚心臟內科心血管介入性醫療團隊

# 「開心」打通堵塞的冠狀動脈

# 心跳中　挑戰微創兩釐米繞道手術

由心臟科權威朱樹勳院長領軍的亞東心臟外科，創下台灣第一例「達文西冠狀動脈繞道術」。（圖中間者為副院長邱冠明）

一旦心臟的冠狀動脈阻塞，傳統的心臟手術直接鋸開肋骨中央，讓心臟停止跳動，再運用人工心肺機來做動脈繞道手術，但卻可能提高出血、腎功能損壞、中風等風險。

**可以在心臟正常跳動下完成血管縫合，利用微創手術完成動脈繞道。**

——亞東醫院心臟血管外科

二〇一〇年一個炎炎夏日傍晚，丁先生正準備和夫人出門，突然喘不過氣來，緊急送亞東醫院後，經由詳細的檢查確認罹患冠狀動脈阻塞疾病。

由於丁先生有高血壓、糖尿病及高血脂疾病史，若採用傳統的繞道手術，必須將胸骨鋸開，不但傷口大，出血量大，胸骨也有感染骨髓炎的危險。醫療團隊和家人都擔心丁先生無法承受這樣的大手術。隔年，經過審慎評估，醫療團隊建議施行達文西冠狀動脈繞道手術。手術後五個小時，丁先生即拔除氣管內管，第二天上午即轉至普通病房。丁先生坐在床邊氣定神閒地欣賞窗外風景，這會兒才知道「開心極了」是什麼感覺！

## 動脈阻塞
## 造成心肌缺血
## 猶如不定時炸彈

冠狀動脈，是輸送氧氣和養份到心肌細胞的動脈，當冠狀動脈的血液中脂肪過高時，會引起發炎反應，接著纖維化與鈣化，使血管壁變硬且造成局部組織變性。因為血管內沉積的脂類，呈黃色狀如濃粥，故稱動脈粥狀硬化。**粥狀硬化物會向血管腔中心沉積，血管內徑因而減少，就會使冠狀動脈狹窄，造成心肌缺血、缺氧**。

治療冠狀動脈阻塞，有幾種方法，包括服用硝酸鹽類血管擴張劑，讓狹窄的地方繼續保持擴張，或是利用心導管經皮氣球擴張術及支架的置放術，以及「冠狀動脈繞道手術」，取病人腿上的大隱靜脈，或胸骨兩側的內乳動脈來建立「疏通道」，為堵塞的血管另闢高架橋或高速公路，增加心肌血流的供應。

## 心臟還在跳怎麼開刀？

丁先生參與了醫界歷史性的「台灣第一」。二〇一〇年他所接受的治療，是台灣首例以達文西機械手臂進行的「全內視鏡不停跳冠狀動脈繞道術」，「不停跳」顧名思義在手術進行時，患者心臟還在跳動！

過去，開心手術病人的特徵，是得鋸開胸骨、大費周章地讓心臟暫時「停機」，才能進行開心手術。**亞東醫院的心臟血管外科從二〇〇一年底開始，執行冠狀動脈繞道手術時，就採用不停跳的技術，讓繞道手術是在心臟活蹦亂跳的情況下就可完成**。

心臟不「停機」，亞東的醫療團隊利用冠狀動脈穩定器吸附在血管兩邊，使局部血管不隨心臟跳動而移動，讓醫師可以在心

**改善傳統治療**
**開心手術**
**不用開膛剖胸**

**腎臟功能不佳**
**體重小於三十五公斤**
**不適合**

臟正常跳動下完成血管縫合，大幅降低人工心肺機可能造成的出血、腎功能損壞、中風等風險。

傳統的心臟手術，必須直接鋸開肋骨中央，相對地，病人需要較長時間恢復，住院天數也拉長了。

**微創冠狀動脈繞道手術不需開膛剖鋸胸骨，可從前胸肋間或腋下打三到四個小洞，利用內視鏡當作眼睛，就能完成手術；搭配達文西機械式手臂，則可透過３Ｄ影像，利用仿真的手腕手術器械，來替代人手在狹小空間裡精細動作，傷口小、復原快，術後感染機會也大減。且相較傳統術式縮短了一半的住院時間。**

內視鏡微創手術，讓過去長長的刀口變成小小幾個洞，讓「開心」不再是大手術！但是要在跳動的心臟上，完成直徑僅有一到二釐米的冠狀動脈縫合，技術上相對困難，除了需要特殊的手術器械之外，更需要依賴純熟的技術。亞東醫院從二〇〇四年至二〇一五年，已進行超過一千五百例，經驗十分豐富。

不過，也並非所有的病人都能施作微創手術，例如心臟功能不能太差、肺部也不能有沾黏，一般來說年紀越輕的患者越適合。通常術前，醫療團隊會謹慎評估合適的患者，如果曾做過第二次瓣膜手術、腎臟功能不佳、升主動脈鈣化，**或體重小於三十五公斤者，都不建議施作達文西機械手臂手術**。

## 心臟內外科合併<br>術前、術後連貫性照護

**許多心臟不舒服想就醫的患者，第一個面對的問題是：該掛心臟內科？還是外科？**雖然現在心臟內、外科合併已經是趨勢，但在二〇〇〇年亞東醫院可說是首開先河，整合心臟內外科、成立「心臟血管醫學中心」。這個創制，讓心血管患者及家屬能享有跨團隊的醫療資源，就醫過程從診斷到治療、術前到術後能有全面且連貫的照護品質。

在過去的經驗，心臟內科和外科醫師所接受的專業度訓練完全不同，在醫院裡，內外科也使用各別的資源和方法，來照顧病人。亞東醫院將兩科合併，把原本各自獨立於內外科部的辦公區、病房、加護病房、診間都排在一起，這讓心血管患者及家屬，可以在同一診區、同一病房內分享不同治療的效果和經驗；而主治醫師也有機會近距離地了解內外科彼此治療的選項、預期的效果，隨時討論、相互支援，讓原本存在於心臟內外科之間的緊張關係，及本位主義逐漸消弭，共同為患者同一器官系統的疾病而努力。

## 1分鐘看團隊醫療成效

**2004～2015年 亞東紀念醫院心臟血管外科相關心臟手術累計經驗**

不停跳冠狀動脈繞道手術占比約為83%。

不經胸骨的微創心臟手術累計超過1500例。

內視鏡摘取大隱靜脈行繞道手術超過2200例。

內視鏡摘取前臂橈動脈則超過150例。

資料來源：亞東醫院心臟血管外科

## 腦中風三小時黃金急救期

# 每分鐘搶救一百九十萬個腦細胞

周德陽院長（右五）率領腦中風中心，搶救腦細胞，拼國際超高效率。

在台灣，腦中風死亡人數僅次於癌症、每四十分鐘就有一人發生、每年有八萬人發病、一萬兩千人死亡，活著的一半則變成失能或失智！腦中風每延誤就醫一分鐘，就有一百九十萬個腦細胞死亡，相當於每小時老化三．六年。為了搶救腦中風患者，醫生必須與時間競賽，挽救不斷消失的腦細胞。

二十五分鐘內判斷中風類型、六十分鐘內施打血栓溶解劑、一小時完成開顱手術，為病人拼超高效率。

——中國醫藥大學附設醫院腦中風中心

六十歲的江先生感覺臉部麻痺不舒服，前往住家附近的醫院急診室就醫。值班醫生一時無法判斷病因，請江先生到旁邊的小房間休息。時間一分一秒過去，江先生發現自己手指腳趾已無法活動，這時醫生告知他確認是腦中風。緊急處置後兩、三周病情穩定下來，但錯失黃金醫療時間的江先生卻成為重度殘障。

## 急性爆發的慢性病

腦中風，是指突發性腦部血管阻塞或是破裂，造成腦組織缺血或出血而導致神經缺損的症狀。人的腦部承受完全缺氧的時間不能超過五分鐘，在治療上絕對是分秒必爭，一旦延誤將帶來難以挽回的身心危害。

事實上，腦中風看來像是一場突如其來的風暴，但病灶卻是日積月累形成。暴飲暴食、抽菸、高血壓、高血脂、糖尿病，都是殘害腦血管的原因。

**如果突然發生嘴歪、眼斜、臉部表情不對稱、半邊身體麻痺、劇烈性頭痛、講話大舌頭、嘴角無法閉緊而流口水等情形時，就要儘速就醫，把握搶救黃金三小時。**

## 是出血型？還是缺血型？

中風病患送醫後，第一件事必須判斷到底是哪一種類型的中風。如果是出血型中風，必須手術把血塊清除；如果是缺血型就要儘快打血栓溶解劑、搶救還沒死亡的腦細胞。

**在搶救效率已經是國際超高水準的中國附醫腦中風中心，與澳洲、美國合作使用最新的電腦斷層掃描技術，有九成以上病人可快速在二十五分鐘內做出更好的攝影檢查，提供更完備的治療方向。**

## 出血型中風微創內視鏡手術取代傳統開顱

**病人如果確定是出血型中風，為了縮短會診、進開刀房的時間，醫師會根據出血量、有無水腦、昏迷指數，並依照團隊發明的腦中風指數（MICH Score）判別是否可以動手術，指數從輕微到嚴重分為〇至五分，二到三分最適合開刀。**

傳統開顱手術須進行二到三小時，中國附醫團隊採用微創內視鏡手術，讓手術在一個小時可以結束、儘早取出血塊、縮短腦部損傷時間，傷口也僅有兩公分，讓病患術後恢復得更快。

開腦是大手術、必須全身麻醉，如果病患肺功能欠佳、年紀大，風險較高。微創內視鏡手術不用全身麻醉，開刀過程病人意識清楚，甚至還可以跟醫生聊天，術後復健亦比傳統手術好。

## 梗塞型中風 時間愈久 出血風險愈高

梗塞性（缺血性）腦中風，是台灣最常見的腦中風形態，目前血栓溶解劑（rt-PA）是唯一被認為治療急性梗塞型中風有效的藥物。在黃金三小時內為患者打血栓溶解劑，可以及早挽救尚未死亡的腦細胞。全國施打血栓溶解劑病患人數最多的中國附醫，目前平均六十分鐘可治療，最快還能縮短於二十五分鐘內完成。

但梗塞型中風發病一旦超過黃金三小時、施打血栓溶解劑的出血風險就增高、時間愈久愈不利。為了讓延後送醫的中風病人仍有治療機會，**中國附醫借鏡史丹佛醫學中心的篩檢機制，讓發病三到六小時內的病人，可以藉由電腦斷層灌流影像檢查（CT perfusion），篩檢出適合施打血栓溶解劑的病患**。這個特殊的標準流程，也是中國附醫能做到讓中風病人死亡率低、出血率低的幕後功臣。

手術後病人如果神智清醒，隔天就必須立即展開復健，才能避免肢體僵硬，平均七天內就能出院。

## 預防→手術→復健→預防

對腦中風的預防，第一種是從生活飲食習慣改善下手，以及藉由健檢的核磁共振（MRI）檢查。目前醫學可以做到**中風前提早發現，趁還沒發作就把血管撐開，或施予預防性顱內顱外繞道手術**。事實上，多數人不知道自己瀕臨中風，如果能用影像學找出高危險群，就能避免很多悲劇發生。

第二種預防，是指預先防止已中風的患者歷經二次中風，也就是控制危險因子及病患追蹤。病患必須透過高血壓防治、內頸動脈狹窄之支架擴張術及遠距腦中風居家照護來因應。撒下嚴密的照護網，盡可能不要再面臨二次風暴。

## 全球第二大
## 十萬筆腦中風資料庫

每個月收治一百五十個中風病人的中國附醫團隊，已是國內指標性的腦中風中心，為了中風病患的長期追蹤、健康監測與評估，進一步整合苗栗至北港、台灣中部之醫療群，並加入台灣腦中風登錄平台，目前共有五十六個中風中心，中國附醫登錄數量是全國排名第一，累積超過十萬筆的龐大資料，成為全球第二大中風登錄資料庫。

### 1分鐘看團隊醫療成效

| 指標 | 中國附醫 | 國內標竿醫院 |
|---|---|---|
| 60分鐘內接受靜脈注射血栓治療 | 63.01 | 55.83% |
| 急性缺血性中風接受靜脈血栓溶解(IV-tPA)治療比率 | 7.38% | 3.90% |
| 有症狀性之血栓溶解劑t-PA出血率 | 2.74% | 4.21% |
| 心房顫動病人使用抗凝血藥物 | 94.94% | 72.95% |

資料來源:台灣臨床成效指標系統(2014)
中國醫藥大學附設醫院腦中風中心

## 生長痛？骨肉癌？常常分不清

# 使用生物性重建 高成功率

治療青少年最常見的惡性骨腫瘤，陳威明主任（左二）團隊以生物性重建治療方式，術後三到九個月骨頭即可再生，為患者保留骨本。

骨肉瘤是青少年最常見的原發性惡性骨腫瘤，台灣一年約有一百多位新發病患，最常好發於十到二十五歲的青少年。初期症狀為痠痛，與一般生長痛相似，因此許多病患及家屬會誤以為是生長痛，導致治療的延誤，甚至部分病患會自行以針灸、推拿治療，反而使病情更加惡化。

**治療高度惡性骨肉瘤，對於無病發轉移之病患，五年總體存活率可達到百分之九十．四。且超過百分之九十五的肢體可予以保留。**

——臺北榮民總醫院骨骼肌肉腫瘤治療暨研究中心

一位十八歲的年輕人，過去三個月偶爾感到左膝痠痛，但不以為意。一天，打完球後發現膝蓋疼痛加劇且腫痛，於是前往醫院求診。醫生原本想開了藥膏讓他回去擦，但考慮到十八歲是骨肉瘤好發的年紀，於是安排了X光片檢查，結果看到膝關節上方有不正常的「陽光散射狀」影像，竟然是典型的骨肉瘤。

## 骨肉瘤的成因？初期症狀為何？

我們會隨著年齡長高，是因為大腿骨（股骨）及小腿骨（脛骨）的上端、下端各有生長板，尤其以膝關節附近的生長板成長的最快。**而百分之五十以上的骨肉瘤，就發生在膝關節上、下方**。

骨肉瘤的發生原因，可能與遺傳基因有關，也可能與慢性發炎、輻射、病毒感染等有關。初期症狀為酸痛，尤其夜間更不舒服；中後期症狀，因關

### 骨肉瘤與肌腱炎/生長痛 如何區分?

| 生長痛 | 肌腱炎 | 骨癌 |
|---|---|---|
| 發在二個年齡層：3～5歲及8～11歲，生長痛很少固定在同一處，不會摸到腫塊。 | 與用力不當、運動傷害、扭傷有關，不會摸到腫塊。 | 90%以上的骨癌可由X光攝影診斷出來，若無法判斷再作進一步電腦斷層攝影、磁振造影，甚至病理切片檢查。 |

節附近已有腫塊發生，並且骨頭結構已被破壞，進而影響肢體功能，無法活動自如。

骨肉瘤確切的診斷是需要經過X光、病理切片才能確診。**但因為初期的症狀並無特異性，因此誤診率相當高，經常被誤以為是運動傷害、肌腱炎或是生長痛而延誤治療**。有些患者甚至被帶去接受傳統推拿與針灸，而導致悲劇的開始！臺北榮總骨科部的臨床經驗顯示，沒推拿過的患者，五年存活率可能高達百分之九十四；**但經過推拿、放血或針灸，癌細胞很容易就擴散出去，轉移至肺部，或其他骨頭，五年存活率只剩下一半**。

## 骨肉癌的患者九成以上免截肢

七〇年代以前，得了骨肉瘤幾乎與絕症畫上等號，因為骨肉瘤常發生於長骨，以往只有截肢一途。然而即使截肢，當時的五年存活率也僅百分之十五，截肢還不一定能保命。

但隨著化學治療、影像學檢查與手術技術的進步，骨肉癌的患者有九成以上，是可以採用肢體保留手術取代傳統的截肢手術，大幅降低截肢造成的衝擊。在臺北榮總治療骨肉癌的成果，整體五年存活率已提高到百分之七十五左右，對於診斷時肺部未受到侵犯的人，五年存活率更可以高達百分之九十・四。

## 精準完整切除腫瘤
## 術後肢體復原佳

骨肉瘤的肢體保留手術成功與否，有兩個重要的關鍵手術，一是「廣泛性切除術」，也就是要將腫瘤拿乾淨；第二則是「肢體重建手術」，也就是要重建切除腫瘤後所產生的骨缺損。

在腫瘤切除方面，臺北榮總「骨骼肌肉腫瘤治療暨研究中心」，研發了許多創新的手術方式，來提高成功率。例如，高度惡性骨肉癌的傳統手術，會將骨頭進行大範圍的切除。對於符合適應症之病灶，北榮則是採用「半皮質骨切除手術」，減少正常骨骼、韌帶與肌腱之破壞，精準且完整的將腫瘤部位切除，使患者的肢體功能在術後恢復良好。

## 肢體重建手術用「真正的骨頭」更耐久

因切除腫瘤後所產生的骨頭缺損，需進行「肢體重建手術」。目前全球與台灣骨科醫師大多採用「腫瘤型人工關節」來進行病患的肢體重建。人工關節手術是肢體保留重建手術中最容易，且「早期」效果最佳者，多數病患術後可立即下床負重行走。但是手術幾年之後，不可避免的會有人工關節鬆脫及零件磨損的問題，這在活動量大的青少年身上更容易產生，只好再一次進行人工關節置換手術，不但耗費健保資源，關節使用壽命也越來越短。

**相對於人工關節，臺北榮總多採用「生物性重建」，即是使用「真正的骨頭」來填補骨缺損，而非使用金屬物。「生物性重建」的骨頭活化再生後，除可以重建病患的骨本，重建的骨頭在幾個月後，會和病患原本的骨頭發生生物性的癒合，重建的骨頭便不會發生鬆脫的情況。**

## 骨頭移植還是自體骨較好

「生物性重建」用的「真正的骨頭」，其來源包括使用「異體骨」或是「自體骨」。異體骨骼移植的優點，在於骨頭結構健康；但使用上受限於骨骼來源有限，且少部分可能有感染風

# 1 一分鐘看團隊醫療成效

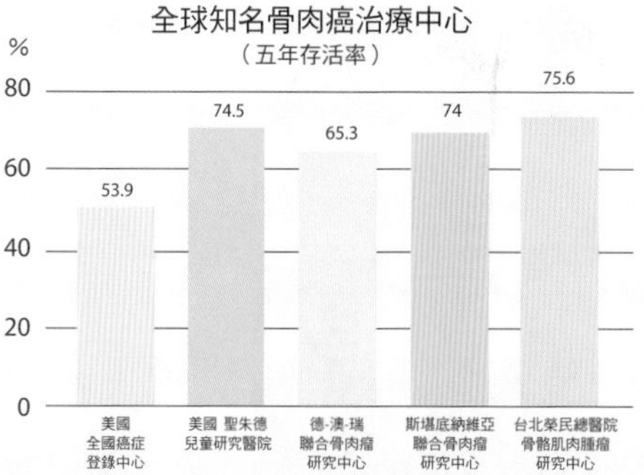


資料來源：
1. Damron, et al. (2007). Osteosarcoma, Chondrosarcoma, and Ewing's Sarcoma. Clinical Orthopedics and Related Research, 459, 40–47.
2. Daw, et al. (2011). Frontline treatment of localized osteosarcoma without methotrexate. Cancer, 117(12), 2770–2778.
3. Bielack, et al. (2002). Prognostic factors in high-grade osteosarcoma of the extremities or trunk: an analysis of 1,702 patients treated on neoadjuvant cooperative osteosarcoma study group protocols. Journal of Clinical Oncology 20(3), 776–790.

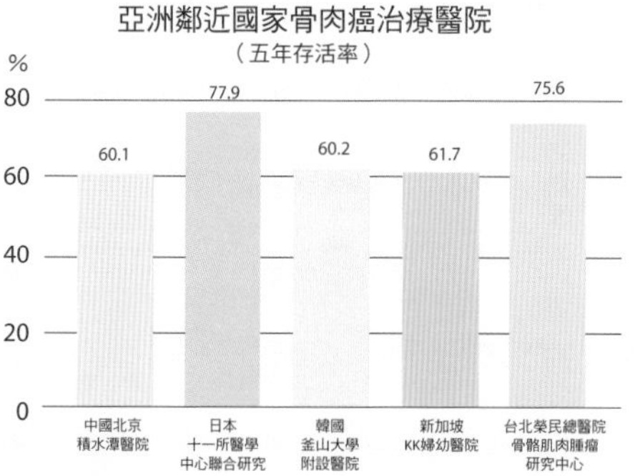


資料來源：
1. Niu XH. Long-term results of combined therapy for primary osteosarcoma in extremities of 189 cases. Zhonghua Wai Ke Za Zhi. 2005 Dec 15;43(24):1576-9.
2. Iwamoto, Y. (2009). Multiinstitutional phase II study of neoadjuvant chemotherapy for osteosarcoma (NECO study) in Japan: NECO-93J and NECO-95J. Journal of Orthopaedic Science : 14(4), 397–404.
3. Cho, Y.(2011). Long-Term Survivals of Stage IIB Osteosarcoma: A 20-Year Experience in a Single Institution. Clinics in Orthopedic Surgery, 3(1), 48.
4. Aung L. Osteogenic sarcoma in children and young adults. Ann Acad Med Singapore. 2014 Jun;43(6):305-13.

險，而且要找到大小一樣的骨頭，也不容易。因此，臺北榮總多採用自體骨滅活方式，也就是將罹患腫瘤的骨頭切除後，以高劑量放射線或是液態氮低溫來將腫瘤殺死，得到一塊乾淨的骨頭，再移植回患者體內。**這種方式最大的優點，在於取自於病患本身的骨頭，不用擔心骨頭的大小形狀會不同，也不用擔心會有疾病的傳染**。而且術後的三至九個月之間，此骨頭便可再生，達到重建病患骨本之優點。臺北榮總目前使用自體骨滅活病例，已超過兩百例，在全球名列前茅。

## 口腔癌讓臉潰爛、變形

# 治療結合重建 為2613人變臉

頭頸癌腫瘤團隊與重建整形團隊密切合作，運用身體不同部位皮瓣，修補病患嚴重的頭頸部缺損。

口腔癌為台灣男性的第四大癌症死因，一年新增約五千四百名新個案，一年死亡人數約為兩千三百人。惡性腫瘤從嘴巴、舌頭、喉嚨、鼻腔蔓延滋長，不但影響病人生命，更牽動面貌的巨大變化。晚期癌變因腫瘤而潰爛、變形的部位，手術切除造成的空洞或凹陷，都是難忍之痛。

一九九五至二〇一三年共移植了兩千六百一十三例的大腿前外側皮瓣，數量為世界第二。

——高雄長庚紀念醫院頭頸癌醫療團隊

「動刀的前一晚，我相當害怕，不知道隔天手術後自己的臉會變得如何，很想偷偷跑走。經由腫瘤切除及整形手術後，雖然下巴多了一道疤痕，但原本的壞脾氣卻消失了。我感謝這一切帶來的變化……」一位口腔癌癌友回憶道。

## 香檳酒一族 口腔癌機率 高出百倍以上

喝酒、抽菸與檳榔，是罹患口腔癌的三大主要因子。三者同時有的「香檳酒」一族，得到口腔癌的機率更較一般人提高一百二十三倍。

**大多數的口腔癌，是由黏膜上的鱗狀細胞惡化所形成的惡性腫瘤**，腫瘤可能會發生在口腔的任何部位，如唇、舌、口腔底、頰黏膜、齒齦、硬顎部、臼齒後區及顎部都有可能。許多人長期忽略口腔病變的症狀，自行使用藥物而延誤病情，合併其它頭頸癌，一經確診就到了癌症第三、四期較嚴重階段。

## 頭頸癌的治療 手術切除存活率高

多數第一期與部份的第二期的頭頸癌患者，可以接受腫瘤切除手術與局部重建，並進行放射線治療、化學治療、標靶藥物治療等療法；而部分第二期、第三期與第四期的患者，則需要在腫瘤切除後進行顯微皮瓣重建手術。

**在台灣，根據國健署的資料，第三期與第四期患者的五年手術存活率逐年提升，主要原因是廣泛切除腫瘤部位。**然而切除後所遺留下來的巨大缺損，需要進行皮瓣重建手術，來解決因頭頸癌切除後傷口的問題，讓器官功能與外觀盡量回復正常，以改善病患罹癌後的生活品質。**高雄長庚紀念醫院的頭頸部腫瘤醫療團隊，其手術成功率已達世界水準，其關鍵之一，在於重建整形團隊與頭頸癌腫瘤團隊間密切合作。**

## 腫瘤切除＋重建同時進行

治療第三、四期頭頸癌症患者的過程，是先進行腫瘤切除手術，再進行整形重建。手術之前，跨科的規畫與溝通，十分重要。前高雄長庚紀念醫院外科部主任，同時也是整形外科教授郭耀仁解釋，如果為了要清除腫瘤而切得太多，往往會增加後續整形的困難；但若是擔心重建整形做不好，而不敢將腫瘤徹底切除，也會使之後的復發率提高。

## 使用各種自體皮瓣
## 達到最佳重建效果

整形外科主治醫師陳彥州也表示，沒有人的腫瘤是一模一樣，是要隨著腫瘤的不同部位，施以不同的治療及重建方式。

在整形手術重建的過程中，必須運用多種身體不同部位的皮瓣，來修補病患各種嚴重的頭頸部缺損，使顏面外觀與口腔功能回復近乎正常。因為每個部位原有的功能都不相同，呈現出來的外觀也會有所差異。

舉例來說，腫瘤如果侵犯到嘴唇，腫瘤切除後，會造成嘴唇功能喪失，甚至引起流口水的併發症。若以「前臂皮瓣」合併肌腱做唇整形、或「大腿前外側皮瓣」併「大腿擴筋膜」重建病人嘴唇外型及唇肌功能，可獲得極佳的結果。高雄長庚的這項重建技術為世界首創。

此外，包括複雜的下咽癌合併頸部皮膚缺損，以單一「前大腿外側皮瓣」來重建這個複雜的傷口；對於接受頸部淋巴結廓清的病患，使用「前臂橈動脈皮瓣」合併脂肪組織，來重建口腔癌切除後的缺損，都已有許多成功案例。

## 術後照護 影響重建成功率

**手術後的照護，也是重建手術成功的重要因素之一。高雄長庚醫院的顯微重建術後照護中心，有一套嚴謹的 SOP，嚴密監控皮瓣的狀況。若是發現有異常狀況，需要接受緊急手術，三十分鐘內病患即可進入開刀房。**

臨床上，常見病患在手術後仍有酗酒習慣，或無法配合醫囑規則而躁動，反而會增加血管栓塞或大出血的機率。曾有位病患在開完刀沒多久，隔天即不聽醫護人員勸阻，搖頭晃腦起身活動，結果造成頸動脈破裂，大出血超過一千毫升，直接送進開刀房，幸好搶救得宜挽回了性命。

有些患者術後沒有做好口腔衛生，而導致感

### 有這樣的口腔病變要小心！

如果發現口腔內黏膜，表面出現白色或紅色斑塊、口腔內有腫塊或不明原因出血、頸部可摸到硬塊、口腔內黏膜潰瘍超過2星期無法癒合、舌頭部分知覺喪失或有麻木感、舌頭活動性受到限制等情況，都可能是口腔癌的癌前病變和早期症狀，最好儘快到醫院做詳細檢查。

染，影響顯微重建皮瓣的存活，必須再次進行手術修補。一般經過手術重建後的病人，若積極配合復健及自我照顧，都可逐步回復正常的功能與生活。

### 1分鐘看團隊醫療成效

完成移植了2613例的大腿前外側皮瓣移植，數量為世界頂尖之列。長庚第三期五年存活率( 73.9 %) 亦優於台灣平均( 38.6% )，第四期五年存活率 43%(美國37%, 2011年)。

| 頭頸癌重建中心 | 每年手術量 | 成功率（%） |
|---|---|---|
| Liverpool, UK | 71 | 93 |
| München, Germany | 50 | 95.4 |
| M.D. Anderson | 119 | 97.7 |
| Sloan-Kettering | 80 | 97.55 |
| Saitama, Japan | 98.8 | 95.8 |
| Tokyo, Japan | 128.9 | 95.2 |
| 高雄長庚醫院 | 235 | 96.8 |

參考文獻：
・Wei FC et al. Head Neck. 2010;1236-1245.
・M.W. Ho et al. Brit J Oral Maxillofacial Surg. 2010 (in press).
・Wolff KD et al. Microsurgery. 2008;28:143-146.
・Yu PR et al. Head Neck. 2009;31:45-51.
・Bui DT et al. Plast Reconstr Surg. 2007;119:2092-3000.
・Nakatsuka et al. J Reconstr Microsurg. 2003;19:363-368.
・Yoshimoto S et al. Auris Nasus Larynx. 2010;37:205-211

## 讓乳癌病友活得更久更好

# 用自己的小腹脂肪 重建乳房

林幸道教授（左五）與整形外科團隊，研發更細膩、精緻的組織與血管的分離。目前已完成 1170 例乳房重建手術，是目前亞洲各醫學中心最多的手術紀錄。

乳癌為我國婦女發生率第一位之癌症。然手術切除是治療方式之一，病灶雖去除了，卻造成外觀重大改變，心理、情緒也受到重創，而且手術之後癌細胞仍有轉移、復發可能，若是手術後想要重建乳房，病人須再次經歷住院、麻醉、開刀，身體跟心理都備感壓力。

**以自體組織進行立即性乳房重建，一次麻醉，同時完成切除與重建，手術成功率為百分之百，術後滿意度近百分之百，提升病人五年存活率，也降低復發率。**

——高雄醫學大學附設醫院整形外科

三十六歲李小姐二星期前被診斷出左側乳房有腫瘤，讓她驚恐不已！想起去年堂姊也因為乳癌切除乳房，無法承受術後所造成的身心困擾、折磨，竟選擇輕生！想起堂姐的遭遇，李小姐更加擔憂害怕。

## 罹患乳癌一定得失去乳房嗎？

乳癌高居台灣女性癌症發生率第一名，乳癌發生率的高峰在四十五歲到六十九歲，而亞洲女性罹患乳癌的年齡比歐美少十歲左右。

**罹患乳癌接受手術治療，不代表一定會失去乳房。在早期不分病情嚴重程度，會進行乳房組織、乳頭、乳暈、胸肌、淋巴結完全切除的乳癌根除性手術，但現在可依病情發展出改良的乳房切除術、以及只切除腫瘤周邊組織的乳房保留術。**

只是，進行完切除手術後，乳房的外觀就會有所改變，或多或少會造成身心上的壓力，不利病情的恢復，有些病友想到進行乳房重建又得挨刀，想了就怕！

## 乳房切除、重建一次完成

目前在高雄醫學大學附設醫院及受委託經營之相關醫院，可在乳癌切除手術完成後，馬上由整形外科醫師接續重建手術。讓病人可以一次住院、一次麻醉，同時完成二種手術，又可避免二次麻醉的危險；**立即重建時，因殘留的皮膚仍具有乳房的輪廓，塑形較容易，故術後效果比二次重建者好**。

## 用自體組織可重建乳房

重建手術主要有兩種：一種是用「義乳」，一種是用自己的「自體組織」重建，全世界超過七成病例的自體組織都取用「橫向腹直肌肌皮瓣」，也就是以下腹部多餘的脂肪及皮膚，經雕塑後重建乳房。這是整形外科重大且精巧的手術之一，**手術成功的重點是移植的皮瓣需有充足的血流，移植組織必須是活的；否則血流不足、皮瓣缺血、壞死，手術失敗，會造成病人更大的受創**。

這項手術為一九八二年 Dr. Hartrampf 所發表，高醫大附設醫院整形外科團隊按此術式，研發更細膩、精緻的組織與血管的分離。手術進行中，對細微的血管都須個別保護，以確保微細血管不受破壞，以保有完整的血流網路；在皮瓣的取用位置也經特別設計，有別於原創者。目前已完成一千一百七十例乳房重建手術，是目前亞洲各醫學中心最多的手術紀錄。

**這項手術時間平均三小時四十分，病人包括乳房切除手術，住院時間是一星期，如果是雙側重建接受者則多住院兩天左右。**

手術六個月以後，外形也逐漸恢復乳房外

### 腹部贅肉如何變成乳房？

取肚臍與恥骨上沿間之小腹的皮及皮下脂肪組織，利用部份腹直肌當血流供應的血管莖，將雕塑好的活的組織，經上腹部皮下移轉到乳癌切除後的缺口，重塑一個乳房外觀。

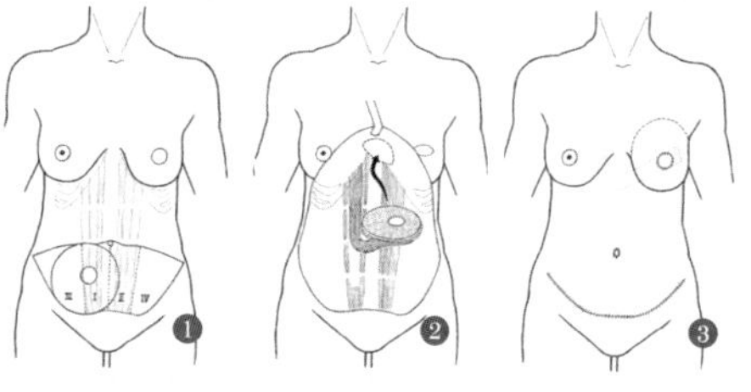

**圖1**：取肚臍與恥骨上沿間小腹的皮及皮下脂肪，分離後，利用右側部分腹直肌肌肉內的細小血管來提供此皮瓣的血流供應，亦即此皮瓣從分離到轉移到左側乳癌切除的傷口的整個過程中，都是有血流的活的組織。

**圖2**：將雕塑好的皮瓣組織，與完成分離的腹直肌，經由分離好的上腹壁下面，由皮下隧道轉移到左側乳癌切除後的傷口。

**圖3**：轉移到乳癌切除後的傷口後，再將皮瓣修飾後縫合起來，達到乳房重建的結果；小腹的供皮區，則直接縫合，以完成整個重建手術。

觀，且因是自體的脂肪組織，柔軟、有體溫，並能恢復部份感覺，對病人而言，這是真的「乳房」。

## 重建乳房
## 五年存活率明顯提高

除了在外觀上讓患者保有乳房，高醫大研究發現有接受重建者相較於只作乳房切除而沒重建者，五年的乳癌死亡率明顯降低，存活率有意義的提升。

這份二〇一四年發表於國際著名期刊 Ann Plast Surg，指出只作乳房切除者六百二十二人，五年存活率為百分之八十二・八，有作重建者兩百七十八人，五年存活率為百分之九十二・六。若是針對第三期乳癌病人作分析比較，沒重建者一百四十人，五年存活率為百分之六十一・二，而有重建者五十二人，五年存活率為百分之八十四・六。

## 乳房重建有何限制

一般要進行重建的病人大多需篩選過，如糖尿病、吸菸者及肥胖者，因術後併發症較多而被認為不適合做重建手術。不過，高醫林幸道教授表示，只要病人有意願要做重建手術，大多會依病人的意願進行手術，沒有病人設限的問題。

國內乳癌病人以第一、二期病人為最多，故目前接受重建手術的病人也以第一、二期為最多，佔重建病人的百分之八十三・六（二〇〇二到二〇一二年），至於三期病人及已接受化療而仍有病灶的病人，在乳癌醫師作根除性大範圍的病灶切除後，也可進行重建手術，讓這些病人術後得到更好的治療效果。

## 1分鐘看團隊醫療成效

### RAM flap乳房重建手術併發症與國外的比較

| Authors (yrs) | 個案數 | 皮瓣完全失敗 (%) | 皮瓣部份失敗 (%) | 脂肪壞死 (%) |
|---|---|---|---|---|
| Kim E.K. (2009) | 500 | 0.2 | rare | 14.2 |
| Buck D.W. (2009) | Review article | < 1 | rare | 10-18 |
| Mioton L.M. (2013) | 1608 | 3.4 | - | - |
| Lin S.D. (2014) | 1134 | 0 | 0.7 | 3.6 |
| National Surgical Quality Improvement Program (250 Hospitals) | | | | |

資料來源：高雄醫學大學附設醫院整形外科

## 早期胃癌免驚怕！

# 內視鏡黏膜下剝離術 三十分鐘搞定

引進「內視鏡黏膜下剝離術」，能將早期胃癌切除，也可應用於早期大腸癌與食道癌。

胃癌晚發現，存活率不到百分之十！由於早期胃癌症狀不明顯，即便不舒服也跟胃炎、胃潰瘍症狀差不多，通常等到明顯症狀出現，已經至少是第二、三期了！不幸進展到第四期，存活率恐怕低於百分之十！

**沒有淋巴結轉移的早期胃癌，治癒率相當高，五年存活率約九成五。**

——三軍總醫院內視鏡中心

三十歲的小趙念大學時常熬夜打電動，半夜肚子餓了不是吃泡麵就是到巷口買鹽酥雞果腹，當了上班族後，咖啡和便當則成為他的好朋友。一天，一陣強烈的噁心感襲來，他強忍著不適繼續工作，接下來的日子常常覺得肚子脹、胃口不好，有時候胸口還會悶痛，人就這麼瘦了一大圈，但他一直以為是腸胃的小毛病，常常隨口問同事拿胃藥來吃，直到在公司提供的健檢中，做了胃鏡檢查，在胃黏膜上發現腫瘤，經切片檢查確診為早期胃癌。

## 誰是胃癌高危險群？

**直系血親得過胃癌，請注意，你得胃癌的機率是一般人的二到三倍**！如果你有慢性胃炎，萎縮性胃炎或胃內腸化生（註），或者有胃潰瘍病史、或曾切除過胃的人，請注意，你也是高危險群！

九成的十二指腸潰瘍和八成的胃潰瘍，都是由幽門螺旋桿菌所引起，而台灣有超過一半的成年人感染幽門螺旋桿菌，其中有百分之十到十五會有胃潰瘍，造成胃癌風險提高，**目前只有定期做胃鏡追蹤檢查才能早發現、早治療**。

＊（註）胃內腸化生指得是胃粘膜病變、出現類似腸粘膜的上皮細胞。

## 胃癌的治療選擇？

胃癌的治療方式有化學治療、放射治療和手術。前兩者可局部控制癌症，通常用於手術後的輔助治療，而手術則能夠把胃癌細胞完全清除，有較高痊癒機會。

**但傳統手術必須開腹做全胃或次全胃切除，對胃功能會有相當程度的影響**，病患還得承擔腹部開刀的風險、併發症和後遺症，因此目前多數是較後期的病患才會選擇開刀。

## 內視鏡治療
## 早期胃癌不用怕

為了避開手術的併發症，三軍總醫院內視鏡中心在二〇〇五年自日本引進「內視鏡黏膜下剝離術（Endoscopic Submucosal Dissection、簡稱 ESD」，希望能夠治療早期胃癌。目前已幫助近四百個病患恢復健康，迄今持續保持零死亡紀錄，累計的手術案例也是國內最多。

「內視鏡黏膜下剝離術」利用內視鏡，將特殊設計的精密電刀經由內視鏡管道，進入胃部，剝離、清除淺層胃壁上的癌細胞，過程和照胃鏡相當類似，手術後皮膚上也完全沒有傷口。

不過因為ESD手術是把消化道裡邊的一塊組織拿下來，如果病人血小板太低、有出血風險時，危險性會大增；另外，如果病人罹患上消化道癌症，手術前還必須先評估心肺功能，小心肺炎感染風險。

## 中晚期胃癌能做手術嗎？

人體胃壁分成黏膜層、黏膜下層、肌肉層、漿膜層等，早期胃癌指的是癌細胞所侵犯的部位在黏膜下層以上，如果癌細胞已經侵犯到胃壁深層，像是肌肉層，或者已經擴散了，就無法用內視鏡手術切除。

不過，因為ESD手術有免開刀、可避開消化道手術的周邊併發症、只需淺層麻醉、術後恢復快等優點，而且有與傳統手術相同的療

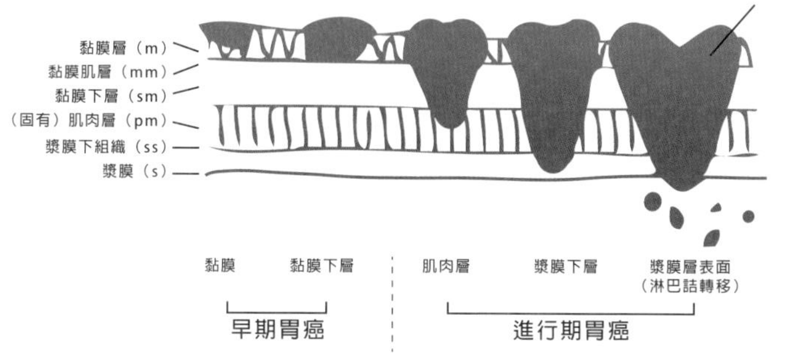


早期胃癌與進行期胃癌

效。這幾年除了早期胃癌患者受益外，像是困難度更高的大尺寸早期大腸癌，以及小管腔食道內的早期食道癌等消化道癌症，目前已經可以採用ESD治療，但患者必須無淋巴轉移。

## 一・五毫米
## 說起來不複雜
## 但技術門檻超高

**ESD說起來並不複雜，但是它的技術門檻卻很高。操作醫師的技術要夠成熟，因為胃壁厚度不到半公分，黏膜就占一半厚度，也就是說只有一・五毫米，差一點都可能會造成胃壁穿孔或出血！加上胃和腸道都是充滿皺摺的器官，醫師要在這麼嚴苛的胃腸表面黏膜進行清除治療，又不能劃開肌肉層，必需要有好的執刀技術、完整的訓練和實戰經驗。**

ESD的施行除了有一定的技術門檻外，還需要許多先進設備，如NBI早期癌辨識系統、擴大式內視鏡、二氧化碳供氣系統等的輔助。

三總醫療團隊對於高風險病患，施行ESD時除了有精密儀器全程監控外、還會安排外科醫師在一旁隨時待命，以便出血、穿孔時，可以立即進行緊急手術。但是多數的出血、穿孔都是可由內視鏡處理的，以三總為例，近四百個病例中需要緊急手術的僅不到五例。

＊ ESD 手術標準流程－平均住院七天

**術前評估**
評估可疑病灶

特殊染色法
擴大內視鏡
窄頻光源系統內視鏡
內視鏡超音波
電腦斷層影像檢查

**術中標準化步驟**
術中內視鏡治療

染色確定位置及範圍
↓
於腫瘤外圍標示記號
↓
將腫瘤外圍全周切開
↓
粘膜下層與肌肉層剝離
↓
切除病灶

**術後定期追蹤**
術後追蹤照顧

禁食二～三天後
↓
逐漸恢復進食
↓
觀察一～二天，恢復狀況良好即可出院
↓
個案管理師安排定期複診，檢查事宜

## 1分鐘看團隊醫療成效

| 作者 | 一次切除成功率 | 無殘餘成功率 | 穿孔率 | 緊急手術 |
|---|---|---|---|---|
| 三軍總醫院 2006-2011 | 90.2% | 89.1% | 12% | < 3% |
| Saito, 2007 | 84% | 83% | 5% | < 3% |
| Fujishiro, 2007 | 91.5% | 71% | 6% | < 3% |
| Saito, 20093 | 88% | n.a. | 5.2% | < 3% |
| Nishiyama, 2010 | 89.2% | 79.1% | 8.1% | < 3% |
| Tanaka, 2010 | 83.8% | n.a. | 4.8% | < 3% |

資料來源：三軍總醫院內視鏡中心
Gastroenterology Research and Practice. Volume 2013, Article ID 891565.

# 跨科團隊 共擬「抗癌」作戰計劃

## 癌友不再孤軍奮戰

整合 19 個癌症醫療團隊，提供癌友從診療到治療期間的照護諮詢。

從一九八二年開始，癌症就一直蟬聯國人十大死因之首，每年有八萬名患者被診斷出罹癌、四萬餘人死於癌症。面對癌症，除了死亡帶來威脅，更令人不安的還有各種治療、手術、開刀等一連串、漫長的治療過程，造成患者與家屬相當大的壓力。

**當患者確診後，立即啟動近十個跨科團隊，一同擬訂「治療計畫書」。近百分之九十以上的癌友，無論治療與照護，都有完整的專業團隊在支持。**

——林口長庚紀念醫院癌症中心

今年五十二歲的林女士，三年前被確診罹患乳癌，接受了化療、放療等治療，面對嘔吐、掉髮等副作用的折磨，使得體重持續下降，家庭經濟也面臨壓力，開始有放棄治療的打算。癌症中心注意到林女士的情況，個案管理師擔心她會因營養不良引發敗血症，由主治醫師親自致電林女士，個案管理師也一一聯絡她的家屬與長輩後，及時勸回林女士回院就醫、接受營養治療，繼續展開抗癌大作戰。

## 整合醫療團隊
## 訂專屬治療計畫書

當一聽到罹患癌症，病患和家屬除了需面對死亡的恐懼，更令人不安的，還有各種未知的治療和手術等漫長過程，除了忍受身體的痛楚，心理上也倍感壓力。**近年來，林口長庚紀念醫院的癌症中心，整合相關科別來召開討論會，共同擬訂專屬的「治療計畫書」，訂出合適的治療方案，並由個案管理師全程掌握病患動態，確保療程準時、完整且不中斷**。因為和癌細胞對抗就像一場戰役，需要詳細的「作戰計畫」逐步消滅癌細胞，更有機會取得最後生機。

林口長庚紀念醫院癌症中心的編制，真的如同「作戰」！首創癌症團隊分工模式，包括「核心小組」及「團隊成員」。「核心小組」負責制定、修訂治療準則，品管並檢討執行情況，提出改善方法、報告治療成果等；「團隊成員」則依治療準則來進行癌症病患的治療，參與團隊運作，提供癌登及資料庫分析。

**每位癌友的「治療計畫書」都不同，癌症中心會依個案狀況，邀集近十個跨科團隊、經過多次會議討論出合理的治療建議**，其中包括何時需要化療？是否要先開刀、營養介入的時機等諸多考量，最後再經由團隊負責人簽名後，一份完整的「作戰計畫」才算完成。一旦「開戰」，會每週召開團隊討論會，來確認治療的成效，過程中，若對醫師的診斷有所疑慮，癌症中心就會立即介入了解並監控。

### 4大癌症免費篩檢

※乳房X光攝影檢查：45-69歲婦女、40-44歲二等血親內曾罹患乳癌之婦女，每2年1次。

※子宮頸抹片檢查：30歲以上婦女，建議每3年接受1次。

※糞便潛血檢查：50至未滿75歲民眾，每2年1次。

※口腔黏膜檢查：三十歲以上有嚼檳榔（含已戒檳榔）或吸菸者、十八歲以上有嚼檳榔（含已戒檳榔）原住民，每兩年一次。

資料來源：國民健康署

## 個案管理師
## 癌友的治療推手

癌症中心整合的十九個癌症醫療團隊，包含腫瘤內外科、外科、放射線、影像診斷等，還有個案管理師、營養師、精神科醫師、志工等各支持團隊。其中，「個案管理師」（個管師）正是癌症中心的靈魂人物，提供癌友從診療後到治療期間的照護諮詢，讓病患不會無所適從。

個管師除了主動關懷癌友的身心理狀況，也會「監控」治療計畫的完成。如果癌友在過程中有任何困惑，或產生退縮，個管師會盡力來協助解決，讓病患和家屬可以安心地面對治療，直到出院。有時候，醫生說的太快，癌友聽不懂，個管

＊長庚癌症中心服務模式

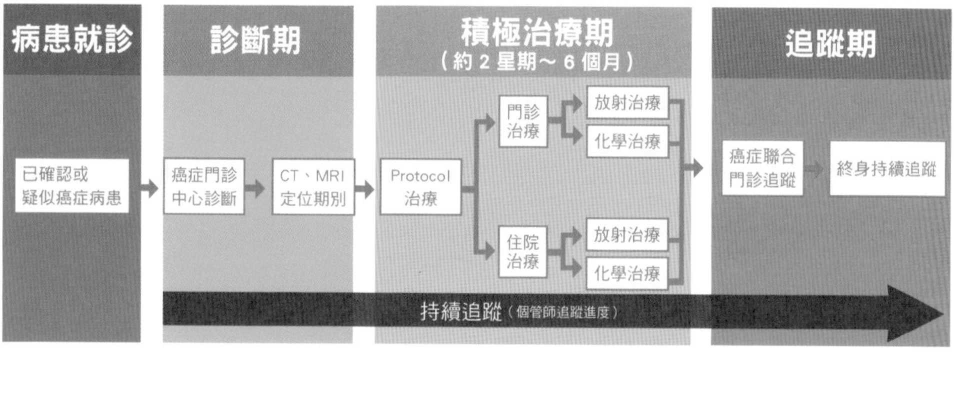

師會很有耐心地反覆解釋；有時候，癌友失去了信心，個管師會結合精神科醫師、病友會或宗教團體，來給他們加油打氣；有時候，癌友因放化療導致不想吃東西，個管師會找來癌症營養師提供諮詢。

除了個管師的重要性不言可喻，整個治療團隊彼此之間都能放下身段，真正為了病患抗癌而努力，才是病人之福！這也是林口長庚癌症完治率能達到百分之九十八的關鍵。

## 完整資料庫
## 輔助制定治療標準
## 找出最佳療法

雖然各科癌症的診治方法不盡相同，但既然是團隊運作，自然必須有共同遵行的治療標準。以乳癌為例，林口長庚紀念醫院從一九九〇年開始，把每一位乳癌患者的資料，從身高、體重，到曾接受哪些治療與診斷等上百個項目登錄並建檔，累積至今已成為全台最完整的乳癌資料庫，並能以此為基礎，分析台灣乳癌的發展趨勢和治療成效等，再蒐讀國外相關研究報告，來做為臨床治療的參考依據。統合修訂後，更進一步制定出癌症的治療指引規範，每年也會依據治療成果及最新醫學進展檢討與修定。

## 系統監控治療目標
## 隨時因應改善

為了更精準監控癌症治療品質，透過電腦資訊系統，讓治療團隊能隨時了解病患診斷、治療成效等數據。每一項評估治療品質的指標，都設定標準值，舉例來說，如果治療團隊訂出：應該增加乳癌病人乳房保留手術的比例，但系統呈現的數字，並未達成；又例如，接受化學治療的病人完成比例需達到百分之九十五以上，一旦低於這個數值，團隊成員就會討論原因，一起找出因應對策。

**「只有最佳的治療過程，才能得到最好的治療效果，只要其中一個順序不對，就可能全盤皆輸。」**林口長庚紀念醫院癌症中心林永昌主任表示。癌症的治療只有一次機會，在國家政策的推動下，已有許多醫院陸續設立癌症中心，提升國人癌症治療品質。

### 1分鐘看團隊醫療成效

每年接收約9000個案例，腫瘤個案管理指標成效如下：

| 年度 | 留治率(%) | 遵從率(%) | 完治率(%) |
|---|---|---|---|
| 2011年 | 90.18 | 93.67 | 95.29 |
| 2012年 | 91.88 | 97.71 | 95.33 |
| 2013年 | 93.01 | 97.82 | 98.4 |

資料來源：林口長庚紀念醫院癌症中心

## 急救與照護雙贏

# 亞洲最佳葉克膜中心

無空隙的團隊合作，從緊急電話啟動到葉克膜開始運轉，平均三十分鐘內完成，把握黃金急救時間。

葉克膜（ECMO）其實是簡化的長效型人工心肺，最初主要是為了開心手術及心臟移植的需要，後來擴大使用到急性心肺衰竭的病人，幫助病人在病況危急的時候，維持重要的心肺功能。

**成人心臟停止跳動使用葉克膜急救（ECPR）的個案總數，台大占全球約二分之一，病人存活率也比傳統心肺復甦術（CPR）提高一倍，到目前全球 ECPR 的案例已超過兩千例。**

——台大醫院心臟外科葉克膜團隊

六十歲的陳先生因感染性心內膜炎，而切除被細菌吃壞的心臟，靠兩台同時啟用的葉克膜維持生命，終於等到合適的捐贈者接受心臟移植，當時他已「無心」十六天，僅靠幾條葉克膜導管維生。主刀心臟移植的王水深教授雖已有心理準備，但當手術刀劃下，親眼看到「空盪的胸腔中，沒有跳動的心臟，只剩幾條葉克膜導管」，他的內心感到相當震撼。手術難度與一般心臟移植差不多，前後花了七、八個小時，他尤其難忘「當新的心臟開始跳動時，移植團隊興奮地發出歡呼聲！」

## 葉克膜怎麼用？

一九七〇年代葉克膜發展之初，美國主要用於成人或是新生兒急性呼吸窘迫症，用以支持肺臟功能。在一九九〇年代之後，開始將葉克膜應用於開心手術後無法脫離人工心肺機，需要短期心肺功能支持的病患身上，成功開創葉克膜新領域。

**目前包括急性心肺衰竭、成人呼吸窘迫症候群、呼吸道手術、新生兒肺部疾病、肺臟移植、手術時心肺支持，以及急性心肌炎、心肌梗塞所引發的心因性休克等，都可使用葉克膜支持來爭取時間。**

**而台大心臟外科在一九九〇年代中期引進葉克膜後，更領先全球，擴大葉克膜應用於心跳停止急救（CPR）之病患，大大提升急救的成功率。以葉克膜協助CPR，遂成為台大醫院心臟外科葉克膜團隊聞名世界的一大特色。**

然而，一旦發生不可逆的腦神經病變、癌症末期等，健保規定不得使用葉克膜。黃書健醫師指出不可控制的出血、持續進展的退化性全身疾病，也要依個案考量是否不使用。而血液中乳酸含量過高，代表代謝功能已嚴重受損，或是多重器官衰竭患者，也都要依個案考量是否不使用。

## 葉克膜暫代心肺 為醫師爭取急救時間

**葉克膜的原理是將病人靜脈的血液引流至體外的人工肺臟，進行氣體交換後，再將含氧血經人工幫浦由靜脈或動脈送回人體內，減輕肺臟或心臟的負擔。**

葉克膜雖可為醫療團隊爭取時間去尋找病因、治療疾病，但疾病進展到需要裝葉克膜，死亡率就有七成以上，能不能順利救活，再厲害的醫師也不敢打包票，只能「人做人的事；神作神的事。」

## 三十分鐘裝好
## 全靠無空隙的團隊合作

有道是「救人如救火，分秒必爭」，台大有獨創「ECMO 戰車」不論在何處，都能裝備齊全、發揮完整戰力！

所謂「戰車」是把裝置葉克膜所需要的器具，包括手術器械、套包、針線等所有要用的東西，全放在一台車上。當心臟外科接到需要安裝葉克膜的緊急電話，會馬上指派最近的心臟外科醫師趕赴現場，而訓練有素的技術員，就會推「ECMO 戰車」趕赴目的地，一旦心臟外科醫生評估適合使用葉克膜後，馬上開始刷手手術，技術員立刻準備葉克膜迴路，絕不拖泥帶水。

**從來電到葉克膜開始運作，平均三十分鐘內搞定，把握黃金急救時機，把病人安頓到加護病房，充分展現團隊合作的精神。台大外科部王水深教授強調，「團隊合作是成功的關鍵！」**

## 安裝後照護和因應突發病情危機更是挑戰

除了第一線心臟外科急救團隊，還有優秀的加護病房照護做後盾。因為葉克膜的照護太複雜，所以台大醫院製作「葉克膜標準作業流程（SOP）」，從技術員到護理師，都有專屬的葉克膜檢查表。所有檢查表都已電子化，同仁可按表操課！

柯文哲教授表示「按表操課（SOP）」是葉克膜救治成功的秘訣。檢查表非常的簡單易懂，例如「傷口無滲血腫脹」、「下肢肌肉沒變硬」、「下肢膚色正常」、「水箱的水乾淨透明無血」等，正常打〇、有問題打╳，並往上報告。如此一來，不論任何時間、由誰來做，即便是新手護理師，也能正確執行。所有的技術準則及作業流程，都放在網站上，可隨時參考使用。葉克膜運作中也可能出現難以避免的合併症如溶血、管路塞住或肢體缺血等，都仰賴醫護團隊的細心照護與緊急應變。

**安裝葉克膜不難，難的是照護病人，這才是醫師的一大挑戰**。因為此類病人之病情發展瞬息萬變，醫療團隊必須在有限時間內，解決引發心肺功能失調的主因，並運用高度專業的照護技能，因應各種突發危機。

## 亞洲葉克膜訓練中心屢創世界紀錄

**二〇〇七年，台大突破葉克膜使用時間限制（通常不超過兩週），創下葉克膜使用長達一百一十七天，病人康復出院的世界紀錄。**

身為世界前三大葉克膜中心，也是亞太最佳葉克膜訓練中心，台大除指導來自國內外醫護人員葉克膜照護技術應用外，也提供其他偏遠或經驗較不足的醫院緊急醫療支援，協助安裝葉克膜，並轉運接回病人照護。更吸引國內外醫師到台大取經。包括一九七二年全球第一個使用葉克膜的美國醫師勞勃巴列教授（Robert H. Bartlett），也曾應邀前來台灣交流心得。

### 1分鐘看團隊醫療成效

葉克膜病例總數超過2000例，歷年皆在世界前三名內(ECLS Registry)，以葉克膜協助成人或小孩CPR有最好的成果，且創下急救280分鐘救治成功的世界紀錄。

資料來源：Lancet 2008:372:554-61, Critical Care Medicine 2008;36:1607-13, Resuscitation 2012;83:710-4
Rescussion 2007;73:307-8
Am J Emerg Med 2010;28:750e5-7

# 事故傷害名列前六大死因
# 十分鐘內整合救援！掌握救命時機

他們，一定是你最不想碰到的醫療團隊！但他們，卻是隨時待命為病患進行即刻救援！中國附醫的外傷中心團隊，靠著快速的診斷與即時的治療，在第一時間搶救外傷與急重症患者，這裡猶如急診室的春天，生命在此，面對風暴過後的泰然。

中國附醫的外傷小組，由多專科主治醫師 24 小時常駐醫院，團隊緊密合作，隨時應付緊急救援需求。

多專科主治醫師二十四小時常駐醫院，跨院、跨科別緊密合作，十分鐘內快速診斷、即時處置，提升搶救成功率。

——中國醫藥大學附設醫院急症暨外傷中心

農曆年前深夜，中國醫藥大學附設醫院（後稱中國附醫）的急診室裡，醫護人員忙進忙出，準備接收從苗栗轉來，被逃兵搶錢砍殺成重傷的傅姓女護士。救護車抵達後，前後不到十分鐘，傷者隨即被送往開刀房施行後續手術，過程順利。月後，護士返家休養，現在，生活作息及工作都已正常。

這個看似單純，且天天都可能上演的急救例子，其實背後是由一群專責外傷緊急醫護的團隊相互支援，在事前作足了醫療前置作業，才換取得來的成功案例。

## 外傷藍色機制
## 搶救黃金第一小時

時任中國附醫外傷中心，外傷搶救小組組長王毓駿回憶，女護士能即時搶救成功的關鍵，除了要感謝大千醫院做到傷害控制，且在第一時間通知轉送，讓中國附醫有時間做準備。更重要的是，中國附醫啟動外傷藍色機制「Trauma Blue」，外傷中心在十分鐘之內趕到現場，直接對患者診斷並進行治療。

**快速的診斷與即時治療，對外傷與急重症患者來說十分重要，一開始搶救的黃金時間中，第一個小時尤為重要。**「這段時間內如果能迅速處理嚴重外傷的患者，成功度過前幾天的危險期，存活下來的機率就會大增。」王毓駿說。

## 事故傷害死亡為國內六大死亡原因之一

衛生福利部二〇一一年曾做過統計，事故傷害死亡始終保持在國內六大死亡原因之一，全年因為事故傷害死亡的人數約六千七百二十六人；若以十大主要死因生命年數損失來看，因事故傷害所造成的平均生命年數損失約二十七・一年，比起慢性肝病（十九・二年）、心臟疾病（十五年）、惡性腫瘤（十四・五年）、肺炎（十四年），居於首位。

而事故傷害對四十歲以下青壯年而言，更是頭號殺手。世界衛生組織委託美國哈佛大學公共衛生學院於一九九八年的研究報告指出，全球事故傷害死亡人數達五百萬人，占全球死亡人數的百分之十六，當時便預測，到了二〇二〇年，事故傷害會是全球醫療資源負擔最大的疾病。

## 十分鐘抵達
## 跨科際的整合團隊

外傷醫療與一般疾病最大的差異，在於患者無法自己選擇醫療院所，且當體內有多重器官系統受到傷害後，往往需要不同次專科的醫護人員通力合作，給予適當且迅速的處理，因此必須要有隨時待命、經驗豐富的醫療團隊，以及充足的設施為後盾，才能讓病人化險為夷。

只是患者外傷的狀況無法預期，緊急治療的措施就得隨機應變，採取最有效率的治療方式。

**為了減少外傷病患不必要的開刀治療，中國附醫的外傷中心團隊納入介入性治療的放射科醫師，協助找出適合栓塞治療的病患，及時提供適切治療**。當外傷病患的生命跡象不穩，必須緊急手術時，麻醉科值班醫師也可以迅速支援，讓患者在三十分鐘內送至開刀房，這不僅需要團隊合作，也需要主治醫師間有相互支援的機制，才能應付各種突發狀況。

## 外傷小組二十四小時常駐應付緊急狀況

剛成立的頭一年，中國附醫走得辛苦，因為要要求長期居於幕後的放射科醫師半夜出門看診治療，需要費一番功夫。「現在，我們已經做到，只要一有狀況發生，緊急通知窗口聯絡人，半小時內放射科醫師就會抵達現場待命。」王毓駿說。

**中國附醫的外傷小組，採輪班制度，由多專科主治醫師二十四小時常駐醫院，應付緊急狀況，同時要求團隊小組負責人必須在病患到院的十分鐘內抵達現場**，與急診科醫師共同負責急救。多一個人的意見，能及時做出最適當的判斷，立即處理。這樣一來，嚴重外傷的患者，能很快地接受主治醫師級的診斷與治療，大幅降低了外傷病患的死亡率。

### 1分鐘看團隊醫療成效

2011年，全台因為事故傷害死亡的人數約6726人。2010年度，中國附醫收治外傷患者約3200人，其中嚴重外傷病患（ISS>=16）的病患人數為620人，約占所有病患的20%，嚴重外傷病患的死亡率為12.9%，已臻美國Level I Trauma Center的醫療水準（13.1-14.9%），具備國際醫療中心之外傷治癒能力。

資料來源：中國附醫急診暨外傷中心

如何經由實證方式，建立標準化外傷病患的治療流程，又能控制外傷醫療的品質，就必須靠外傷登錄資料庫的建置，把外傷患者的受傷機制、嚴重程度、治療與癒後情形記錄下來，才能找出預防事故傷害的措施，並建立外傷病患標準化的治療流程，同時監控外傷的醫療品質。

只不過，登錄制度難度高，需要花費人力與經費，唯有依靠團隊的全力支援，再者，也要醫院的重視並給予實質支持才能竟功。中國附醫是國內最早制定，並完成登錄制度的醫療院所，不僅完成了台灣第一本外傷年報，也帶動後續各大醫院開始正視外傷病患的登錄制度的重要性。

「我們一直很務實的在做，也很堅持的走下去，雖不敢說已做到全國最好，但投入的程度卻不下任何醫療院所。」王毓駿說得認真。而這份認真，對命懸一線的外傷與急重症患者來說，更是格外的重要！

風災、氣爆 恐怖災害無預警降臨

# 「災難醫療」如作戰 殺出一線生機

高榮於2004年設立高屏區緊急醫療應變中心，無預警不定期的災難預演習讓團隊隨時做好救援準備。（圖中為副院長張宏泰）。

二○一四年七月，高雄地區一場嚴重石化氣爆，醫院瞬間湧進內出血、燒燙傷和斷肢傷患，現場彷如戰爭過後的人間煉獄。所幸，高榮訓練有素的急診醫療團隊早已待命，第一時間整合醫療資源、組織救援團隊，迎戰緊急災難、搶救死傷！

完整建立SOP，因應多人食物中毒、核生化災變等大量傷患救護的各種情況，採取無預警演習，都能準確而快速地緊急應變。

——高雄榮民總醫院急診部

災難總無預警降臨，回顧二〇〇九年八月八日颱風「莫拉克」來襲，持續四十八小時大雨狂襲，嘉義及高屏山區單日累積雨量破千，南台灣的風災大規模爆發。

## 「莫拉克」災區醫療全院動員

度過驚恐的一夜，高榮火速動員急診部、藥劑部、補給室，第一時間調度物資，提供災區所需藥品與醫療器材，隔日動員全院，全力支援偏遠部落災區的醫療。當醫療團隊搭上直升機前往旗山醫院支援時，從飛機上往下看，橋斷了、路沒了，盡是山崩路斷的殘破景象，只能用滿目瘡痍來形容。

回憶這段救援之路，過程除了辛苦，更突顯台灣「災難醫療」的專業與重要性！

## 「災難醫療」應變二～六小時完成部署

「災難醫療」這四個字，在台灣，大約是一九九九年九二一大地震後，才逐漸受到應有的重視。放眼國際，除了二〇〇一年發生於美國紐約的九一一恐怖攻擊事件震撼人心。也使國人了解到：**「災難」，不再是遙不可及的問題，生活中對災難應變的準備，更不是杞人憂天**。

災難應變如同從事急診外傷急救工作，投資的人力、物力不見得看得見成果，但只要能讓受重創患者經急救治療後，延長他們的餘命，重回職場，就是急診外傷醫療最重要的意義。高榮藉由區域醫療資源的整合，在災難發生的二至六小時內，即可完成災區初步的醫療救治和部署。

## 有勇有謀
## 災區救援首重災情評估

儘管當上級指派任務時，醫護人員即應「全力以赴」，但災後檢討，高榮急診部外傷醫學科主任黃豐締不免反思：**緊急醫療救援團隊不是只有熱情跟勇敢，還必須有專業的流程與縝密的計畫**！

黃豐締舉例，水災時，當大多數山區的災民及傷病患都被直升機送下山後，如果災區只剩不願撤離且衣食足夠、健康無大礙的少數居民時，醫療人員在那裡的角色及功能，必須謹慎考量。

若醫院未經評估、未帶足夠的食物和飲水就進入災區，說不定還要靠災民接濟，或發生與災民「搶食」的情況，反而失去緊急醫療的美意。

**高榮的急診醫護團隊，都經過台灣急診醫學會急診創傷課程訓練，多人具有指導員資格，加上平時接受災難醫療訓練，執行任務時能做好完整的「災情評估」，更能達到相應的最佳救災準備。**

## 災難無預警演習
## 讓全員練就豐富應變經驗

可怕災難總發生在一瞬間，因此團隊的日常準備絕對不能鬆懈！黃豐締表示，當緊急事件一發生，最重要的就是能夠以最快速的時間整合資源、組織團隊，以提供災民最緊急有效的醫療照護。於是高榮建立各項完整的應變計畫與SOP（標準作業程序），包括食物中毒、生化核災、生物災害、大量傷患救護等，因應各種情況。人員可以在最快的時間就定位，緊急啟動。而為了讓成員熟悉應變流程，一而再、再而三的演練，是最重要的關鍵！

# 抗煞之役
## 創院內零感染記錄

高榮多年前即以無預警的方式，進行不同情境應變演習，動員少則十餘人，多則百人以上參與，由副院長層級以上指揮，動員全院管理階層及基層應變人員，對緊急醫療災難應變進行演練，讓團隊成員隨時都能做好最佳準備。

要談高榮急診部緊急應對的「戰績」，得先從十一年前的「抗煞之役」說起。

二〇〇三年三月八日，台灣出現第一例境外移入非典型肺炎。一周後，世界衛生組織公佈此新病種為「SARS」（嚴重急性呼吸道症候群）。高榮緊急成立全院性「防治 SARS 專案小組」，成為第一家南部醫院於門、急診及各出、入口實施量體溫，並要求全院員工自我健康管理。

五月中下旬，醫療界的抗 SARS 大戰節節敗退，幾家大型醫院門、急診室不敵疫情，陸續關閉。僅存高榮死守防線、繼續加強戶外急診管制，分感染區、非感染區、高危險區、緩衝區、放射區及檢驗區等動線管制，並成立「戶外發燒門診」，並收治第一位澎湖後送之SARS可能病例。這樣的成果，讓美國CDC防疫專家特地來勘察高榮的防疫措施。

## 資深醫師坐鎮急診第一線

高榮副院長張宏泰指出，高榮急診第一線已全由資深醫師看診。而且為提供民眾更優質的服務，也將醫療服務擴及到離島，在急診大樓屋頂設置直升機起降場，直昇機可直接起降，並有管制電梯直接抵達一樓急救間，可以大幅減少患者轉院所耗費的時間，強化離島地區急重症病患空中轉送搶救機制。

### 1分鐘看團隊醫療成效

具備全天候處理急性腦中風、急性冠心症、重大外傷及高危險妊娠孕產婦及新生兒(含早產兒)等危急病患的能力。此外，將急診作業全面電腦化，且落實各項標準作業流程，因此擁有高效率的急診處理流程，使高榮急診部的急診滯留率「低居」全國前3名。

資料來源：高雄榮民總醫院急診部

為重症創傷患者找回生命的美好

# 顯微重建、移植整形 技冠全球

魏福全院士與鄭明輝副院長率領顯微重建中心團隊，用獨步全球的技術，創造了無數個生命奇蹟。

殘酷的槍傷在她臉上留下難以抹滅的瘡疤，歷經顏面骨頭腫瘤切除後的他，失去牙齒和口腔功能；淋巴結回流通道回堵的他，每日看著雙臂嚴重浮腫甚至開始發臭；沒有手指的他，只能在家人的協助下勉強生活；而顏面神經麻痺的她嘴角永遠只能歪向一邊；口水溢流的問題更是苦不堪言。

運用顯微移植整形手術，幫助兩萬五千個病患重建，手術成功率高達百分之九十八。

——林口長庚紀念醫院顯微重建中心

在菲律賓人質事件中被槍傷下顎的易小玲，發生後三年多每天靠著口罩遮掩臉上的傷痕，看不出笑容。她前後共接受三十餘次大大小小的重建手術，但結果都令人失望。同時，來自馬來西亞的李小妹，因罹患先天性下肢淋巴水腫，也就是俗稱的象皮腫，多年來一直在當地同儕中受到嘲笑。

## 治療缺陷 只想「與眾相同」

二〇一三年底，易小玲來台接受重建下顎手術，原本連吃稀飯都很困難的她，面對鏡頭露出難得的笑容；李小妹在單親媽媽陪同下，跨海來台接受顯微手術治療，術後一個月，水腫現象已消退近百分之五十，她開心說：「希望以後其他孩子能接納我，跟我一起玩。」

替她們診治的，正是林口長庚顯微重建整形外科及口腔顎面外科組成的顯微重建中心。易小玲的主治醫師魏福全院士，是國際知名的重建整形手術權威，李小妹的主治醫師則是國際首創利用「淋巴結皮瓣移植」來治療淋巴水腫的鄭明輝副院長。

在顯微重建中心，一年有超過一千名包括頭頸部腫瘤、乳癌患者、肉癌，及顱底腫瘤切除者，顏面神經痲痺、臂神經叢疾病、淋巴結水腫患者，或是手指被機器切斷的職災受害者、車禍導致骨折的傷患、咽部食道灼傷或狹窄患者等，期望藉由重建整形能夠「與眾相同」。

## 顯微重建手術
## 移花接木

**顯微重建手術指的是在顯微鏡下，拿身體其他部位來治療患部、並以重建血管和修補組織、神經的方式，恢復患部一定功能**。此類手術比直接移植原來缺損旁邊剩餘局部組織的重建方式，更為複雜且困難。目前能適用的範圍很廣，不只整形外科使用，連骨科、婦科都可使用。

當然並非所有器官都能靠著顯微手術移花接木進行重建，通常，醫師會判斷患者受損的狀況，再考量把身體中有哪些類似的東西可以移植過去，比如說，用骨頭補骨頭、用黏膜補黏膜、用皮膚補皮膚、肌肉補肌肉的概念進行移植。

## 腓骨皮瓣移植 重建下頷骨

一名波士頓的患者臉部長了個良性骨頭腫瘤，當地醫院將腫瘤切除後，利用腸骨塞進口腔中，但因缺乏血液循環的管道，新組織長不出來，導致無法種植牙齒，臉部內縮，更失去咀嚼能力，輾轉來到林口長庚。經評估顏面受損程度，需要補足哪些功能、現有技術能達到哪些目的後，再綜合考量對病患犧牲最少、功能最好、外觀能維持較佳的情況下，**團隊最後選擇了鄭明輝創新改良的「腓骨骨皮瓣」做為重建物，也就是利用病人的小腿骨頭、皮膚及血管、肌肉等部分，拿來做為患者的新下巴**。

## ○．二公分血管 需來回縫合十二次

在手術中必須取出病人小腿上一小段連著骨頭、筋膜、皮膚、血管的皮瓣組織，再將腓骨切成下頷骨形狀並加以鈦合金固

### 分秒必爭 重建手術需無縫接軌

由於身體每個部分的組織取出後，在缺氧狀態下存活時間既短又不一，例如皮膚約8小時後就會壞死、骨頭約5～6個小時、肌肉約3～4小時，因此必須在事前就要做好前置計畫與工作，且必須在很短時間內做到取出與移植的動作。因此進行重建手術時，當其他外科醫師做好切除手術後，顯微重建團隊就必須立刻接手進行移植，才能成功完成手術。

定，接著就開始移植修補患者臉上的缺損部位，包括要重新接上動靜脈血管，讓被利用來重建下巴的腓骨骨皮瓣能有血流供應，另外肌肉也要覆蓋腓骨以增加美觀，腓骨也能種植牙齒。

手術前不但需要精準計算骨頭大小、長度與角度，還需要精準評估到弧度，才能給病人良好的外形外觀；另一方面，還要用比頭髮還細的線，在一根直徑只有〇・二公分的血管上，要縫上十二條線，才能讓兩條血管密合、血液才不會外漏。

## 首創「淋巴結皮瓣移植」解決癌症病患困境

乳癌、子宮頸癌患者，在手術切除淋巴結後，由於淋巴結回流通道造成回堵，或因放射線治療使得淋巴結纖維化，導致淋巴液沒辦法回到正常的血流系統中排出，滯留體內並造成上下肢的水腫。面對此類病人，林口長庚顯微重建中心也有獨特的手術技術，即「顯微淋巴結皮瓣移植」。

**經過十多年的努力，從最早的動物實驗開始，到赴美進修解剖研究，鄭明輝成功將淋巴結移植到腳踝或手腕處，這項手術需時約六至十個小時，關鍵是把頸部下頷或鼠蹊部**

**淋巴結、血管及皮瓣，用顯微手術移植到患者的手腕，再縫合移植過來的動靜脈，手術成功率已達百分之九十八。**

病患因為手腕多了淋巴結可以幫助淋巴液導回血液中，術後一年內水腫情況可以恢復百分之五十，也能改善百分之八十到九十功能，患者可以返回正常生活，更重要的是，感染情況也減少了。這項手術已成為國際間爭相學習的技術之一。

## 1分鐘看團隊醫療成效

1985-2014**累積案例數**

| 項目 | 案例數 |
|---|---|
| 顯微手術總案例 | 26267 ★ |
| 自由皮瓣移植 | 19181 ★ |
| 頭頸部腫瘤重建 | 10574 ★ |
| 上肢重建 | 4352 ★ |
| 下肢重建 | 3496 ★ |
| 臂神經叢重建 | 2408 ★ |
| 腳指移植至手部重建 | 1937 ★ |
| 斷肢再接 | 4328 |
| 乳房缺損重建 | 602 |
| 肝臟移植血管吻合術 | 507 |
| 淋巴水腫手術 | 174<br>(1993-2014年) |

更新日期：2015.06.12
★代表案例數世界之冠
資料來源：林口長庚紀念醫院顯微重建中心

## 唇腭裂、小臉症、半耳症顏面缺憾

# 顱顏重建手術 傳愛國際

顱顏重建團隊成立 20 年來，服務案例超過 35, 000 位，讓病患重展笑顏。

唇腭裂不只影響外觀，病患還可能會有牙齦裂處牙齒發展歪曲、中耳積水、語言機能異常、上腭骨後縮等問題。其中有百分之五會伴隨其他先天畸型，如先天性心臟病、手指異常、耳朵異常等。

**成立亞洲第一個顱顏中心，二十年來幫助兩千位國際病患重展笑容，訓練九百位國際整形醫師。**

——桃園長庚紀念醫院顱顏中心

小文（化名）因為頭顱癒合過早，他的平衡感比一般小朋友差，說話也不清晰；小珊患小耳症，因為聽力不好，特別不愛說話。

每個人都希望與眾不同，但小文和小珊只求和別人一樣，他們正是所謂的顱顏患者，除了先天的缺陷外，和一般孩子並無不同，但因為外貌的「與眾不同」而承受著巨大的心理壓力，同時也讓他們飽受生理上的不便與痛楚。

## 遺傳、胚胎病變導致顱顏異常

談到顱顏異常，多數人首先想到的就是唇裂（兔唇），這是唇腭裂的一種表現。唇腭裂可分為唇裂（即兔唇）、顎腭裂和唇腭裂。

桃園長庚紀念醫院顱顏中心主任陳國鼎指出，唇腭裂和人種有關，黃種人的出生率是五百分之一，白種人約為一千分之一，而黑人的機率則更低。從遺傳角度看，雙親正常，生下第一位唇腭裂子女的機率是五百分之一；雙親正常、第一名子女有唇腭裂，第二名子女有唇腭裂的可能性是二十分之一；若雙親之一是唇腭裂患者，生下唇腭裂子女的機率是二十分之一。

**此外，小耳症和半邊小臉症也是顱顏異常的一種，它們通常與遺傳無關，多數是在胚胎期產生病變**。台灣每年約有兩百多個小耳症新生兒，主要影響部分包括耳朵、下頜骨及顱骨異常。嚴重的下頜異常是下頜完全沒有發育、臉面中線偏斜，造成咀嚼困難。

半邊小臉症主要症狀則有顏面不對稱，患側的臉較小，會影響患側的耳朵、下頜骨及顏面肌肉、顏面神經等軟組織的發育。嚴重的可能會傷到顴骨及眼眶，造成眼眶一高一低，影響外形。上腭骨的畸形則可能會影響語言的發展。

## 進行顱顏手術的最佳時機

顱顏中心主任陳國鼎表示，顱顏手術的時機通常得視患者的異常程度決定。唇裂修補手術在幼兒三個月大即可進行，手術時也會做鼻部重建，以提高對術後顏面（唇形、鼻形）的滿意度；腭裂修補時機約在九至十五個月大之間，多數患者要同時配合耳鼻喉科診治，解決中耳積水問題；若唇腭裂影響到齒槽骨，則必須在九至十一歲間，接受牙床的

**骨移植手術，可幫助牙齒矯正、改善患側鼻孔底部塌陷並封閉牙床殘餘裂隙，對美觀和功能都很重要。**

## 唇裂修補

如果初次唇鼻修補手術後，對外觀仍不滿意，可在四至五歲、十二歲左右或十八歲後，進行唇部美容或鼻整形手術，前兩個時機分別是在上小學前與上中學前，讓患者在新環境中更有自信，**而十八歲時顏面發育已經完成，手術後的容貌可持久穩定。另外，唇斗與暴牙則可在青春期、顎骨生長穩定後施行正顎手術**。

## 耳朵重建

耳朵重建的時期，在國外多是五歲左右，是為避免小朋友上學後遭受異樣眼光，但由於以自體軟骨（肋骨）移植來重建耳朵是較好的選擇，但國內小朋友五歲時肋骨仍不夠粗大，會影響耳朵立體感，所以最好是十歲以後，重建結果將更令人滿意。

## 半邊小臉症

至於半邊小臉症，通常需要先透過追蹤以了解顏面發展情況，再據以做出醫療計畫。在一般情況下，顏面歪斜通常是等到十六歲至十八歲，顏面發育成熟才做矯正。但若考慮到臉部的歪斜可能影響患者心理及社會適應，可提前於五、六歲透過「下顎骨延長術」進行矯正。其他如腭咽閉鎖不全，在三歲半前後可透過咽瓣手術來改善鼻音過重的現象。

## 國際醫療人道救援 做沒人要做、沒人做過的高難度手術

從一九九八年開始，長庚紀念醫院顱顏中心即將唇腭裂治療對象延伸到像越南、柬埔寨、菲律賓、緬甸、多明尼加及大陸等地。當年三月至二〇一一年底，共進行跨國義診六十五次、完成手術一千五百一十例，也有不少困難病症在各方援助下，跨海來此接受治療。

二〇一一年五月，來了一位巴基斯坦五歲女童碧碧，她是嚴重顱顏患童，眼距過寬、眼眶上下異位、有複雜性顏面裂與腭裂、兩眼上還有上皮樣腫瘤。

## 全球首例3D模擬導航

經過評估，手術分兩次進行。第一階段先把嚴重偏離的右側眼眶移回近似正常位置；第二階段再修復複雜的顏面裂。手術中傷害視神經或腦部的風險很大，所幸過程順利。

為了完成碧碧的手術，長庚導入全球首例電腦模擬導航，於術前先以3D電腦斷層影像模擬立體切割與位移，再將模擬的資料輸入導航設備中，以提高對手術過程的掌握度。這個成功經驗，爾後也造福了台灣的患者。

### 1分鐘看團隊醫療成效

桃園長庚紀念醫院顱顏中心服務案例數共35,000人，每年治療200名左右新生兒患者、正腭手術500～600例，全球整形外科權威組織-美國整形外科學會，每年選出一位美國境外優秀整形外科醫師，至今選出30人，其中3位出身長庚顱顏中心，包括羅慧夫、陳昱瑞與魏福全3位醫師，其他成果包括：

1.訓練國外醫師數目：至2014年12月止，共56國639位。
2.論文數目：至2014年12月共622篇論文
3.唇腭裂治療成果：一期唇鼻修復成果－學齡前二期唇鼻美容率近於0
4.一期腭修復穿孔率：3%（全世界最低中心之一）
5.一期腭修復後須再次手術率：6%（全世界最低中心之一）

資料來源:桃園長庚紀念醫院顱顏中心

## 罕見畸形切除、重症重建賦予奇蹟新生

# 腸道轉移再造多種器官

陳宏基院長（左四）帶領團隊整合 18 個專科，精密設計手術每步驟，做好萬無一失的銜接。

喉癌、頭頸癌摘除咽喉無法說話；會厭軟骨受損、纖維化無法進食；外傷、腫瘤或先天性畸形導致尿道、陰道或子宮頸嚴重缺損；象人肢體畸形失去人生；動靜脈畸形腫大如不定時炸彈；喪失功能的器官、四肢如何重建？

**國際首創腸道血管之空中快速縫合、特殊重症及國際罕見畸形病人重建成功率百分之九十八。**

——中國醫藥大學附設醫院整形外科高階重建團隊

四十六歲的文君（化名）兩年前因為甲狀腺開刀失敗，切除整個咽喉，生病之前，文君是大企業主管，術後的她，家人用餐只能嗅聞飯菜香氣，再默默回到房裡哭泣，然後從腸造廔進食。

## 盲腸不再無用
## 重建食道及發聲功能

除了咽喉手術傷害、許多頭頸部腫瘤患者都面臨摘除咽喉的窘境。另外也有病人因為會厭軟骨受損、無法在吞嚥時發揮擋住氣管的功能、使得食物掉進氣管、引起吸入性肺炎。這一類病人終其一生無法由口進食，甚至完全喪失說話能力。

**所幸，目前已可利用腸道重建食道與發聲器，醫師從闌尾、迴盲瓣或空腸取下一段合適腸道，透過繞道（diversion loop）或直接連接口腔等方式，進行喉部重建**。

在取腸道的過程，過去需要剖開腹腔、會有傷口大、復原慢的問題，目前要取腸道可透過腹腔鏡，大大降低病人不適。

這是中國醫藥大學附設醫院高階重建團隊獨步全球的技術：「腸道移植重建聲帶手術」，人體之所以能夠發聲，是因為聲帶的震動。而腸道移植重建聲帶手術是把迴腸末端連接盲腸的「迴盲瓣」拿來應用在聲帶重建上，手術時會把小腸當作發聲管，迴盲瓣則負責震動發聲及連接，讓腸子摺皺的功能發揮作用，當空氣通過，經過不平滑的小腸通道時，產生渦流就會震動，因而能夠回復發聲能力。

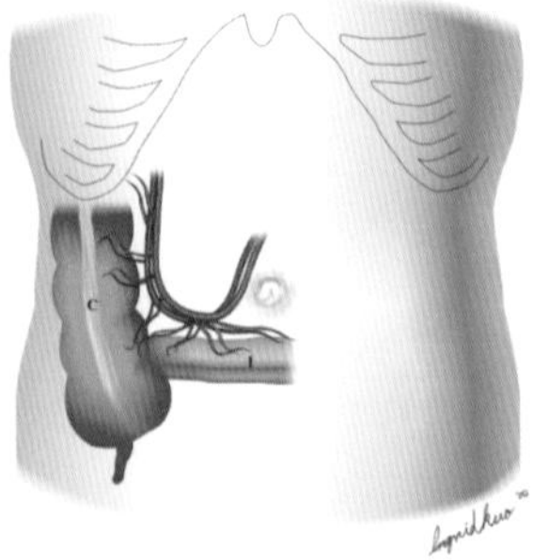

## 迴腸及闌尾變身男性生殖器

迴腸及闌尾除了重建聲道，也可以重建尿道！這項手術的病人大多因癌症、外傷或先天尿道缺損而需重建。傳統方法都是用皮膚進行重建，但最大後遺症就是非常容易造成滲漏及尿道狹窄，或尿路被皮膚分泌的皮脂阻塞不通。現在臨床上已經能夠突破，中國附醫團隊可從小腿截一段游離腓骨骨皮瓣再加上闌尾及迴腸、透過精密手術縫合微細血管，已經幫助八位男性病患成功重建、順利排尿、亦保有生殖功能！

## 陰道與子宮頸啟動原有功能

如果是女性生殖器官缺損呢？過去一樣也都是利用移植皮膚或皮瓣的方法重建陰道，但往往術後會有狹窄或因乾澀而無法擁有性生活的問題，且子宮頸無法透過傳統方式重建、病患無法受孕！中國附醫團隊結合婦產科等跨領域專科醫師共思，採用腸道重建，精確地算好空腸和組織銜接的部位，**不但可以重建陰道及子宮頸、且在不破壞子宮頸腺體（註）的情況下，讓病人也有了受孕的機會。且重建後的陰道，由於腸道有分泌物不會狹窄，病人也大幅提升生活品質**。

*（註）子宮頸腺體為懷孕成功重要因素之一。

## 七分鐘空中快速縫合避免腸道壞死

**以腸道轉移做高階重建手術最大的挑戰就是時間！由於人體腸道存在超過五百種細菌，一但被割下、在缺血的狀態下，很快就會腐敗壞死！利用「空中快速縫合技術」，既快且準、可大幅提高腸道轉移的存活率。這正是造就中國附醫腹部器官顯微移植重建，數量在國際上最多，成功率最高的關鍵技術之一。**

## 手術複雜
## 動用十八個次專科

中國附醫高階重建手術團隊整合了整形外科、麻醉部、耳鼻喉科部、泌尿部、婦產部、放射腫瘤科、血液腫瘤科、大腸直腸外科、新陳代謝科、胸腔外科、心臟內科、胸腔內科、復健部等十八個次專科。**每一次的大手術都必須依病人重建之相關醫療照護次專科，進行術前精確評估和規劃，手術過程每一步驟更要精密設計，做好萬無一失的銜接**。

## 全球頂尖醫術
## 國際醫師排隊進修

如今，歐、美、日國際醫療專家、研究員申請到中國附醫國際醫療中心從事進修訓練的名額已經登記到二〇一八年；國際有名的換臉權威JULIAN PRIBAZ，也引介哈佛醫學院主治醫師到台接受罕見畸形重建手術訓

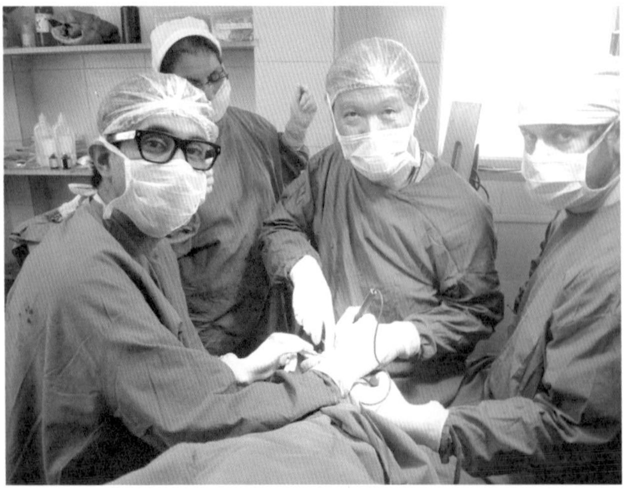

練；帶領團隊的陳宏基院長，並受邀為美國MD Anderson、Mayo Clinic及英、日等著名醫院的訪問教授；目前受訓的國外醫師群，更已成立小型校友協會（Alumni Association of Professor Hung-chi Chen），將台灣重症罕見高階重建手術帶回世界各地、造福需要重生的病人。

## 1分鐘看團隊醫療成效

1. 發聲管以闌尾或迴盲瓣或空腸做重建136例、可發聲比率80%。
2. 以腹腔鏡截取腸道做各種聲帶重建6例、重建成功率100%。
3. 在會厭軟骨缺損以病人以diversion loop重建上端食道35例、可由口進食且不引起吸入性肺炎90%。
4. 尿道以闌尾及迴腸做重建8例、不漏尿比率100%。
5. 陰道與子宮頸之缺損以結腸及闌尾做重建3例、重建成功無併發症100%。
6. 陰道以空腸做重建3例、重建成功無併發症100%。
7. 顎及口粘膜缺損以空腸做重建等手術6例、重建成功無併發症100%。
8. 重度淋巴水腫及血管畸形之治療、重建成功90%。

資料來源:中國附醫高階重建團隊

為眼瞼下垂病患找回自信新視界

# 全球首創復明皮瓣縮短手術

賴春生教授（左，右為賴文德院長）創新復明皮瓣縮短手術，治療眼瞼下垂。

眼睛怎麼用力都張不開或張不全、視線老是有遮蔽感、大小眼超嚴重、額頭皺紋硬是比別人多了好多條！這些都是眼瞼下垂病人的苦，嚴重者眼皮還會完全蓋住眼睛，只見一片黑。

**治療將近千例眼瞼下垂患者，賴春生教授自行研發「復明皮瓣手術」，重症肌無力患者，也經由手術重見光明。**

——高雄醫學大學附設醫院整形外科

家住高雄市的林小姐，從小就被認為很高傲，因她老是把頭抬得高高的，「用白眼看人」。經整形外科檢查發現，原來是她的眼瞼發育不良，造成眼瞼下垂，才給人不好親近的錯覺。經過手術後，林小姐臉部線條變柔和了，看起來笑容可掬。她說「以前走進電梯，電梯的樓層介紹表，只能看到一半；現在我一張開眼，就可以全部看到了！」

## 眼瞼下垂是怎麼造成的？

眼瞼下垂的原因頗為複雜，可能單邊或雙邊下垂，並可分先天性與後天性，前者通常是因為提眼肌發育不良，除了遺傳導致，多數病例原因不明。後者則大多發生於中老年人，原因為提眼肌鬆脫變薄。

眼瞼下垂造成的眼皮下垂，不但外觀大打折扣，更可能遮擋視線，影響生活作息。此外，眼瞼下垂會造成雙眼大小不對稱，因此俗稱「大小眼」。**先天性眼瞼下垂，以上眼瞼肌肉無力引起的眼瞼下垂，最為常見**。後天性眼瞼下垂以因年齡大而提眼肌退化，最為常見，少部分與眼皮局部痙攣，或以前動過眼皮手術有關。**也有年輕人因長期戴隱形眼鏡，每天脫戴鏡片，或長期戴假睫毛，造成提眼肌因長期拉扯而鬆脫所導致**。如果是由眼皮痙攣造成的眼瞼下垂，可以每三個月一次注射肉毒桿菌素，來改善兩眼大小不對稱的問題；至於眼瞼下垂患者，則必須以手術進行矯正。

**眼皮下垂與眼瞼下垂有不同定義，前者是因眼皮鬆弛過多而下垂，後者是因「提眼肌」異常，而使上眼瞼張開不完全，蓋住過多的黑眼球**。一般上眼皮約蓋住虹膜一到兩毫米之內，但若提眼肌先天發育不良，加上後天年老退化，或因神經失調等其他因素，導致提眼肌病變，眼瞼下垂也會隨之發生。

下垂的眼睛為了想張開，同側的前額肌肉會代償性的收縮，企圖拉開下垂的眼瞼，久而久之，眉毛愈拉愈高，患側前額皺紋愈來愈深，終究徒勞無功，患側眼睛依然無法正常張開。

## 「提眼肌功能」是治療前評估關鍵

由於「提眼肌」扮演舉足輕重的角色，因此治療眼瞼下垂首要之務，在於精準測量提眼肌的功能。換言之，「提眼肌功能」

是治療眼瞼下垂最重要的基準與依據。

**進行矯正手術前，醫師須針對眼睛整體的狀況，做一次全面的評估，包括提眼肌的功能、淚液是否充足、眼睛閉合時眼球是否有反射性翻白眼、角膜敏感度等檢查，以減少手術後併發症的發生。**

## 創新復明皮瓣縮短手術

高醫整形外科醫療團隊賴春生醫師發明的創新手術，又稱「復明皮瓣縮短手術」，為患者解決生活上的不便與痛苦。小自三歲幼童，大到高齡八十五歲老人，都可經該項手術重拾生活品質。

**只有提眼肌功能不好，也就是眼睛張開不到半公分的患者，才需要採用復明皮瓣縮短手術；提眼肌功能尚可或正常的患者，可以用其他手術治療，例如：提眼肌縮短手術或米勒氏肌肉縮短手術等。提眼肌功能太弱時也可利用筋膜、縫線或矽膠做前額懸吊術，連接眼瞼軟骨及前額肌，利用前額肌的力量將下垂的眼瞼提起。**

## 利用眼皮自體組織 低併發性、復發率

傳統治療嚴重眼瞼下垂，以前額懸吊式手術居多，根據世界文獻報告，至少有百分之十至百分之二十的患者因復發率高，必須做第二次手術調整。復明皮瓣縮短手術治療，跟傳統用人工懸吊物或是大腿筋膜來做支撐的方法不同，手術改為就地取材！

**利用眼皮下方柔韌又健康的「眼輪匝肌」來做眼瞼的懸吊、帶動上眼皮提升**，雖然手術時間較長且所需技巧較高，但結果比較接近自然樣貌，發生兔眼而無法闔眼或帳棚式畸形的機會比傳統少，也可避免外來異物排斥反應，更可免去多一道傷口。

### 如何治療眼瞼下垂?

眼瞼下垂的盛行率為每10萬人有11位，先天性眼瞼下垂發生率為每105人有8人，治療方式依據提眼肌功能及下垂之嚴重程度採行縮短手術或懸吊手術。

| 提眼肌功能 | 治療方式 |
|---|---|
| 正常(>12mm) | 提眼肌筋膜之對摺縮短縫合術。 |
| 良好(10-12mm) | 提眼肌縮短切除手術。 |
| 尚可(6-9mm) | 採用提眼肌及米勒氏肌縮短切除手術方式，來拉提下垂之眼瞼。 |
| 不佳(<6mm) | 可採用傳統之「前額肌懸吊式手術」，或高醫整形外科首創之「眼輪匝肌-前額肌皮瓣縮短手術」（簡稱FOOM復明皮瓣手術）。 |

一名六十一歲婦人，罹患重症肌無力，因提眼肌無力，眼皮下垂遮住眼睛，走路經常摔倒，吃藥無效，痛苦到罹患憂鬱症，跑去看精神科。後來就是以這個創新術式進行治療。目前已解決一切不便與痛苦。

「前額肌皮瓣手術」，在高醫實施的一百多例的患者中，有將近九成之滿意度，臨床成果及治療新趨勢，也已發表在二〇〇九美國出版之眼科雜誌、二〇一〇英國出版之整形外科雜誌及、二〇一二、二〇一三、二〇一四美國整形外科雜誌。

從最基礎的解剖學與組織學入手，目前醫療團隊已將眼瞼下垂手術治療「標準化」，讓病患得以透過手術獲得新視野。同時代訓國際醫療人員，成效良好。**在十五年間，近九百多例眼瞼下垂手術中，只有百分之三・四的病例需要二次微調，遠低於世界文獻報告。**

### 1分鐘看團隊醫療成效

在939例眼瞼下垂矯正手術中，復發率5.6%，需二次矯正率只有3.4%，整體術後滿意度98%。

資料來源:高醫大附設醫院整形外科

## 讓病患重「掌」人生

# 再接植顯微手術 搶救斷指斷肢

成大醫院 1990 年起，建立了斷指再接植的醫療團隊，吸引國內外醫學中心整形外科醫師前來接受訓練。

因意外或職災而截斷指頭，甚至斷掌、斷臂，輕則影響外觀、嚴重則可能導致生活自理困難！一旦沒能在窘迫的缺血時間內將截斷肢體保存好、送醫救回，接回後也無法恢復原有功能！手術過程要修補接合骨頭、肌肉、肌腱、血管、神經、皮膚，斷指斷肢才有機會順利「存活」下來。

斷指斷肢顯微手術再接植，讓七百六十根斷指失而復得，成功率達百分之八十八。

——成功大學醫學院附設醫院整形外科

醫院裡急診室的病床上，躺著不慎被腳踏車輪輾斷手指的稚齡小男孩佑佑。爸媽焦急的等待手術的進行。在這個跨年且跨世紀的夜晚，成大整形外科團隊正不眠不休的為小朋友進行斷指再接植手術。小朋友的手很小，手指血管神經相當細小，斷指處又在最遠位的指端，手術難度很高。在細如絲的縫線下，醫師一次又一次的接合細小血管，直到小朋友斷掉的手指顏色趨於紅潤，才放下心中大石，而身上的手術綠衫已經溼透。

## 顯微手術接合 血管血流暢通是存活關鍵

要把斷掉的指頭或肢體接回，還要能夠盡量恢復功能，是一項相當複雜的手術挑戰。手部血管神經相當細小，必須在顯微鏡下放大操作，過程中要非常仔細的把骨頭、肌腱、動靜脈血管、神經、皮膚等一一接合修補，尤其血管一定要順利接合，血流才能保持暢通，斷掉的指頭才能在良好的血液循環下繼續存活不致壞死，神經經精密接合後，也才能慢慢再生，才有機會恢復功能。

## 挑戰〇・一公分縫合 顯微外科特殊訓練

**手部手指的血管直徑小於一毫米，亦即〇・一公分，這樣細小血管的吻合，需要紮實的顯微外科訓練**。成大醫院一九九〇年起就成立了斷指再接植醫療團隊，整形外科住院醫師從第三年起就必須要到動物中心完成顯微手術訓練，要先能夠成功幫小老鼠接回截斷的後肢，如果成功率未達百分之八十以上，就不能進行臨床斷指接植手術。

由於小老鼠的血管比人類血管更細小、血管壁更薄，如果可以成功接植小老鼠的血管及斷肢，才能更勝任人體斷指、斷臂或斷肢的再接植手術。

這項顯微手術訓練不但已是成大整形外科之常規訓練，亦吸引國內外其他醫學中心的整形外科醫師，前來接受訓練。

## 術後兩周為關鍵期 再復健三到六個月

「斷指或斷肢接植跟身體其他地方接植，要重視的部分不一樣。」成大整形外科謝式洲教授強調，決定斷指或斷臂接植手術是否成功，要分為兩部分來檢視：首先，要看手術後的血管血流有無暢通、組織是否已經順利存活下來；其次，再看手部功能有沒有進一步恢復，這包括骨頭、肌腱、神經、軟組織及皮膚有無修復完好，及是否有密切配合復健訓練。「**手要有控**

**制力，要能動、有力量、有溫覺、觸感等感覺，才能算是恢復功能。」**

**術後的兩周是接回的組織存活與否的觀察期，但要讓功能恢復，則至少需要三到六個月。**有些病患在術中原本接通血管，但術後如血管阻塞造成組織壞死，斷指仍無法存活。如果經過一至二周左右的時間，血流通暢，皮膚顏色沒有變紫黑，確保植回的組織存活了，就可以開始進行復健。

**標準完整復健計畫包括手部活動及感覺再訓練計畫，病患必須克服肌腱沾黏、關節僵硬或疤痕攣縮等問題，再接植斷指才有機會恢復良好功能。三到六個月後，病患可透過手部動作分析及影像處理技術、手指感覺功能性評估及再訓練等，掌握恢復的狀況。**

## 缺血時間過長<br>再接植最大威脅

**如果是指頭截斷，在一般常溫下可忍受的缺血時間大約為十二小時。適當的冰存，可延長至約二十四小時。**指頭斷掉通常不致威脅生命，但若是大肢體，像是手臂被截斷，則會造成大出

## 斷臂再接植
## 保持血循
## 全球罕見異位移植

血而引發休克的危險。

一旦手腕以上的手臂等大肢體被截斷，在常溫下，被截斷的組織可忍受的缺血時間只有約四到六小時！即使有適當的冰存，也只可延長至約八小時，一旦超過缺血時間上限，再接植時，由於細胞組織已經產生不可逆的損傷與壞死，壞死的組織還會產生毒素，或細胞傷害破裂後釋放出大量的鉀離子，會經由血液再灌流回全身，造成生命的威脅。

**成大斷指再接植團隊謝式洲教授，曾經創下全球最高位截斷之暫時性異位移植罕見案例**。

該病患在二〇〇八年因工作時失足從五樓墜落，全身有多處骨折與嚴重內出血，人墜落到地上，左上臂近腋下部位完全撕脫截斷，整條手臂懸掛在半空中。病患被送到醫院時已陷入昏迷，經醫療團隊評估，以救命為先！

由於顯微再接植手術需長時間手術及麻醉，病患當時情況危急，不可能接受此艱困漫長的手術，但團隊又希望為這名年輕病患爭取最大手臂植回的機會，最後經過緊急評估，決定暫時將斷臂接植到大腿腹股溝的地方，讓整條上臂組織先「存活」下來，等病患生命狀況回穩，再進行複雜的再接植手術。

這天，團隊先緊急為這名病患把斷臂血管接到了腹股溝大腿的動、靜脈血管，斷臂就這麼暫時存活在大腿上，八天後，團隊再花了幾十個小時，將此異位暫植的斷臂從大腿處截斷、重新接植回上手臂接近肩膀處，並顯微重建接合其嚴重撕脫斷裂之重要神經。昏迷多日的傷者根本不知道，自己的斷臂是經歷這麼複雜的過程才失而復得。現在這條經異位移植再接植之手臂已經恢復大約七成的功能，可感覺冷、熱，甚至蚊子叮咬，病患也可完全獨立生活，重獲新生。

### 1分鐘看團隊醫療成效

手術後的斷指存活率達88%，迄今已協助610位病患之868根斷指，成功再接回760根，其中8成以上可恢復良好功能，復工率達9成。

資料來源：成大醫院整形外科

消化道出血問題多

# 創新內視鏡技術 檢查治療同步

彰基團隊提供肝癌高危險群巡迴定點篩檢服務，幫助患者積極接受治療。

消化道潰瘍、糜爛是現代人常見的問題，一但嚴重出血，病人會有吐血、吐咖啡色液體或排黑便、柏油狀大便等症狀，失血過多可能會造成頭暈、血壓下降、更嚴重的穿孔或血管破裂，甚至會導致休克。

**上消化道潰瘍出血，止血率百分之九十九・五，急做胃鏡等候時間小於三十分鐘。**

——彰化基督教醫院消化系中心

消化道可以用十二指腸作為分界，以上為上消化道、以下為下消化道。會造成上消化道出血的疾病主要有十二指腸潰瘍、胃炎、胃潰瘍或者食道靜脈瘤等問題，下消化道出血的問題則可能有痔瘡、癌症、息肉、憩室炎、大腸結腸炎等因素。

「吐血」與否？是分辨為上消化道還是下消化道的重點，上消化道出血多半既會吐血又會排黑便、下消化道出血則只有排血便徵兆。

## 上消化道出血　免驚

二〇〇三年成立的彰基消化系中心，整合了胃腸肝膽科、內視鏡中心、腹部超音波室、消化系中心衛教室、腸胃科病房等醫護團隊，在成立首年即發表以熱能組織切片夾（Hot Biopsy）來治療上消化道潰瘍出血。此一創新內視鏡止血法，不僅止血率高，併發症亦較少。成為多極電燒（Multipolar Electrocoagulation）、熱探針止血（Heat Probe Coagulation）等方法外的一個新選擇。

**如今拜醫療技術進步所賜，多數上消化道出血的病人可以透過內視鏡止血法或注射藥物等，在不動刀的前提下完成止血。**

## 腸破裂穿孔 新式修復法

對付腸道穿孔出血，也有創新技術。像是十二指腸後壁潰瘍破裂、出血，過去較難以夾鉗夾（clip）止血，彰基團隊就把原本用做內視鏡食道靜脈曲張結紮術的透明套帽，拿來做為輔助，再配合金屬夾鉗夾（hemoclip）及套紮術（band ligation），成功修復破裂穿孔處，也免除了病人剖腹手術之苦。

## 雙氣囊小腸鏡 看得更遠更深

為了加強內視鏡超音波的影像，把消化道內病兆看得更清楚，彰基早在二〇〇三年即率先國際，使用一種膠質物質應用在內視鏡超音波，也達到良好效果。這項創新在國際期刊 Gastrointestinal Endoscopy 上列入內視鏡使用的新方法與材料（New Methods and Materials）之一，目前全世界已有很多機構採用此種方法。

此外，彰基消化系中心更實施了超過三十例雙氣囊小腸鏡（double-balloon enteroscopy）新技術，成功率達百分之百。雙氣囊小腸鏡是利用兩個氣球交替充氣來撐住小腸，當外套管的氣球撐住小腸時，內視鏡可由外套管的內腔通過而不至於拉長小腸，能更有效的看到更深的地方。雙氣囊小腸鏡只需要輕度的麻醉，施行時間約為二到三小時。

## 消化道癌化風險高

消化系統是人體中最容易耗損、也容易被忽視的一群，國人常見十大癌症中，消化系統更囊括了五項！包括肝及肝內膽管癌、大腸直腸癌、胃癌、胰臟癌、食道癌等。

對於消化道癌症，早期篩檢與早期治療仍然是不二法門。**以肝癌為例，早期的肝癌接受治療後，五年存活期約百分之七十到八十，但萬一等到出現症狀後再就醫診治，通常腫瘤已侵犯血管或遠端轉移，已演變為晚期肝癌，平均只能存活六到十二個月**。病患如果只有一顆小於兩公分的極早期肝癌，手術切除後五年的存活率可高達九成以上。

如果早期肝癌已經有兩到三顆腫瘤，只要小於三公分，都可選擇手術或局部腫瘤消融治療，包括酒精注射、醋酸注射、射頻腫瘤消融（註）等。

＊（註）射頻腫瘤消融（RFA）－使用高頻電流探針，在超音波導引下插入肝腫瘤，直接進行燒灼，主要適用小於三公分以下的腫瘤。

## 早期篩檢 直系、旁系血親一起追蹤

除了大家熟知的B肝、C肝、酒精性肝病外，肝硬化患者也是高危險群，每年有百分之五的機率會發生肝癌。而如果一等或二等親有人罹患肝癌，則罹癌的機率也比一般人高十倍，最好每年定期檢查。另外像是大腸直腸癌等也是有遺傳性風險，建議病友的直系、旁系血親都要追蹤、檢查。

以往要了解肝硬化的程度，都是採取肝切片來化驗，在顯微鏡下做病理判讀，由於是侵入性的檢查，有出血、疼痛不適、耗時等缺點。目前臨床上有超音波聲幅射力脈波影像

## 1分鐘看團隊醫療成效

彰基消化系中心致力於早期篩檢、早期治療，平均每年執行胃鏡約9500例、大腸鏡約6200例；大腸瘜肉切除術每年約1300例，術後再出血率為1.1%；肝膽超音波每年約有39000例；早期肝癌患者射頻肝腫瘤消融治療約400例。

資料來源：彰化基督教醫院消化系中心

系統（ARFI），可在幾分鐘內即檢測出肝纖維化的程度，目前對較嚴重的肝纖維有百分之八十六準確率。

自二〇一一年起至今，癌症篩檢工作便納入彰基消化系中心的主要任務之一，每年推動近兩萬例的胃鏡、大腸鏡及肝膽超音波篩檢。尤其在肝癌的早期篩檢上看到明顯成效，透過與彰化衛生局合作全縣肝癌篩檢計劃，推動社區民眾肝癌高危險群巡迴定點篩檢服務，便發現有進行超音波篩檢和相較於沒有做超音波篩檢者，死於肝癌的比率低了三成！這是因為進行超音波篩檢而發現肝癌者，大部分是早期肝癌，可以及早治療，提高存活機率。

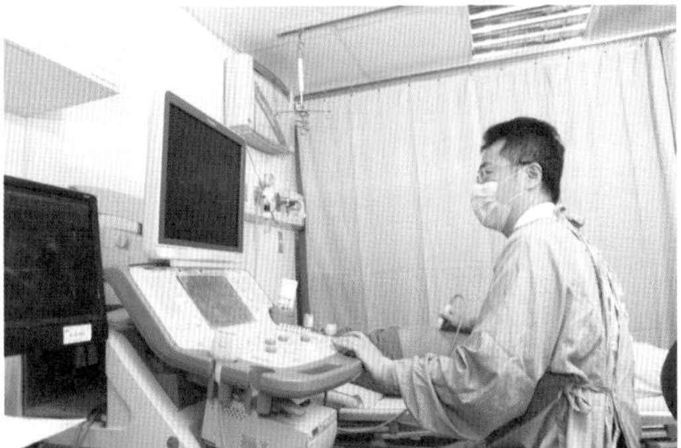

## 末期肝病患者最後希望

# 活體肝臟移植　存活率世界之冠

由陳肇隆院長（右三）領軍的肝臟移植團隊，名列全球五大活體肝臟移植中心。

肝臟充滿了血管叢，有綿密的肝動脈、門靜脈、肝靜脈，還有膽管，很容易出血。此外，人體凝血因子大多數在肝臟合成，當肝壞到需要換掉時，通常已無法合成足夠的凝血因子，再加上肝硬化造成脾臟腫大、破壞血小板、並在肝臟周圍形成許多不正常的薄壁血管，手術稍有不慎就會大出血。

研發微量出血捐肝手術、完成一千兩百多例活體肝臟移植，膽道閉鎖症五年存活率百分之九十八、B型肝炎肝硬化五年存活率、肝癌五年存活率百分之九十。

——高雄長庚紀念醫院肝臟移植中心

六十幾歲的吳先生罹患B型肝炎、肝硬化和糖尿病，隨著病情惡化，陷入第四度肝昏迷，瀕臨死亡、無痛覺和聽覺、黃疸指數飆到三十三，是正常值的二十二倍，也出現腎衰竭、凝血缺陷、大量腹水、敗血症，同時還有三顆肝腫瘤。

高雄長庚肝臟移植團隊評估，只有換肝或許可爭取到一線生機，但吳先生的兩個兒子，分別因為B肝帶原和血型不符，無法捐肝，最後由體重僅四十五公斤的媳婦挺身捐出三分之二肝臟。經過長達十小時的手術後，吳先生隔天就甦醒，而捐肝者出血量僅五十毫升，術後恢復良好，肝臟約三個月即長回原本大小。

## 險中求生換新肝

肝臟移植手術是把病肝摘除後，植入新的肝臟，以取代原有肝臟進行新陳代謝、解毒和合成凝血因子、免疫球蛋白等必須蛋白質的功能。這項手術困難且複雜，可容忍的誤差範圍非常小。

**肝臟移植手術，會移除患者原有之肝臟及膽囊，將捐贈者之肝臟植入患者體內，過程中需銜接捐贈者肝臟之肝靜脈、門靜脈、肝動脈及膽管至患者之相對構造**，如果所取得之捐贈者血管長度不足，也可能以捐贈者或患者之其他部位血管或人工血管做銜接。

## 醫療評估+配對成功，是換肝的第一步

換肝是項大手術，病患是否適合肝臟移植，一定要經過醫療團隊審慎評估。高雄長庚肝臟移植中心，每週兩次團隊會議，彙集各專科醫護及社工人員，將病患檢驗數據及超音波、電腦斷層、核磁共振結果、病理報告以及現在的狀況一一分析，確認是否可以接受移植？如果腫瘤太大、太多，也要評估是否先進行栓塞、射頻燒灼等降期治療再移植。

肝臟來源的部分，主要有兩種：一為腦死病患，另一為五等內血親或姻親捐贈之活體肝臟。其中，活體肝臟移植配對主要是針對捐贈者的身體狀況、肝臟大小與肝臟血管和膽管結構等條件進行審核評估。

**肝臟大小和左右肝的比例，是能否捐肝的關鍵。而捐贈者所捐出的肝臟要達到受贈者體重的百分之〇・八以上，才能應付受贈者術後的生理需求**。因此，如果受贈者體重八十公斤，就至少需要六百四十公克的肝臟才夠用。更重要的是為了避免捐贈者術後肝功能不足，捐贈者至少要保留百分之三十以上的肝臟。

## 微量出血
## 捐肝平均出血量小於兩百毫升

**捐肝手術在剝離血管、分離肝臟的時候都有出血風險，除了仰賴醫師熟稔技術，以及護理人員精準掌握上刀的默契，長庚團隊研發了更精細的手術直角鉗、高密度血管鉗。即便只是〇・一毫米的尺寸差距，都能幫助捐肝手術更加安全。一次捐肝手術平均出血量不到兩百毫升，一般捐肝者在加護病房一兩天即可到普通病房觀察。**

## 終身服用抗排斥藥物

新的肝臟，對身體免疫系統而言，仍屬於外來物，為避免新肝臟受到免疫系統攻擊，引發排斥現象，必須服用免疫抑制劑控制。排斥反應較常發生在移植後七到九十天，也可能是在術後或返家後數月或數年發生。移植後，需終身服用抗排斥藥物。

## 一把手術刀
## 造福上千家庭

而說到肝臟移植，「陳肇隆」這個名字一定會被提到，他是亞洲第一個成功進行肝臟移植手術的醫師。

那時是一九八四年，有位威爾森氏病患，合併末期肝硬化，在食道靜脈瘤破裂大量出血，出現休克並進入肝昏迷的最危急狀況。陳肇隆歷經二十七小時的緊急換肝手術，為了照顧病人，他留駐醫院長達二、三個月，直到病患情況穩定並順利出院，才放心走出醫院大門，這也是亞洲首例成功的肝臟移植手術。

當年冒著被檢察官起訴、甚至坐牢的風險，在「腦死」立法前，完成亞洲首例成功的肝臟移植手術，也因此促成台灣在一九八七年達成亞洲第一個腦死亡器官移植立法（比日本、香港、韓國早了十至十二年），帶動台灣器官移植醫學的蓬勃發展，也為三年後的心臟移植、七年後的肺臟移植鋪路。

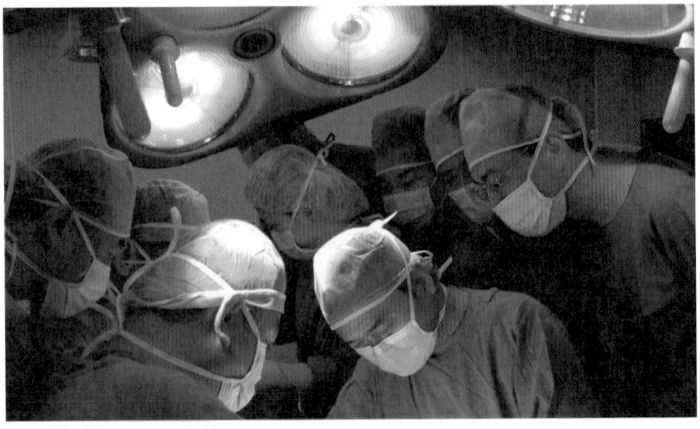

海外教授觀摩活體肝臟移植手術。

## 名列全球五大活體肝臟移植中心

活體肝臟移植是少數亞洲領先歐美的醫學領域之一，而由陳肇隆帶領的高雄長庚紀念醫院，被國際移植醫學期刊列為全球公認五大活體肝臟移植中心之一、也是國際肝膽胰外科醫學會訓練中心之一。

**高雄長庚是全世界極少數每年可完成百例以上活體換肝的醫院，如今透過親屬捐贈的活體換肝已經是其例行的常規手術；**而其發展出的微出血量捐肝手術、受體肝靜脈成型術、肝中靜脈取捨策略及克服門靜脈栓塞等創新技術等，大幅提升活體捐肝的安全性與受肝者存活率。

### 1分鐘看團隊醫療成效

**活體肝移植受體存活率**

| | | 一年 | 五年 |
|---|---|---|---|
| 高雄長庚 | | 95.7% | 90.5% |
| 美國 | | 88% | 77% |
| 歐洲 | 兒童 | 81% | 78% |
| | 成人 | 74% | 58% |
| 日本 | 兒童 | 86% | 83% |
| | 成人 | 76% | 69% |

資料來源：Shiffman ML, et al. Am J Transplant 2006; 6: 1170
Adam R, et al. Liver Transpl 2003; 9: 1231
Sugawara Y, et al. British Med Bull 2005; 75-76: 15

## 腸衰竭壞死　點滴管人生

# 小腸移植手術　重拾患者進食希望

陳芸主任（圖中）與團隊完成台灣首例小腸移植，至今台灣也成為亞洲進行單純小腸移植個案最多的國家。

國內每年約有二百名腸衰竭患者，須終生透過靜脈營養注射維持生命，甚至有小朋友一出生就靠打點滴維生，從不知食物的酸甜苦辣！更時刻面臨感染、敗血、靜脈栓塞和肝功能障礙威脅。

**克服小腸移植排斥高風險，為末期腸衰竭患者開啟重生之路。**

——亞東醫院小腸移植照護團隊

琳琳（化名）二〇〇五年開始肚子發脹，腸子不蠕動，從此無法進食，吃了或甚至不吃都會吐，經多家醫院診斷為「慢性腸道偽阻塞症候群」，從此得靠靜脈營養過日子，但她常因點滴管感染或嚴重嘔吐住院治療。

很幸運的，琳琳在二〇一〇年十一月成功接受小腸移植手術，人生重新有了希望。同時也成為亞東醫院第五例小腸移植人體試驗的個案。

## 腸衰竭？

當一個人罹患腸衰竭，有的是可恢復，有的則是不可恢復，病人若是屬於「超短腸」、且沒有迴盲瓣（註）者，多屬於不可恢復，且預後差，須及早進行小腸移植。其餘病人則先以居家全靜脈營養注射，在持續的治療過程中探尋能恢復腸功能，或不可恢復，未來需小腸移植。

*（註）迴盲瓣主要功能，在阻止小腸內容物過快流入大腸和防止盲腸內容物逆流。

## 先天小腸病變 後天腸扭結壞死

先天小腸病變，一般在小孩出生即有症狀。像是壞死性腸炎、小腸閉鎖、巨結腸症、腸沾黏、發育不良等。至於後天腸衰竭，許多是因為病人腸子轉位不正，導致容易發生腸扭結現象，嚴重者阻塞腸道與腸道血液循環，引發腸壞死、需要手術切除！

這類病人發生率約兩百分之一，各個年齡層都有可能發病，而且醫師通常不容易即時診斷。腸扭結時，輕則肚子突然劇痛後自然好轉，或是常便秘或出現類似腸胃炎的症狀，灌腸後症狀便消失，但一旦發生嚴重腸壞死，將面臨死亡威脅，且全腸道切除成為短腸症。

## 長期打點滴
## 三大併發症風險

腸衰竭患者因小腸功能喪失、太短或腸蠕動不良，無法靠小腸吸收營養，只能靠長時間全靜脈注射營養維繫生命。**但長期下來有三大併發症風險，包括因注射導管感染引發敗血症、靜脈大血管長期點滴導致慢慢栓塞、還有肝功能產生障礙等，一旦併發症發生，嚴重威脅生命，小腸移植是活命的唯一選擇。**

## 十年成就首例小腸移植

其實早在一九五〇年代，小腸移植便與肝臟、腎臟等器官同時開始，只是小腸是所有器官中，淋巴組織最多，移植時又最容易產生排斥的器官，經常失敗。直到免疫藥物進步，到了一九八八年國外才有小腸移植成功案例。截至二〇一五年一月，全世界共進行三千零六十七例腸移植。

過去台灣醫師在面對末期腸衰竭病人，往往束手無策，亞東醫院外科主任陳芸回憶：「需要小腸移植的以小孩居多，佔六成，看著他們不能吃東西，只能用畫的畫下食物，甚至本來可以吃東西，後來卻完全不能吃，眼睜睜看孩子因併發症離去，心情十分糾結，便決心投入小腸移植技術的研究。」

二〇〇四年陳芸主任在院長朱樹勳的支持下，前往美國匹茲堡大學移植外科深造一年，回國後天天與豬隻為伍，僅九個月時間便做完動物實驗，更利用這段時間建置第一批小腸移植團隊。爾後歷經波折，終於在二〇〇七年七月獲主管機關許可進行人體試驗，同年十月，年僅九歲的「小寶」（化名）接受小腸移植。

在此之前，小寶從小就與點滴為伍，當別人大口吃飯，她只能一粒一粒吃，且常一吃就吐，因為要打點滴，最遠也只去過住家附近大賣場。移植七年的小寶，今年也順利考上她最喜歡的高職科系就讀。

**首例小腸移植個案的成功，不但讓腸衰竭患者重現生機，為台灣臟器移植補足最後一塊拼圖，亞東醫院更成為台灣首家可以進行腸道移植手術的醫學中心。至今台灣也成為亞洲進行單純小腸移植個案最多的國家。**

## 小腸移植 排斥、沾黏與感染風險大

小腸移植過程繁複，光是受贈者端，手術就長達十到十二個小時，術後照顧也不容易，必須仰賴各科別全力配合，因此移植團隊的規模也會遠比其他器官移植來得龐大。專業團隊的合作默契攸關手術成功率，亞東醫院整合十餘個專業領域人員，從術前評估、手術、術後加護病房、病房照護到出院後門診追蹤，每個環節均缺一不可。

不過因小腸移植排斥、器官沾黏風險大，期間難免發生令人遺憾的個案。手術時必須對突發狀況迅速應變、並有一定的標準流程來確保病人生命安全，必要時放棄，等待再次移植機會。就國外經驗而言，小腸移植的再移植率約為百分之十到十八。

並非所有腸衰竭病人都需要作移植，一般除腸衰竭已預期不可恢復，如超短腸、先天小腸病變等患者必須立即換腸外，其餘病人可先用全靜脈營養注射維持生命。一旦發生嚴重併發症，如靜脈大血管有兩條以上阻塞、敗血症、肝功能障礙，便應儘快安排移植手術，以免併發症增加移植困難與風險。

### 1分鐘看團隊醫療成效

至2015年4月為止，亞東醫院已進行15例移植，術後超過30天存活率達100%，三年存活率73.3%，五年累積存活率66.7%，優於世界平均的60%，均與美國UCLA、匹茲堡大學相當。

資料來源：亞東醫院小腸移植照護團隊

## C肝不再難治療

# 訂做個人化療程 壓制頑劣病毒

高醫團隊投入C型肝炎病毒研究，找出台灣C肝病毒的基因型，設計個人化治療方式，縮短療程。

感染C型肝炎之後，百分之六十到八十病患會變成慢性感染，這些慢性C型肝炎病患在二十年內有百分之二十以上會導致肝硬化，其中百分之二到七肝臟硬化患者還會產生肝細胞癌。

**利用「C肝病毒量」、「病毒基因型」與「IL28B基因型」量身訂做個人化療程，治療中斷率降至百分之三。**

——高雄醫學大學附設醫院
肝膽胰內科

老林是「資深」肝友，同時罹患慢性B型和C型肝炎的他，十幾年前就曾治療過C肝病毒，當時還是傳統治療方式，每週必須施打干擾素三次。可惜他感染的是較難治癒的第一型C肝病毒，雖然非常有耐心的完成整個療程，但仍沒有把病毒壓制下來。

長期追蹤肝病的他，去年又在高醫肝膽胰專科醫師的建議下捲土重來，以長效型干擾素搭配雷巴威林治療，歷經一年療程，終於戰勝C肝病毒，成功減除了對健康的一大威脅。

## C肝藥物副作用較大易中斷治療

任何形態的活動性C型肝炎患者如果沒有妥善治療，十到二十年約有二到三成會進展到肝硬化，而且還可能有許多併發症，包括肝癌。

**所幸，相較於B肝難以治癒的情況，C肝已經是一種可根治的病。雖然如此，中斷治療仍是慢性C型肝炎治療失敗的主要挑戰之一。**

高醫大肝膽胰內科主治醫師戴嘉言教授指出，由於治療C型肝炎的藥物「干擾素」和「雷巴威林」有較大的副作用。干擾素常見的副作用有類感冒症狀、掉髮、白血球降低、血小板降低、甲狀腺功能異常、視網膜病變、高血糖等，有些病人還會憂鬱、失眠等。使用雷巴威林治療的主要副作用則是溶血性貧血，容易疲勞等。**因此病人在治療期間，常會因副作用的不舒服，或不了解如何處理而害怕繼續用藥，或不願意回診，國內大約有百分之九病人中斷治療，國外更高，約百分之十六以上。**

## 病毒量與病毒基因型

感染C型肝炎病毒人數，在北部占平均人口百分之二到三，南部則為百分之五到六，包括雲嘉南、高雄偏遠地區及沿海都是高盛行率區，在南部甚至有肝炎村的存在。南部地區C肝問題引起高醫團隊關注，因而投入C型肝炎病毒相關研究，從而發現病患血中「C肝病毒量」和「C型肝炎病毒的基因型」是影響治療痊癒的重要因子。

戴嘉言說，通常每cc血中C肝病毒量（RNA）小於四十萬國際單位病毒量，治療效果會比較好；至於C型肝炎病毒基因型總共有六種，台灣以第一型及第二型最常見，第一型治療效果較差，而第二、三型治療效果較好。

**此外，高醫進一步又發現病人本身的「IL28B」基因和免疫能力有相關，並把「IL28B」基因區分為好的基因型和不好的基因型，如果病人是好的基因型，那麼對干擾素的治療就會有較好的反應。值得慶幸的是，台灣病患有八成以上是好的基因型，這也可說明為何台灣治療C型肝炎的成效比歐美更佳。**

## 個人化縮短治療療程<br>不必忍耐副作用

國際間對慢性C型肝炎治療方式有通用的治療準則。以病毒基因型第一型為例，標準療程是四十八週的長效型干擾素合併雷巴威林治療，第二型則為二十四週之療程。而高醫所發展出的個人化治療，則是多面向考量病人的C肝病毒量、了解感染的病毒基因型、病人本身的「IL28B」基因等，而有了不同的設計。

**從病患角度來看，如果病患感染的是治療效果好的基因型病毒或對干擾素的用藥反應較佳，就可縮短治療療程**，不必忍受較長療程在治療期間的副作用，另外也大幅節省了醫療費用的支出，對病人、社會成本和醫療資源，都是三贏的策略。而在個人化治療的推動下，高醫目前C型肝炎的治療中斷率大幅改善，約僅為百分之三。

## 治療前後 密切監測病毒

高醫所發展出的個人化治療，療程設計主要需評估：一、病患的病毒基因型；二、治療前的病毒濃度高低；三、治療後的快速病毒反應（第四週血清C型肝炎病毒是否消失）；四、早期病毒反應（治療第十二週病毒下降是否達一百倍）。因此在進行治療前都要先進行病毒基因型和病毒濃度檢測，治療中也要進行病毒濃度檢測。

如果病人感染的病毒基因型是治癒率較差的第一型，治療大約需要四十八週，

### 若C肝治療失敗，是否還可二次治療？

根據高醫2013年發表的研究，過去治療失敗、一停藥就復發的病人，如果檢測出是帶有好的IL28B基因，那麼還是有痊癒的機會，所以可以繼續接受用藥，至於另2成壞的基因型患者，就可先停藥、等待新藥上市。建議過去治療失敗的病患，可善用健保開放第2次治療的機會，畢竟C肝治癒率高，即使中斷治療也只是前面治療前功盡棄，不會像B型肝炎病毒容易全面大反撲，產生大發作的危險。

治癒率可達到百分之七十九，比傳統治療二十四週只有百分之五十九的治癒率提高許多。不過如果病人治療前的病毒濃度較低，而且第四週病毒有消失，則只需二十四週就可以達到百分之九十六的治癒率。

如果病人感染的病毒基因型是第二型，通常二十四週的治療後，治癒率可達百分之九十五，甚至如果病人第四週時病毒也消失了，就可以改為十六週治療，治癒率可是有百分之九十五以上，病人可免再受干擾素和雷巴威林等較長期用藥副作用之苦。

### 1分鐘看團隊醫療成效

1. C型肝炎病毒基因型第1型病患的治癒率約75～85%，非第1型病患的治癒率約90～95%。
2. 2010～2014年病患治療中斷率平均為3%以下，國際平均為16.2%。

資料來源：高雄醫學大學附設醫院肝膽胰內科

## 糖尿病患者　吃飯、用藥不再心驚驚！

# 遠距管理　幫你即時監控血糖

成立 24 小時客服中心，提供病友即時服務。

目前全台糖尿病患超過兩百萬人，但有一部分病人可能連自己血糖偏高，都不曉得！然而，糖尿病患罹患心臟病變、腎臟病變、腦中風等機率明顯偏高！糖尿病控制不好，是造成截肢及後天失明的主要原因。

**提供遠距照護平台，服務近四千位病友管理血糖、飲食，並提供即時諮詢。**

——彰化基督教醫院糖尿病e院

四十五歲的淑萍（化名）發現罹患糖尿病已五年，一直以來血糖控制得不錯。身為科技業主管的她，難免與客戶應酬，近兩個月飯局頻繁，自行測量血糖後，發現異常飆高！心急如焚的她，趕緊上網掛號，但在醫師名額全滿的情況，等待一週才順利就醫。僅僅是五分鐘的問診時間，怎麼感覺像翻山越嶺那麼辛苦？

## 行動派
## 醫護團隊在你家

其實要能夠隨時掌握病情變化，可以透過e化的遠距健康管理，由醫院為糖尿病友做好整體的健康評估，再由個案管理師為病友設定遠距生理監測系統，指導如何將在家中測得的檢查數據傳回醫院。**其中包含監測血糖的頻率與時間點、熱量與醣類攝取，正確的服用糖尿病用藥、運動時間等，每月提供個人化照護重點**。

---

## 配合按時傳送
## 血糖、飲食、運動資料
## 有助醫師判讀

資訊平台可匯整血糖、血壓數據，飲食內容和用藥情況，搭配醫院遠距系統，更可以同時了解糖化血色素、眼部檢查、腎功能等資料，可完整評估個案狀況。

彰化基督教醫院糖尿病e院謝明家副院長說，對醫師而言，最重要的幫助就是看診時只要開立某種藥方，歷史資訊就會跳出來，提醒該病患的用藥情況；相對地，病患也能切實掌握自己的就醫與服藥歷史，相關訊息不只有醫護人員才了解，糖尿病友對於自己吃什麼藥？自己血糖狀況，不再懵懵懂懂。

## 如何使用e化管理系統？

e化的管理方式，目前推行的狀況來看，較適合有使用網路溝通聯繫的病友。至於年長的病患，e院個管師則採電話追蹤，以及對家屬進行衛教，讓他們能在家協助長輩記錄測量資料，進一步透過網路介面落實遠距慢性病照護。

謝明家說，與病人第一次接觸就溝通好，是讓病人順利使用

遠距照護平台的不二法門！以教導病人上傳血糖數據為例，個案管理師第一次就要做好示範，現場指導連線型血糖機，教導病人將數值傳輸到資訊平台的步驟，最後確認是否上傳成功。

## 逆轉勝
## 百分之三十五糖尿病
## 初期腎病
## 逆轉回正常

台灣人得到腎病變高於白種人的因素，除了某些危險基因，彰基團隊追蹤研究，**發現做好血糖、血壓、血脂達標準的病人，跟沒有達標的相比，四年下來，腎病變的機率差了四倍**。

**謝明家說，若能配合長期照護，按時定期測量血糖、血壓、血脂，並且好好控制，甚至連出現初期腎病變，已產生微量白蛋白尿的病人，高達百分之三十五可以從初期腎病變恢復正常。**

原來，不只球賽會出現逆轉勝，健康也可以！

## 兩千五百種食物資料庫
## 即時提供飲食索引

血糖達標是控制疾病的重要目標，但每餐吃的食物都會影響血糖高低，對糖尿病人來說，如何使血糖穩定是一條漫長學習的路。如今，隨著科技的進步，健康照護服務模式已從面對面的照護，進階至可以即時諮詢。

資訊平台上登錄兩千五百種食物資料庫、中西式料理圖片及營養成分分析，只要輸入飲食需求，就可知道攝取的熱量、醣類食物份量，暢快用餐不會跟「血糖飆升」畫上等號。不過，要享受這些建置的便利和照顧，前提是病友得養成經常使用的習慣，才能達成醫護端隨時更新、掌握個人資料的準確度。

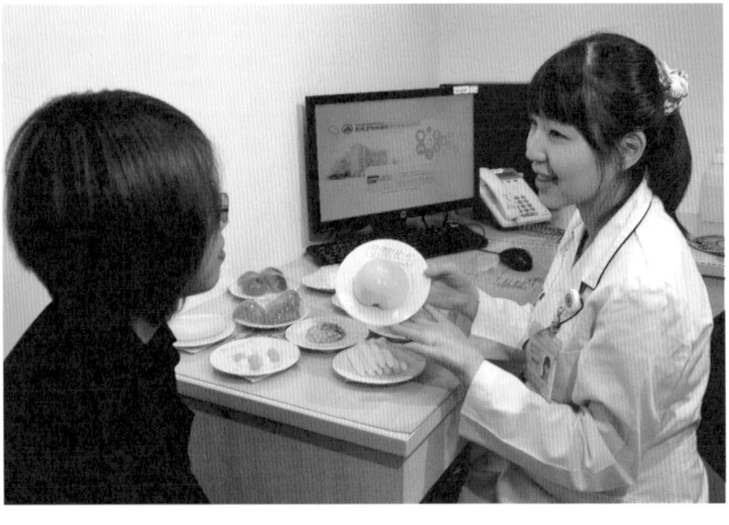

## 四千位病友
## 加入即時連線

現在透過行動健康照護手機網路連線及App，病人可立即上傳資訊，個管師能在短時間內回覆。個管師也會主動透過每週電訪鼓勵病人，維持病患對胰島素治療的遵從性，目前登記使用互動平台的病人已有四千位，現在另設立二十四小時客服中心，能在第一時間由專業人員提供有效、簡便的處理。

### 1分鐘看團隊醫療成效

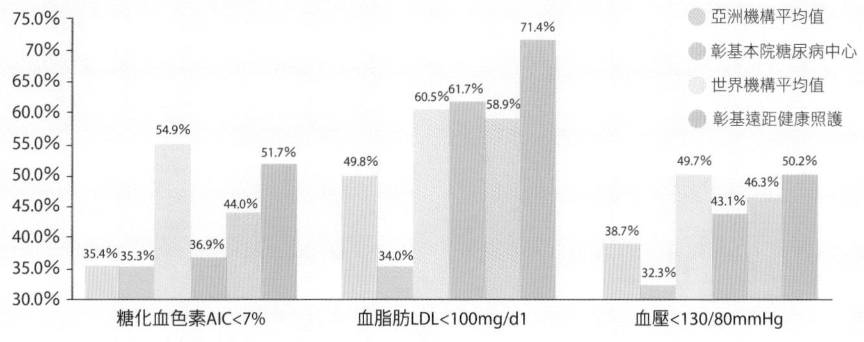


資料來源：彰化基督教醫院 糖尿病e院

## 腎衰竭　引發副甲狀腺機能亢進

# 精準定位手術　降低併發症

周逢復教授（圖中）與內分泌醫療團隊，創新將副甲狀腺移植到皮下，改善洗腎病友甲狀腺亢進症狀。

洗腎導致副甲狀腺功能亢進，釜底抽薪之計就是把副甲狀腺拿掉。但手術時最常碰見的問題就是沒有把副甲狀腺拿乾淨、副甲狀腺異位、以及術後復發或持續副甲狀腺機能亢進，造成了皮膚搔癢難耐、骨頭疼痛、晚上睡不好、無力倦怠等症狀。

**精準判斷副甲狀腺，在不弄破副甲狀腺的情形下，將它移植到前臂皮下。術後改善症狀及睡眠品質；男性患者術後肌力增加、性能力提升，重新找回生活情趣。**

——高雄長庚紀念醫院內分泌醫療團隊

五十五歲的諶小姐（化名）是位愛漂亮的美容院老闆娘，多年前誤吃減肥藥導致腎臟衰竭，而需長期洗腎。洗腎六年後，併發了副甲狀腺機能亢進，因而出現了皮膚搔癢難耐、骨頭疼痛、晚上睡不好、無力倦怠等症狀。

## 副甲狀腺亢進造成骨骼疼痛、軟組織鈣化、皮膚壞死

高雄長庚醫院周逢復教授指出，當腎臟功能發生衰竭後，無法發揮功能平衡血液中電解質，因此副甲狀腺素便會開始異常增加，以維持血液中鈣與磷濃度，**當其副甲狀腺素濃度正常標準（10–65pg/ml）值，超過500pg/ml就被稱為次發性副甲狀腺功能亢進**。

副甲狀腺功能亢進可分為原發性和次發性，前者指的是因副甲狀腺體本身的問題而造成副甲狀腺素分泌過多；後者則是因腎功能衰竭所引發。這意味著洗腎病人必須同時面對次發性副甲狀腺功能亢進的問題。

## 服藥只能抑制 無法根治副甲狀腺亢進

**次發性副甲狀腺功能亢進所帶來的問題包括骨骼疼痛、骨骼變形、易發生病理性骨折；主動脈、頸動脈、心瓣膜及心血管等容易鈣化；肺、眼結膜、骨關節周圍及乳房等軟組織鈣化；尿毒搔癢症、皮膚壞死等。**

過去大多數的腎衰竭患者會藉由補充鈣片、維生素D、限制高磷食物（如楊桃、香蕉、牛奶等）及口服磷膠合製劑、或提高透析液鈣濃度來抑制副甲狀腺功能亢進，但是不少病人的副甲狀腺素還是會持續升高。兩年前國內引進了新的降副甲狀腺亢進口服藥，但是該藥目前需自費又昂貴，且無法根治，需要長期服用，對多數病患來說是個經濟負擔。

## 治療兩難 完全切除副甲狀腺 卻產生功能低下

周逢復也指出，過去的手術治療是將四顆副甲狀腺悉數摘除，雖解除了副甲狀腺亢進的問題，但有些患者卻因此產生副甲狀腺功能低下。其實患者只需要多服用維生素D和鈣片即可改善，切除副甲狀腺並不會對身體其他地方造成不良影響。

## 解決之道
## 少部分副甲狀腺移植前臂皮下

周逢復進一步表示，為避免副甲狀腺功能低下，有些醫師在手術中會把少量的副甲狀腺移植到前臂肌肉內，但肌肉畢竟比較深層，手術較費時，而且往後如果復發，處理起來也比較麻煩。

**高雄長庚內分泌團隊則首創將副甲狀腺移植到前臂皮下，這是考慮到將來若復發，幾乎是肉眼就可以看見其所在位置，處理起來就方便多了**。

## 手術風險
## 副甲狀腺破裂恐危及病人安全

由於大多數人的副甲狀腺體是位在頸部正中央的左右兩側，但有少部分人是長在胸腔或身體其他位置。**所以在進行副甲狀腺摘除手術時，最常碰見的問題就是沒有把副甲狀腺拿乾淨、副甲狀腺異位，以及術後復發或持續副甲狀腺機能亢進**。這些問題都需要有好

### 我適合接受手術嗎？

通常在合併嚴重皮膚搔癢、皮膚壞死、骨骼疼痛、囊狀纖維性骨炎、血管及瘤樣軟組織鈣化、異常高值的副甲狀腺荷爾蒙等情況時，才考慮手術治療；另外還要符合兩個數據：鈣值乘上磷數值高於55、血中鈣質高於11.5mg/dl。

的技術和經驗才能加以克服，例如術中不能把副甲狀腺弄破，必須是完整的一顆顆取下來，避免組織破裂或散播；還有，在找副甲狀腺時一定要能精準判斷其位置，才不會造成手術徒勞，甚至危及病人生命安全。

面對多發性副甲狀腺機能異常患者，副甲狀腺定位是手術成功與否關鍵！

## 十分鐘術中測量 手術成功與否立判

**高雄長庚內分泌醫療團隊，二〇〇二年在外科領域排名前十名的期刊上發表「Rapid PTH 應用於腎性副甲狀腺亢進症」，改良了傳統於手術中冷凍切片檢查，來確認副甲狀腺的耗時又不精確的做法，取而代之利用甲狀腺素半衰期（約五分鐘）的原理，術中測量副甲狀腺素，確認是否下降？只要花十分鐘就可判定手術能否成功。換言之，十分鐘還沒找到副甲狀腺，就結束手術，不需為了手術成功讓病人暴露於風險中。正因為有術前周詳的準備及檢查，而明顯降低了術後的併發症及死亡率。**

次發性副甲狀腺機能亢進手術的成功率雖高，但仍有百分之二到百分之十二的患者術後持續或復發性高血鈣。首次手術失敗病患還是有機會進行第二次手術。經定位後手術，團隊制訂標準作業程序，二〇〇二年發表於外科領域排名第一的期刊。

## 助病友找回生活品質

一直以來腎衰竭病患行動力不如常人，但高雄長庚經術後追蹤，發現手術切除副甲狀腺可改善肌力，以及增加精細運動的能力，讓患者可以活動自如，**其中，關於術後肌力增加、提升性能力、男性精蟲活動力增加、認知能力改善的發現、改善骨質疏鬆症狀等，都是領先國際的發現。**

### 1分鐘看團隊醫療成效

高長施行次發性副甲狀腺摘除手術近2000例，約有95%接受治療的病患其症狀獲得改善緩解，且死亡率趨近於零，優於日本3.1%的死亡率。

資料來源：高雄長庚紀念醫院內分泌醫療團隊

## 長期洗腎 最怕沒血管可洗？

# 氣球擴張術 疏通97%血管通路

高榮團隊以高解析度超音波影像導引進針位置，並創新疼痛控制技術，減輕病人疼痛感。

血管通路是洗腎病友的命脈！長期洗腎的病友，不論是用人工或是自體廔管來做血管通路，最擔心的就是常會發生阻塞的情況，一旦廔管壞了沒有趕快處理、還得要體外插導管、免不了住院一番折騰。

**利用創新血管擴張術，不放棄任何一條廔管，讓超過百分之九十七的血管通路可以繼續工作。**

——高雄榮民總醫院洗腎通路醫療照護團隊

剛過五十歲生日的陳女士患有長期糖尿病，因為飲食藥物控制效果不佳，最近半年腎功能惡化愈來愈嚴重。經由腎臟科醫師轉介，血管外科醫師幫她在左前臂開了自體動靜脈廔管，準備開始接受洗腎治療的長期抗戰。

不幸的是，術後兩個月，洗腎診所裡的護理人員卻還找不到合適的血管下針洗腎。腎臟科醫師評估發現她的動靜脈廔管，術後發展得不是很好，無法用來洗腎，可能必須要先在脖子上插一支暫時性的洗腎導管，然後在右手臂重新開一條血管通路。陳女士聽完醫師的解釋憂心忡忡，擔心得食不下嚥。

## 長期洗腎
## 造成通路阻塞
## 找不到血管下針

為維持正常良好的生活品質，多數腎友通常一個星期通常洗腎三次，長期下來，常常會發生洗腎血管通路阻塞的情況。

現今醫療照護進步，很多病友洗腎之後都還可能存活一、二十年以上，問題是人體能夠做洗腎通路的血管有限，如果洗得不順就重新接，幾年之後，病友可能就面臨沒有血管可洗的困境。

## 人工血管與自體動靜脈瘻管

一般來說，洗腎病人的血管通路可以分為人工血管（PTFE graft）和自體動靜脈瘻管（AVF）兩種。目前醫學上已證實，自體動靜脈瘻管無論在開刀併發症、感染率以及暢通期都比人工血管好；而在通血管的過程，處理人工血管的技術雖然相對簡單，但是術後的暢通期也比較短，容易在疏通後短時間內重複阻塞。

## 靜脈瘻管疏通困難「創新血管擴張術」有解

洗腎病人的血管通路不通時，百分之九十可以使用氣球擴張術擴張成功，但是還是有少部分病人因為完全阻塞、慢性阻塞問題，被外科建議重新建立通路。**高榮洗腎通路醫療團隊，克服了自體動靜脈瘻管疏通技術上的困難，針對慢性阻塞超過三個月的血管通路，成功率有百分之七十八，術後暢通率也證實與單純狹窄的病灶一樣好**。甚至對於術後發育不良的瘻管，完全沒有鼓起來、也摸不到回流靜脈的病灶，治療成功率亦高達百分之八十八・二。

## 高解析度超音波影像
## 準確導引進針位置

為什麼高榮團隊處理洗腎病人血管通路的成功率這麼高？放射線部梁慧隆主任表示，重要的祕密武器就是「高解析度超音波影像」。傳統血管治療因為沒有超音波介入，在治療時多選擇動脈穿刺，因為它可以很輕易觸摸、扎到血管。但萬一治療的血管位置太遠，就無法精準導引。

梁慧隆解釋，運用超音波影像，除了可以用來檢視血管疾病，還可以利用超音波導引輔助血管穿刺。當面臨比較細小的血管，或是要直接穿刺已經阻塞的血管進行氣球擴張術的治療時，就需要高解析度超音波影像的幫助。當原本的回

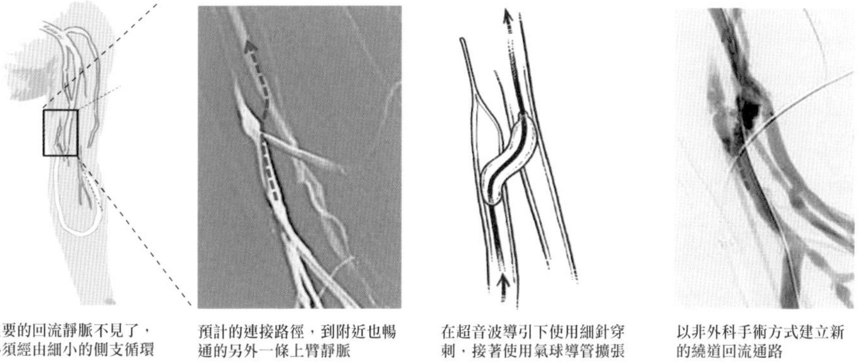

主要的回流靜脈不見了，必須經由細小的側支循環

預計的連接路徑，到附近也暢通的另外一條上臂靜脈

在超音波導引下使用細針穿刺，接著使用氣球導管擴張

以非外科手術方式建立新的繞道回流通路

血管外皮下繞道手術示意圖

流靜脈已經嚴重阻塞無法挽救的時候，也可以在超音波導引下進行更高段的治療——**在超音波導引下使用細針穿刺，把暢通的近端回流靜脈，連接到附近也暢通的另外一條上臂靜脈，再使用氣球導管擴張（必要時可合併使用金屬支架），以非外科手術的方式在原地建立新的回流通路**。

## 降低氣球撐開狹窄點疼痛不適 緩解患者恐懼

事實上，使用氣球導管擴張過程，氣球在撐開血管的狹窄點時會相當痛，這是患者面對治療中最大的障礙。若醫師為了減少病人疼痛感，讓氣球導管擴張不足，反而容易在短時間內就復發狹窄。

**高榮創新發展局部加強疼痛控制技術，針對週邊血管狹窄處再施打局部麻醉藥，或是進行腋窩叢神經阻斷術，加強局部疼痛控制，大大地減輕病人術中疼痛感，緩解對手術的恐懼。再加上經由血管狹窄處充分的擴張，可以達到較長的暢通期，提高病人接受治療的意願。**

## 專屬護照記錄影像 提高扎針的準確度

為了完善洗腎病友全人照護的目標，並預備未來可能到其他院所疏通血管，醫護團隊為每位病友都準備了一本專屬的「洗腎護照」，方便洗腎護理師根據護照內的影像，提高扎針的準確度，減少重複插針的不適。倘若病人臨時需要到別家醫院疏通血管，就可藉由洗腎護照上的影像和文字的記載，達到醫院間病人資訊交流的目標，提升醫療服務品質，減少醫療資源浪費。

### 1分鐘看團隊醫療成效

| 國家/醫院 | 法國 | 美國 | 英國 | 日本 | 高雄榮總 |
|---|---|---|---|---|---|
| 發表雜誌<br>年份 | Kid. Int.<br>2000 | Semin Dial.<br>2007 | Semin Dial.<br>2008 | JRS<br>2010 | Radiology<br>2002 |
| 病人數目 | 56 | 49 | 41 | 70 | 40 |
| 技術成功率 | 93% | 96%* | 76% | 91.4% | 93% |
| 一年暢通率 | 49% | 50.5% | 20% | 54.4% | 70% |

*所有病人皆須在阻塞後48小時內完成PTA

資料來源：高雄榮總洗腎通路醫療照護團隊

## 做試管怕失敗？胚胎植入時間成關鍵

# 篩選健康胚胎 提高活產率

高長生殖醫學人工生殖中心十年來累積 3600 個案例，擁有完整的資料，判斷篩選健康的胚胎，嘉惠更多不孕症患者。

一般狀況下，夫妻在一年內懷孕的機率可達八至九成；因此，若有規律性生活且未避孕，一年內卻無成功受孕，即可定義為「不孕」。如要解決，應夫妻共同面對，檢查後針對原因介入、分階段進行，試管嬰兒是其中的一線希望，現今的試管技術不斷提升，使受孕成功率顯著提高，但仍有很多不孕夫妻面臨懷孕失敗的壓力。

**一九九六年率先全亞洲，不使用 PVP 化學物質於顯微注射手術卻成功受孕，目前受精率已達九成。**

——高雄長庚紀念醫院生殖醫學科

「醫生，無論用甚麼方法我們都願意配合，只要能夠生一個小孩。」婦產科門診裡坐著一對結婚多年卻無子嗣的夫妻，臉上的神情透露出求子的殷切期盼。

對許多長期不孕症的夫婦來說，想懷孕的路途充滿坎坷與辛酸，求得一個寶貝成為人生最大也最重要的心願。近年來，因為晚婚，加上生活壓力大及飲食習慣的改變，不孕問題也愈頻繁，有不少人一心想要擁有小孩而難以如願，多年來求神拜佛、四處求醫，就是希望能夠完成當父母的夢想。

## 為什麼會不孕
## 生殖器官、內分泌、免疫系統異常

**在不孕的案例中，大概有九成可查出原因，一成則是不明原因所致。在已知原因中，女性因素五成、男性因素兩成、多重原因佔兩成。**

如果女性的生殖器官出問題，影響懷孕過程的任何一個環節，都可能阻礙受孕，例如卵巢衰竭、功能不佳，而導致排卵有問題；或輸卵管沾黏阻塞，無法使精卵相遇形成受精卵；若子宮有腫瘤、機能與結構不良，也會影響受精卵的著床。子宮頸及陰道病變讓精子難以順利進入子宮內，都可能使懷孕率降低。

而女性內分泌及免疫系統出現異常，也常會造成不孕。此外，即使生殖器官本身沒有缺陷、身體機能也正常，生活及飲食習慣等因素，同樣也會影響自然的受孕率。

男性的問題，則有精蟲數量太少，如無精或寡精症，或精子形態不好、活動力差等，以及內分泌疾病、睪丸發炎、常穿緊身褲、輸精管阻塞等，都可能是造成難以懷孕的原因。而抗精蟲抗體有可能存在於男女血液、精液或生殖道分泌物中，使精子活動力降低，阻礙受精。

## 找出不孕原因 擬訂合適解決方案

不孕有可能是不容易懷孕，不代表一定不能自然懷孕。可先利用藥物誘導排卵，幫助婦女產生更多卵子、增加自然受孕的機會；如為促進更多卵泡成熟，亦可予以促性腺激素（俗稱排卵針）刺激，目前已有採皮下注射的筆型排卵針，疼痛感較少，患者可自行操作。

假如已確認無法自然懷孕，可採人工受孕，包括人工授精和試管嬰兒兩大類。人工授精是自處理過的男生精液中，篩選出品質較好的精蟲，再利用特殊導管送入女性子宮內，等待精子與卵子的結合；人工授精以頭四到五次的成功率較高，倘若仍未懷孕，則須改做試管嬰兒，即先誘導女性排卵，成熟後取出卵子，在實驗室和精子進行體外受精後，置於培養箱三到五天成為早期胚胎，再植入子宮腔。這與卵子在輸卵管和精子相遇、自然受精再至子宮內膜著床的情形類似，所以試管嬰兒療程期間，與一般受孕婦女相同，毋須完全臥床，可保持愉快心情、正常作息。

然而，並非每個人都「需要」或「適合」做試管嬰兒。要達到懷孕目的，首先還是得先找出「為什麼」

### 要選擇人工授精還是試管嬰兒？

如已知道不孕原因，可和醫師討論決定適合自己的治療方式；通常如果有以下情形，可考慮選擇做試管嬰兒：

❶ 輸卵管阻塞或病變等疾病。
❷ 卵巢功能差。
❸ 排卵的可預見性差，即月經不規律。
❹ 有子宮內膜異位症或盆腔感染等病史。
❺ 女性年齡達35歲以上。
❻ 精液品質較差或較稀。
❼ 重度男性不孕症等。
❽ 希望達到較高懷孕成功率約30~60%者(人工授精成功率約15～20%)。
❾ 人工授精已做4～6次仍未懷孕者。

不孕的主要原因，以及審慎評估夫妻雙方的生、心理狀態，才能選擇最適合的解決方式。

## 提高人工生殖受精率近九成

一九九六年，高雄長庚醫院生殖醫學團隊率先全亞洲及全台灣，以不使用 PVP 顯微注射手術使不孕症婦女懷孕成功。

**一般在進行試管嬰兒療程時，會將精卵取出後在體外進行人工授孕，以顯微注射技術將精子送至卵子中形成受精卵。這過程通常會使用 PVP（polyvinylpyrrolidone）的化學物質，因為使用 PVP 可以抑制精子活動，有助於進行顯微注射術。但高長團隊認為如果減少使用化學物質的影響，應該會對受精卵的健康較有利，避免有傷害胚胎之虞。而這簡單的動作，使高雄長庚生殖醫學團隊的精卵顯微注射術受精率接近九成。**

## 篩選健康胚胎 於囊胚期植入 提高活產率

高雄長庚醫院生殖醫學中心十年來已累積三千六百個案例，有系統的追蹤整理成研究數據，累積足夠規模的資訊，可將胚胎從外觀上分類、分等級、分形態，達到判斷健康胚胎的選擇策略，嘉惠更多的不孕症患者，提升受孕率及活產率。例如透過資料分析研究，**在受精卵發展到第五天進入囊胚期時，植入女性子宮內，受精卵成功著床的機率較高**。因為染色體異常或品質不佳的胚胎會在體外培養過程中自然停止生長，而絕大部份無法發展到囊胚期。團隊指出，已經發展到囊胚期的胚胎，代表胚胎發展的不健康機率較低，此時進行胚胎植入，亦可達到極高的懷孕率及活產率。

### 1分鐘看團隊醫療成效

施行人工生殖的活產率（2004年）

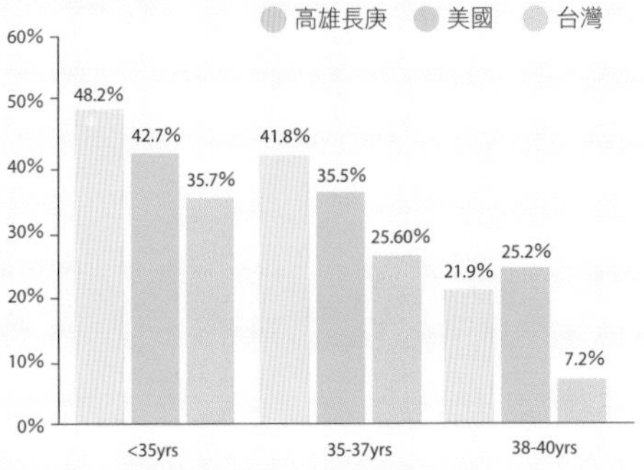


資料來源：高雄長庚紀念醫院生殖醫學科

## 為重症癌疾夫婦圓孕夢

# 凍卵和電激取精 現生機

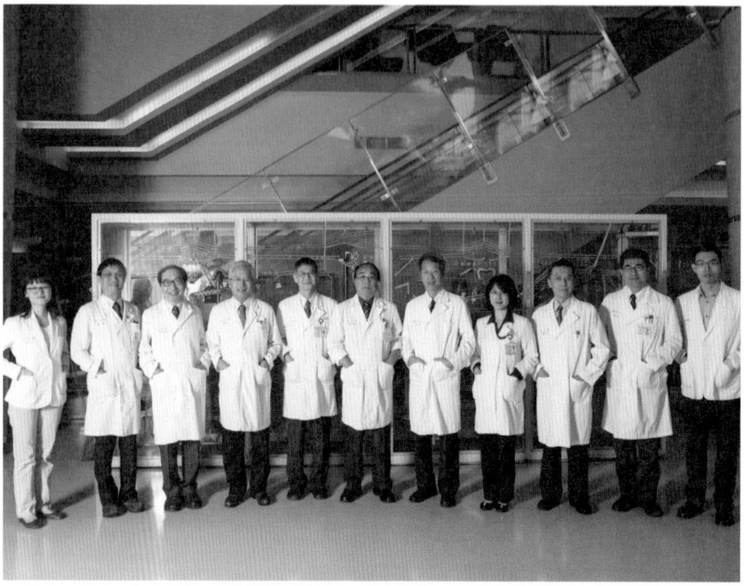

台大生殖醫學團隊透過跨科部隊合作，為患者量身打造個人化不孕症治療計劃。

由於現代女性愈來愈晚婚，或因生殖器官病變、罹癌等因素，「凍卵」成了不少女性追求一線生機的做法。全球首次透過凍卵技術誕生嬰兒距今已近三十年，而隨著冷凍技術不斷進步，冷凍胚胎和新鮮胚胎的活產率已不相上下。近年因許多女明星、議員紛紛表示想凍留健康年輕的卵子做為將來之用，而蔚為一股凍卵風潮，甚至，開始有大企業為了拉攏優秀員工，提出「補助凍卵」政策。

**以囊胚切片基因診斷合併玻璃化冷凍，領先國際成功懷孕，診斷率自百分之七十一上升為百分之九十一，懷孕率高達百分之六十四。**

——台大醫院生殖醫學中心

一位二十五歲血癌患者，化療前將卵子冷凍，七年後解凍，成功懷孕；二〇〇五年，一對脊髓損傷的夫婦經由「電激取精」技術，產下一名健康女嬰，這是世界首例。

## 凍卵保持品質為生育留後路

隨著年紀增長，女性排出染色體正常的卵子會逐漸減少。三十五歲後，卵子品質將明顯下滑，超過三十七歲，連卵子數目也明顯減少，因此愈來愈多晚婚、想晚懷孕或是罹癌的女性，顧及日後生育問題，都想透過冷凍卵子保存品質較佳的生育精兵，目前光是台大醫院就有一百多位「存卵戶」。

冷凍卵子技術不斷進步，早期使用慢速冷凍方法，不僅過程耗時，且容易產生冰晶，在解凍的時候會損傷卵子，降低成功懷孕的機率。近十年新發展的玻璃化冷凍技術，使得目前的卵子存活率可達到九成以上，且受精率與胚胎分裂率品質與新鮮卵子相當，可增加成功懷孕率。

**此外，玻璃化冷凍技術因解凍速度較快，可減少解凍過程的冰晶出現而造成細胞的傷害，病患只要取一次卵，就可以有多次懷孕的機會。玻璃化冷凍技術也能使癌症患者在**

**進行化療前，先保存自己的精卵，於治療後、身體狀況穩定時再懷孕生產，一樣能夠享有當父母的權利。**

## 幾歲前凍卵較好？

建議女性最好在三十五歲前取卵，懷孕機率可達五成，此後凍卵懷孕機率將大幅下降，四十二歲後降至百分之五以下、四十五歲後更降到百分之一以下。一般來說，冷凍卵子的人工受孕成功率有三至五成，與一般卵子的受孕成功率差不多。

## 電激取精
## 幫助脊傷患者成功受孕

當成家的夢想還沒完成，卻碰上罹癌必須長期化療抗戰的壞消息；當養育兒女的計畫正要啟動，卻碰上嚴重意外，脊髓損傷失去生育能力。過去只能抱著遺憾面對人生未圓之夢，如今在醫學進步和各大醫學中心的努力下，無論是冷凍卵子或是電激取精技術，終可為他們開啟另一扇幸福之窗。

對於無精症、精蟲稀少或輸精管障礙和脊椎損傷等無法射精的男性不孕症患者，終於可以不必靠別人捐贈精子，才能達到受孕目的，而可選擇「電激取精」或睪丸取精術等，取得受孕機會。所謂「電激取精」是將電流刺激棒置入脊傷患者的直腸，放電刺激儲精囊，讓精液流出而取得精子；每次約取零點三西西的微量精液，就能供人工生殖使用三次，國內各大醫學中心都掌握此技術。

## 受孕時 PGD 技術
## 提早阻斷遺傳疾病

隨著醫學技術的發展演進，針對家族有遺傳疾病史的夫妻，只要知道遺傳變異的基因序列為何，當胚胎發育到囊胚上百個細胞後，可先取出部分細胞進行檢驗，在受孕前預先篩選，將正常的染色體與不帶有遺傳性疾病基因的胚胎放入子宮，便有機會產下健康寶寶，此技術稱為「胚胎植入前遺傳診斷」（pre-implantation genetic diagnosis, PGD）。

相較於傳統的產前檢查，無論是羊膜穿刺或是絨毛膜取樣，通常在懷孕後的三至五個月才能進行檢查，一旦發現胎兒患有遺傳疾病，取捨之間的心理壓力，對於母親或是家屬來說，都是無法承受的身心創傷。

而PGD技術，將產前篩檢提前至受孕時的篩檢，放大DNA進行分析，為的就是希望能夠減少疾病遺傳的憾事。**目前已知基因異常的遺傳疾病約有一千種，可藉由羊膜穿刺或是絨毛膜取樣檢測出的疾病，都可用PGD診斷技術來提早避免遺傳到下一代，如：地中海型貧血、血友病、肌肉萎縮症、先天性耳聾等。**

## 跨科整合、量身治療 全力訂做健康胎兒

「用對方法，重視每一個環節，讓我們的成功率更高。」台大生殖醫學中心主任、婦產部主治醫師陳思

### 用試管嬰兒訂做多胞胎？

「有人做試管嬰兒一次生了雙胞胎、3胞胎，很令人羨慕，我也想試試。」陳思原不諱言，此種錯誤觀念是當前生殖醫學的最大迷思，早年為增加試管嬰兒懷孕率，常有多胞胎的情況，加上媒體報導，讓人誤以為一次生多胎值得慶賀。實際上多胞胎的危險性比單胞胎高很多，包括容易面臨早產、子癇前症（妊娠毒血症）、妊娠糖尿病、出生胎兒體重比較輕及產後出血等情況。

台灣《人工生殖法》規定，一次試管嬰兒治療植入胚胎最多不可超過4個。目前臨床對35歲以下病患多半植入2個胚胎，除非病患年齡逾42歲，否則不輕易植入4個以上。

原強調，透過跨科部團隊合作、與國際接軌、遵行標準化作業、詳實記錄和複檢實驗室中的相關數據，為每個病患量身打造個人化的不孕症治療計畫，並透過會議及臨床討論等改進治療流程和懷孕率，每個程序與環節都不容出錯，以確保每一病人的醫療品質。常有父母親特地寄寶寶照片給醫療團隊，展現他們滿心的喜悅和感激，這是身為婦產科醫師感到最欣慰、可以很快忘記辛勞、持續不斷努力下去的強大動力。

## 1分鐘看團隊醫療成效

比較台大醫院及Stanford大學醫院
生殖醫學中心的試管嬰兒活產率 (2007-2009)

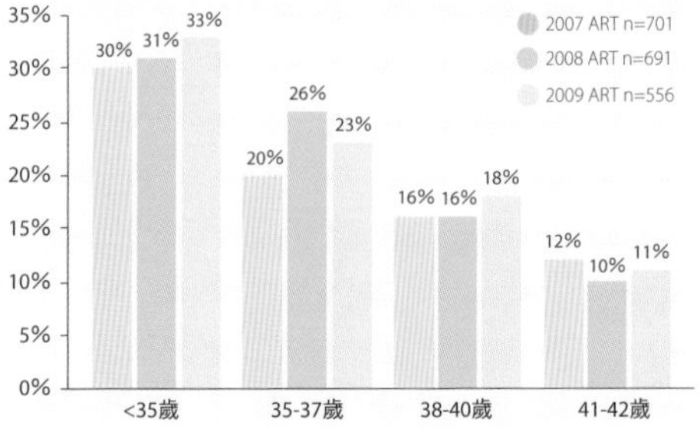


Stanford大學醫院生殖醫學中心

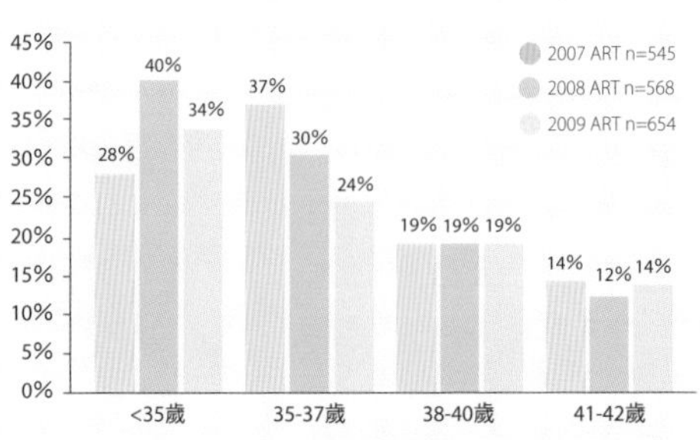


台大醫院

台大於各年齡層的活產率較高且個案逐年增加

資料來源：台大醫院生殖醫學中心

# 中止遺傳疾病魔咒
# 胚胎基因篩檢新技術　喜迎健康寶寶

遺傳中心主任陳明（圖中間者）與團隊，目前已成功開發約 300 項遺傳疾病的基因檢測項目。

對先天帶有罕見疾病遺傳基因的父母而言，要生下健康寶寶似乎只能靠著命運女神的眷顧，求子過程總是比一般家庭來得艱辛，所幸「胚胎基因篩檢術」讓他們看見一線曙光。透過與人工生殖技術的結合，可提前於體外檢測胚胎基因，再將健康胚胎植回媽媽子宮著床，讓受到家族遺傳性疾病困擾的家庭，如：脊髓性肌肉萎縮症、AADC 缺乏症、地中海貧血、血友病基因等，也能迎接健康新生命的到來。

**二〇一一年運用胚胎基因篩檢技術，避免產下 AADC 遺傳疾病胎兒，為全球首例，也是全世界遺傳醫學的新里程。**

——彰化基督教醫院遺傳諮詢中心

黃小姐從二十六歲產下龍鳳胎，就開始了她生育子女的一連串惡夢。兩個孩子七個月大就被診斷出罹患「芳香族 L- 胺基酸類脫羧基酵素缺乏症（AADC）」，這是種隱性遺傳疾病，發作時會有狂咬舌頭等癲癇症狀，且肢體無力、吞嚥困難，加上易有感染等併發症，患者通常活不過五、六歲。在她尚未從這個聞所未聞的病症中平復心情時，又發現懷了身孕，且小孩出生後也被確診為 AADC。這三個孩子都在五歲前陸續夭折。後來她又懷孕兩次，透過產前基因檢測，發現兩胎都是 AADC 兒，不得已只好選擇人工流產。

## 遺傳基因檢測新技術
## 喜迎健康胎兒

二〇一〇年黃小姐來到彰化基督教醫院遺傳諮詢中心，以胚胎基因篩檢術（胚胎植入前遺傳診斷；Preimplantation Genetic Diagnosis, PGD），篩檢出兩個不帶 AADC 致病基因缺陷的胚胎，透過人工生殖技術植回子宮受孕，其中一個胚胎存活，終在二〇一一年產下健康男嬰，再圓當母親的心願。

**檢測流程通常會先進行人工生殖療程，收集數個已受精胚胎，並在植入子宮前先取少量胚胎細胞，進行胚胎植入前遺傳診斷，萬一篩檢出胚胎帶有異常基因，即可選擇不要植入母體子宮，避免懷孕後要人工流產的痛苦或生出病兒的壓力。**

## 遺傳諮詢服務有哪些？

中心主任陳明談到，這裡的服務對象相當廣泛，包含高齡孕婦、需做產前遺傳診斷的孕婦、有習慣性流產的婦女、罕見遺傳疾病患者、有遺傳疾病家族史的罹病者或帶因者、產前檢查懷疑有遺傳疾病者、健檢結果顯示可能帶有遺傳疾病者、家族中發現有染色體異常者、有智能不足的親人、小孩發育遲緩（身材矮小、無月經、遺傳暨新陳代謝疾病、晚發型神經遺傳疾病及癌症病人等。

諮詢者可依需要進行相關的遺傳檢測，包括：產前唐氏症篩檢、脊髓性肌肉萎縮症篩檢、地中海貧血基因檢測、侵入性產前診斷（絨毛採樣、羊膜穿刺術）胚胎發育異常、染色體、單基因檢查及諮詢等。

## 產前諮詢 +PGD 篩檢 中止家族遺傳疾病

彰基曾接受外院轉介一對白姓夫妻，丈夫罹患遺傳性「腓骨肌萎縮症（CMT）」，肌肉會漸進式萎縮，導致肢體無法支撐身體重量，容易摔倒，甚至不良於行，其家族三代中共有六人發病，他也是在相當年輕時就發病。而這位個案在經過彰基 PGD 篩檢後，終於找出健康胚胎，讓白太太順利生下一對健康雙胞胎，終止其家族百年來的遺傳性疾病危害。

**由於目前以PGD過濾基因異常胚胎，技術愈來愈成熟，彰基團隊以此克服遺傳性腓骨肌萎縮症，為世界第一例。**

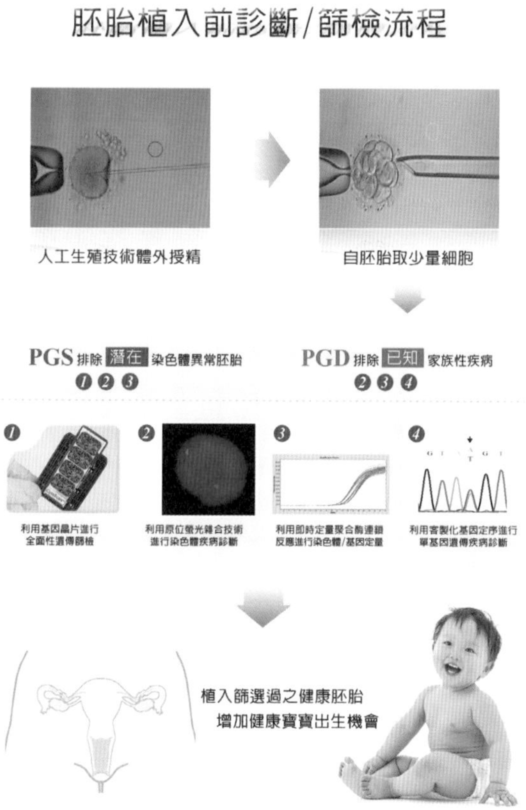

## 善用諮詢資源 主動掌握疾病因子

除了對遺傳性罕見疾病的焦慮外，陳明認為，少子化現象使現在的夫妻投注更多期待在孩子身上，連帶對健康問題也感到不安，所以願意主動接受相關檢測的對象就越來越多。

診斷結果的正確判讀非常重要，這須仰賴專業的人員及準確的檢驗方法。而當診斷發現羊水染色體報告異常者，須追蹤後續處理情形，若個案進行人工流產，則針對流產物檢體再進行細胞遺傳學檢查，驗證及確認是否與產前檢查結果一致。

建議民眾善用遺傳諮詢中心的資源，透過遺傳諮詢，可以使受檢者及家族成員對於遺傳疾病有正確的認識，而經由相關的檢測，則可以正確診斷疾病的發生及種類，提供醫師醫療處置

### 什麼是PGD?

PGD是胚胎植入前遺傳診斷（Preimplantation Genetic Diagnosis），也就是胚胎基因篩檢術，這是一種胚胎著床前的診斷技術，主要目的是避免遺傳疾病的傳遞。透過試管嬰兒的技術，在受精卵第3天、分裂成8個細胞時，吸取一兩個細胞做基因檢測，待確定為健康的胚胎時，再植入子宮。產前遺傳診斷則是把篩檢提前到胚胎期，將未帶有遺傳疾病基因（如血友病、小胖威利症等）的健康胚胎植入母體，幫助深受遺傳魔咒之苦的家庭孕育健康的下一代。

時的參考依據。對於不方便到醫院進行當面諮詢的民眾，也有互動式網站可供線上諮詢。

## 1分鐘看團隊醫療成效

彰化基督教醫院目前已成功開發近200項遺傳疾病的基因檢測項目，且已協助5個AADC家族（全球個案數不到50例）順利活產健康寶寶，並與國內外頂尖研究機構進行合作研究，證明某案例為中國與台灣兩地已知的第6個囊腫纖維症（Cystic Fibrosis）病例，且證實為新的突變基因，並將該起病例研究報告發表於美國醫學遺傳雜誌。目前一年各式檢測樣本數為5000件以上，已進行超過1000個胚胎篩檢或診斷。

資料來源：彰基遺傳諮詢中心

## 大出血　產後奪命首因

# 十分鐘跨科合作　保全生命與子宮

高雄長庚護理部、婦產、急診、放射科等跨部門團隊，接獲通報十分鐘之內立即待命，搶救產後大出血產婦。

產後大出血粗估全台灣每年會有一百二十例，死亡率約為百分之二．六。產後大出血是婦產科最嚴重的產後併發症，一直以來高居產後死亡原因的第一名。大出血能在產後立即發生，也可能延遲至產後一天或數天之後才發生。產後大出血會導致產婦生命跡象不穩定、瀰漫性血管內凝血，甚至引發休克及死亡。

**從急診至開始接受動脈血管栓塞治療術低於三十分鐘，產後出血救援率達百分之百，領先國際表現。**

——高雄長庚紀念醫院護理部、婦產科、急診醫學科、放射診斷科手機簡訊傳來：「產後大出血病患，預定六分鐘後到院，預估失血量已一千毫升。」瞬間護理部、婦產科、急診室、放射診斷科、開刀房、檢驗室等第一線醫護人員立即動員，不到十分鐘趕往急診專區集合。

## 產後出血的主因：子宮收縮、凝血及生產問題

造成產後大出血原因，可能受子宮收縮乏力或凝血功能障礙所導致。讓子宮收縮乏力的因素，包括：子宮過度膨大、巨嬰、多胞胎、羊水過多、胎盤剝離、產程過長、受痲醉藥物影響或催生藥物刺激、羊膜絨毛膜炎等。至於凝血功能障礙，可能是因先天性凝血病變，例如罹患先天性血小板過少症，或是產婦有子癇前症、羊水栓塞、胎盤剝離、敗血症等症狀。

此外，在生產時產道出現裂傷（陰道裂傷、子宮頸、子宮下段裂傷）或子宮破裂，以及產後胎盤組織剝離不完全，沾黏在子宮腔內，甚至有副胎盤等情況，也可能會造成產後大出血。

## 六百毫升／分鐘大出血量像噴泉危及生命

產後大出血出血量超過一千五百毫升以上，高雄長庚紀念醫院婦產部部長龔福財表示，二十幾年前處理產後大出血的結果是「死亡或沒子宮」，即使救回一命，沒子宮會喪失未來生育的可能，無論是對患者或家庭傷害都大。現在的急救處理，不僅以保存生命為主，也盡量留存子宮，延續未來再生育的希望。

**產後大出血是極具致命性的急症，要求最快速度，以掌握黃金救援時間。因為孕婦足月時的子宮胎盤血液循環每分鐘高達六百毫升，而一般人的血液循環每分鐘約十到二十五毫升，大出血量可能會像水龍頭一樣流血不止或像噴泉般湧出，症狀發生時可說非常危急。**

## 曾經流產或接受子宮手術的產婦特別留意產後大出血

雖然產後大出血難以事先預防，但有一些高危險族群可多留意此一併發症，例如**孕婦年齡超過三十四歲的高齡者**、**有抽菸喝酒習慣**、**罹患妊娠高血壓**、**有前置胎盤者**、**曾多次人工流產病史**、**子宮過大**、**曾進行肌瘤切除手術**、**子宮肌瘤合併血流異常**、**有凝血異常疾病**，或是前胎發生過嚴重的產道撕裂傷及子宮收縮功能不佳等問題，面臨生產時都要特別注意，最好選擇至大型醫療院所待產較為妥當。

## 搶救孕產婦
## 避免血崩而休克
## 分秒必爭！

高雄長庚醫院婦產部在二〇〇四年八月，成立二十四小時急症轉診系統，目前已有二十四家醫療機構加入共同救援網絡。**在轉診前及轉診過程的前置措施與準備，是影響後續診療成功與否的關鍵**！

若有遇到危急的孕產婦個案，在轉診前，醫護人員須依據高雄長庚製作的 SOP 標準作業流程處理，當產婦已經有大約超過五百毫升的出血量時，須立即以最粗的針管進行大靜脈注射，並緊急輸血。此外，必須以紗布填塞子宮，雙手進行強力宮底按摩等止血措施，以避免血崩而休克。在轉診的過程中，也必須監測生命徵象，並做好保暖及氧氣供應。

## 二十四小時待命 跨科動員 十分鐘抵達急診

為了在最快速度，讓產婦盡快接受動脈栓塞（TAE）治療，在轉診專線接獲通報後，院內系統會以簡訊啟動緊急照護團隊，包括護理、婦產、急診、放射診斷等多個部門人員，會在收到簡訊後十分鐘內，到達專門處理傷患的照護專區，其他相關單位如手術室、血庫與藥局，也會同步待命。

目前簡訊通報團隊到達急診的平均時間，甚至縮短至七・八二分鐘。當救護車送達院內，立即採取檢傷掛號合一。醫護人員會依患者出血的嚴重程度以色卡區分，進行分級照護，爭取更多手術的黃金時間。

### 什麼是動脈栓塞術？

一旦發生產後大出血，孕婦必須盡快接受動脈栓塞治療。動脈栓塞在腹股溝處消毒，直接穿刺腹股溝動脈，置入細小導管，將細小導管經股動脈送入腹主動脈，注射顯影劑做動脈攝影，找出內腸骨動脈，接著再找出子宮動脈內造成產後大出血的血管，經由此細微導管注入栓塞顆粒，堵塞住造成大出血的血管進行止血治療，改善不正常的出血症狀。

## * 10分鐘跨科整合搶救產後大出血

### 產後出血第一階段（穩定生命徵象）

**1.自然生產或產後出血大於500ml,或剖腹生產出血大於1000ml**

**2.心跳數大於110次/分鐘 血壓小於85/45mmHg,血氧濃度小於95%**

・電話照會婦產科醫師及產房

・建立大號靜脈通路

・緊急備血送檢

### 產後出血第二階段（保守性治療）

**持續出血或生命徵象不穩定，預估出血量小於1500ml**

**常見原因排除**

・子宮收縮不良

・產道撕裂傷

・凝血功能異常

・胎盤殘留

・子宮內翻

・給予額外促進宮縮藥物

・持續強力宮底壓迫

### 產後出血第三階段（介入性治療）

**預估出血量大於1500ml，生命徵象不穩定或疑似泛發性血管內血液凝固症。**

**血管栓塞術**

・找到雙側內髂動脈（需有經驗放射科醫師）

・利用栓塞凝膠將雙側子宮動脈或內髂動脈栓塞

**緊急手術**

・生殖道撕裂傷修復

・下腹動脈結紮

・緊急子宮全切除

## 1分鐘看團隊醫療成效

1. 2011～2013年救治82例產後大出血案例產婦，無子宮被切除
2. 2011～2013年3月高長執行動脈血管栓塞治療術的成功率100%，優於國際

資料來源:高雄長庚紀念醫院婦產科

## 子宮肌瘤、內膜異位症、婦科癌症免開膛剖腹

# 內視鏡微創手術 恢復快、不留疤

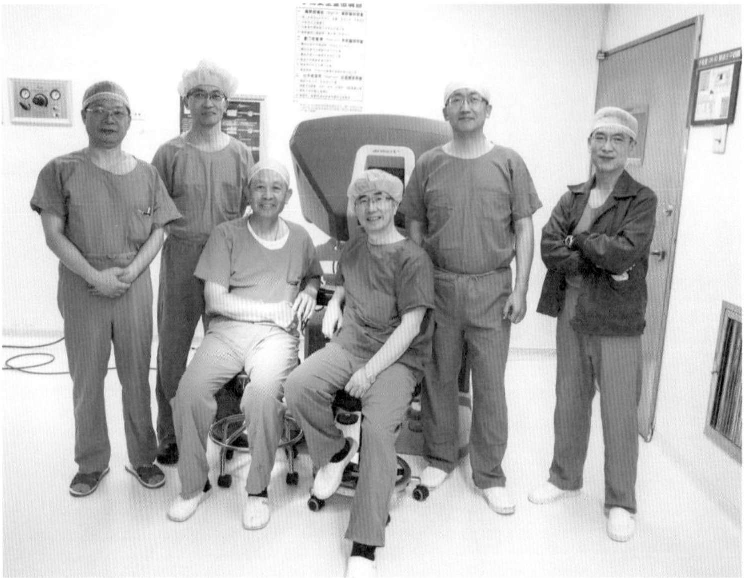

從內視鏡手術到單切口腹腔鏡、自然孔道內視鏡手術，林口長庚團隊不斷研發新式微創手術，讓婦科手術術後疼痛更少、且復原快。。

瘜肉、肌瘤、沾黏、膿腫、內膜異位、尿失禁、生殖器異常等，這些婦科疾病不但讓婦女朋友困擾不已、有些甚至讓人覺得難以啟齒。但你可能不知道，現在的婦科手術已毋須再「開腸破肚」，而可用內視鏡手術解決。不但疼痛很少，恢復很快，有時候甚至連手術傷口在哪，恐怕自己都很難找到。

**一九九一年宋永魁教授與李奇龍教授合作發表台灣首例腹腔鏡全子宮切除手術後，目前每年約施行四千五百例婦科微創手術，數量為世界翹楚。**

——林口長庚紀念醫院婦產部微創手術中心

邱小姐自認很怕痛，當發現子宮肌瘤已經大到必須做全子宮切除手術時，曾經擔心的不得了。經過陰道式「自然孔道內視鏡」子宮全切除手術，取出重量超過兩公斤的子宮與肌瘤後，傷口卻沒有想像中的痛，甚至隔天移除尿管後就能下床。更神奇的是，因為腹部沒有傷口，完全不用擔心傷口滲濕問題，能放心盥洗，活動自如。

### 婦科手術 開小洞大進化

攤開婦科醫療史，二十年前清一色只能靠傳統式的剖腹手術，女性朋友只能忍受大傷口、復原慢，又得細心照顧傷口以免感染。直到一九九〇年代微創手術發展後，大多數婦科手術都能藉由在腹部開三到四個小洞的標準腹腔鏡手術進行，不僅傷口小、術後疼痛少，且恢復快、住院天數少，幾乎取代舊式開大傷口的剖腹手術。

### 單切口腹腔鏡手術 傷口藏肚臍 幾乎看不見

傳統的腹腔鏡手術需要在腹部打三到四個〇・五到一公分的小洞，**但是現在某些病患，可適用一種新式的「單切口腹腔鏡手術」技術，也就是只需要在肚臍處切一道二到二・五公分**

**的小切口即可進行手術**，術後傷口縫合之後，斑痕根本藏在肚臍的凹陷處，非常不明顯，腹部其他地方也沒有傷口，比起傳統腹腔鏡手術更減少了體表的斑痕與提升了傷口的美觀。現在世界上也有人將這種經臍部單切口腹腔鏡手術稱之為胚胎期自然孔道手術。

## 自然孔道內視鏡手術<br>經由陰道進行<br>減少外表傷口疼痛

**林口長庚醫院婦產部微創手術中心，顏志峰主任解釋，近年由於微創手術的觀念與技術的突破，讓某些特定病患的疾病可以採用經自然孔道來進行腹腔鏡手術，這是一種結合內視鏡儀器及單孔腹腔鏡操作技術的新式手術。它的基本概念是利用人體原有的對外孔洞（例如肚臍、口腔、陰道、肛門），從中伸入特殊內視鏡器械以進行手術。**

婦產科領域的「自然孔道」包括肚臍及陰道，既然可以經肚臍進行單孔腹腔鏡手術，**經過演化以後，也可以經由陰道進行精密的單孔腹腔鏡手術，切除病灶予以取出，而將手術的傷口藏在陰道的深處**，體表之外根本沒有傷口，而且術後疼痛又更減少。這就是林口長庚團隊李奇龍教授在二〇〇八年起，結合陰道式手術與單切口腹腔鏡手術的豐富經驗，研創並首先發表問世的新技術。

此外，亞洲首例的達文西機器人手臂之腹腔鏡子宮頸癌根除手術也是由團隊李奇龍與黃寬仁兩位教授在二〇〇五年合作完成的，不但奠定婦科微創手術新里程碑，也開創今日國內婦產科界，越來越多專家以達文西機器人手臂，進行婦科癌症手術的先河。

## 婦科內視鏡手術
## 揚名國際的醫療特色

林口長庚婦產部微創手術中心二〇〇三年成立，當年李奇龍教授結合日本、韓國、中國、香港、泰國、新加坡、澳洲、美國等十三個國家地區，創立了亞太婦科內視鏡醫學會（APAGE），經過了十年的發展，**現在已經是世界三大婦產科微創手術醫學會之一，至今每年手術量達四千五百例以上，許多國際病患也慕名來台就診**。

## 為國際病患做人工子宮頸創造生育機會

有一年來自沙烏地阿拉伯的二十一歲病患，因罹患罕見的先天性無子宮頸症，併發子宮內膜異位症與骨盆腔沾黏，造成無法生育，且經血無法流出、阻塞腹內，造成劇烈腹痛。直到看到被公認為國際婦科內視鏡手術權威，林口長庚李奇龍教授所發表的論文後，來台想一圓生子夢。

經由李奇龍教授與整形外科鄭明輝教授共同合作，成功幫她打造人工子宮頸。一個月後，這位從來沒有來過月經的病患，不但首次感受來經的喜悅，週期性的腹部劇痛消失了，也代表著她將來有機會可正常生育。

## 1分鐘看團隊醫療成效

1. 每年約施行4500例手術，數量為世界翹楚。
2. 台灣唯一可以胎兒內視鏡雷射治療雙胞胎輸血症候群的醫院，至2013年底已施行超過100例，手術總存活率是68%，至少一胎存活率為79.5%，與國際水準旗鼓相當。

資料來源：林口長庚紀念醫院微創手術中心

## 不斷創新
## 解決高難度複雜病情

婦科內視鏡手術經過不斷革新，現逐漸開發出解決各式複雜困難疾病的技術，包括應用在剖腹產疤痕處之子宮頸缺陷的子宮外孕、骨盆重建與尿失禁手術（腹膜外腔鏡膀胱頸懸吊手術、陰道旁缺陷修補手術）、放射治療前的腹腔鏡卵巢轉位手術、腹腔鏡子宮根除手術、保留子宮體的腹腔鏡子宮頸根除手術、先天生殖道異常的腹腔鏡重建術。

被譽為胎兒內視鏡雷射先驅的詹耀龍醫師，也在二〇〇五年完成台灣第一例及第二例胎兒內視鏡雷射治療「雙胞胎輸血症候群」（註）的手術，使得台灣成為僅次於日本及香港之後、亞洲第三個有能力進行這項手術的國家。

＊（註）雙胞胎輸血症候群是因兩個共用胎盤的雙胞胎間因胎盤上的血管互通，血液有可能由一個胎兒（輸血者）流到另一個胎兒身上（受血者），輸血者將變得貧血、尿和羊水量少，可能發生休克，受血者則血液、尿量和羊水過多，可能出現心衰竭。如果二十六週前發現卻不治療，死亡率高達九成，以胎兒內視鏡雷射治療，存活率超過八成。建議婦女懷同卵雙胞胎時，產檢應縮短為兩週檢查一次，並注意有無異常體重和羊水量多寡。

80%新生兒殺手——早產

# 精緻醫療降低死亡率 減少後遺症

兒童醫院早產兒醫療團隊，在蘇百弘副院長帶領下，兩度創下巴掌仙子健全存活紀錄。

每年約有近十九萬名新生兒，早產的發生率約佔所有懷孕的百分之八到百分之十，但是早產的死亡率卻佔新生兒死亡的百分之八十。死亡原因包括腦缺氧、腦出血、呼吸窘迫症、開放性動脈導管引致心臟衰竭、腸壞死等。

**團隊二十四小時照護 兩度締造體重最輕早產兒健全存活紀錄。**

——中國醫藥大學兒童醫院新生兒科

二〇〇九年十月三十一日，懷孕二十三週、尚不滿六個月的黃太太因破水緊急送進中國醫藥大學附設醫院。不久，一個體重僅四百二十克的小寶寶出生了。還來不及接受家人的擁抱，為了裝載存活下來的能量，醫護人員立刻幫小寶寶靖恩戴上需要特別加溫加濕的人工呼吸器，直到六十七天拔除後，才開始靠自己的力氣來呼吸。隔年三月底，經過新生兒醫療團隊五個月的細心照護，黃太太抱著體重已增加到兩千五百六十克的小靖恩，帶著醫護人員的祝福，滿心感恩地回家。

## 早產兒的危機

早產是指懷孕週數滿二十週，但未滿三十七週之生產；出生體重低於兩千五百公克稱為低體重，出生體重低於一千五百公克稱為極低體重，早產特別強調妊娠三十二週以前發生，或體重低於一千五百公克的早產兒，**因早產兒的抵抗力差，容易細菌感染而發生敗血症，容易因腦部發育不良及缺氧而引致神經系統後遺症、腦性麻痺等，讓家長措手不及。**

## 早產危險因子

造成早產原因除了生育年齡越來越晚，再加上環境污染、工作壓力大，或者孕婦本身生活行為，如抽菸、喝酒、用藥成癮等；

孕婦年齡小於十八或大於四十歲、曾接受子宮手術等孕前狀況；或者懷孕期間曾受感染等，都可能導致早產。

## 出生七十二小時最脆弱

新生兒出生體重低於一千五百克就算是高危險早產兒。但在中國醫藥大學兒童醫院，體重一千五百克以下早產兒存活率高達百分之九十八，團隊認定真正危險的是低於一千公克，而在這範圍的存活率也有百分之八十三，至於出生體重在五百至七百五十公克之間的，則有百分之六十三能繼續維持生命。

**出生後七十二小時是早產兒生命最脆弱的階段，腦部出血、肺出血、心臟衰竭等嚴重併發症發生都在這三天。一到二週內則是沒有抵抗力的急性期，最可能發生敗血症和壞死性腸炎，需仰賴醫護人員二十四小時輪班持續照顧**。

「即使一個星期過了也不能掉以輕心，兩週內隨時都會發生變化，任何階段都有特殊問題！」中國醫藥大學兒童醫院副院長、新生兒科主任蘇百弘說，早產兒需要醫護人員二十四小時仔細觀察，有任何徵兆都要趕快治療，一點點小細節都不能疏忽。

## 引進低溫療法 降低新生兒窒息腦部病變

引進美國在一九九二年使用的「一氧化氮（NO）吸入療法」（註），讓新生兒肺動脈可選擇性擴張，不會因為施打肺動脈血管擴張劑而造成低血壓。此外，中國醫藥大學兒童醫院也引進高頻振動呼吸器（HFO），這與NO吸入療法都改變了許多對傳統呼吸治療無效的新生兒與早產兒命運！

而在二〇〇五年，新生兒科率先啟用美國心臟、急救醫學會推薦的「低溫療法（Hypothermia Therapy）」，這項新的方式證實對於新生兒

1997年，不到24週、出生僅530克的心慈（左二），是當時台灣最迷你的早產兒，也是奇蹟活下來的巴掌仙子，現在已經長大就讀高中；2009出生不滿6個月的小靖恩體重僅420克（圖中小嬰兒），經過加護病房醫護人員5個月的細心照護，增加到2560克順利出院。

窒息引起的病變有較好的治療效果。

**低溫療法主要用在新生兒窒息所引發的腦部缺氧、缺血等腦症狀。由於新生兒窒息會致使腦部受損，若能將中心體溫降到攝氏三十三・五至三十四・五度之間，讓腦部休息、減少新陳代謝，就能降低缺氧缺血引發的腦部病變。**

一般而言，這項療法會維持七十二小時降溫，再慢慢復溫。過去沒接受低溫療法的重症新生兒腦病變，有百分之七十死亡或殘障，使用低溫療法後，死亡及重度殘障率可降到百分之四十九。雖然已減少三成的重度後遺症，但這樣的高死亡、殘障率仍是家庭社會重擔，蘇百弘建議，懷孕婦女如提早發現有難產或新生兒窒息危險，應馬上到醫學中心接受密切觀察治療，一旦孩子出生就能立刻做低溫療法，把危險降到最低。

＊（註）應用於新生兒和成人肺動脈高壓的治療，可擴張血管而改善氧氣交換。需注意此療法如使用不當，將造成副作用及安全疑慮。

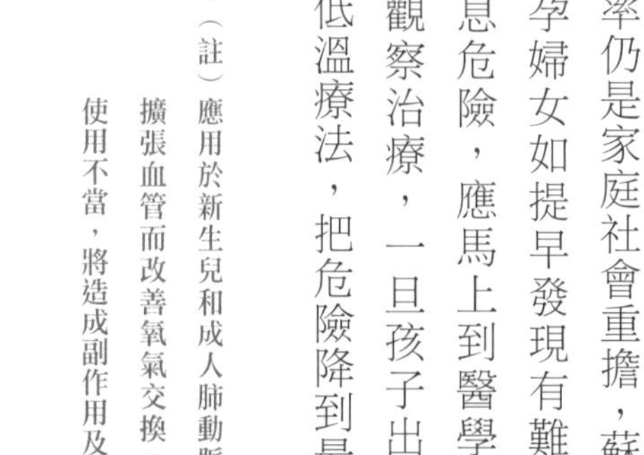

## 高危險妊娠要特別警覺

醫師提醒孕婦一旦出現早產徵兆，或本身罹患腎臟病、糖尿病、高血壓等高危險妊娠，就要儘快轉診到有能力照護早產兒及重症新生兒的醫學中心，讓產科醫師儘量安胎，或許能避免早產；如果安不住、還是生下早產兒，也可讓新生兒科醫師馬上接手，和產科無縫接軌，讓早產兒出生後就能得到最適當的醫療，以期有最好的結果。

### 1分鐘看團隊醫療成效

締造早產兒健康存活的紀錄——1998年懷孕23週、出生體重530公克的早產兒；2010年懷孕24週、出生體重420公克巴掌仙子健全存活的紀錄。

資料來源：中國醫藥大學兒童醫院

## 留意兒童發展遲緩警訊

# 陪父母以愛善用黃金早療期

台中醫院率先成立中部第一個兒童發展療育中心，將教育與醫療結合。

百分之六到八的兒童，會在動作、認知、語言、情緒及人際適應等各方面，表現得比同年齡的兒童明顯落後。孩子一旦出現了發展遲緩的問題，上了小學後，更可能出現學習障礙，再加上自理能力不好、和旁人溝通也大有問題，都讓父母傷透腦筋！

**六歲前黃金療育期，及早補救，縮短與其他孩子的差距。**

——台中醫院兒童發展遲緩暨自閉症早期醫療中心

娃娃六歲了，看起來跟其他小朋友沒什麼不同，只是，沒有照著老一輩諺語長大：「一視二聽三抬頭，四握五抓六翻身，七坐八爬九發牙，十捏周歲獨站穩。」而且好像每個階段都慢了好幾拍！

娃娃不會爬樓梯，也不會自己吃飯、穿脫衣服，鄰居們說：「唉啊，大雞慢啼，免煩惱啦！」就這樣一路進了幼稚園大班，娃娃仍然不說話、也不與其他小朋友互動。幼稚園老師警覺娃娃的發展比同齡小孩慢很多，提醒媽媽後，卻被質疑是老師故意刁難，最後因轉學而不了了之。

## 幼兒發展關鍵期
## 注意發展遲緩類型

根據研究，幼兒的發展是從胚胎時期就已經開始，學齡前更是關鍵時刻。孩子的成長除了生理上的成熟外，大腦神經也同時在發育，但是並不是每個孩子的成長都會循著一定的模式與順序及速度發展，有些會因為遺傳或環境等因素，甚至是許多不明原因，都可能影響孩子的發育成長。

**比較常見的發展遲緩，包括動作發展遲緩、語言溝通發展遲緩、認知發展遲緩、社會適應發展遲緩，以及情緒心理發展遲緩，**甚至有些孩子有一種、數種、或者全面性的發展速度落後或順序上出現異常。

## ＊家長可以參考以下發展遲緩警訊，看看小朋友是否有發展遲緩問題：

### 六個月

- 不會想拿玩具玩
- 不會用手抓住玩具
- 不會注意人的聲音
- 拉孩子坐起來時，頭不會往後仰

### 九個月

- 無法自己坐起來，並坐穩
- 頭不會轉向聲源
- 會對陌生人有警覺感

### 一歲

- 不會發出爸爸媽媽的聲音
- 不會模仿拍手、再見等姿勢
- 不會爬
- 不會扶著東西站好
- 不會自己坐起來
- 不會模仿簡單的聲音
- 不會用拇指與食指抓捏東西

### 一歲六個月

- 不會放手走路
- 不會有意義地叫爸爸媽媽
- 不會自己拿起杯子喝水

### 二歲

- 不會說兩個單字合併的句子，如媽媽抱抱。若尚不會叫爸爸媽媽，則為顯著語言發展遲緩了
- 不會跑
- 不會上樓梯
- 不會模仿做家事
- 不會倒退走
- 尿濕褲子不會表達

### 三歲

- 不會拿筆畫大圈圈
- 不會一腳一階梯地上下樓梯
- 不會將六塊積木疊高
- 無法聽指令指出四個身體部位
- 不會雙腳跳

## 發展遲緩
## 六歲前是黃金治療期

對於某些因先天因素所造成的遲緩，只要及早接受診斷與治療，可以縮短與同齡孩子的差距。**尤其三歲以前，是大腦發展的重要時期，這個階段孩子的腦細胞連結網已經發育了將近百分之七十到八十**，六歲以後，成長速度會逐漸減緩，也就是說，如果能掌握這段黃金期，給予刺激或趁早補救，最能發揮療效。

## 自閉症可透過修正和教育改善

台中醫院精神科主任劉駿熒指出，**自閉症是一種廣泛性的發展遲緩，通常是指在溝通及社會情緒發展上有障礙**，有著固著的興趣或習慣，這樣的孩子在發展階段，經常出現分享式注意力不足，影響各方面的學習；或者是缺乏同理心，無法體察別人的情緒與想法，也因此造成照顧者或旁人的困擾。

自閉症不是病，只是腦部有了缺陷，導致出現行為與認知上的缺損，自閉症是可以經由正確的診斷與治療，包括行為修正及教育的介入，讓這些孩子可以順利融入學校與社會，成年後也能獨立生活。

## 結合醫療與教育
## 整合式密集治療
## 協助家庭共同努力

台中醫院從一九八六年投注在自閉症早期診治和兒童教育轉銜接，設立當時中部第一個兒童發展療育中心，更將教育理念融入療程，成為最早將教育與醫療結合的專科，並整合跨專業兒童療育相關的醫療、社區、教育人員等團隊合作，創立獨特的密集式個案治療模式，設立「小小蒲公英學園」，採用整合式的照護模式，把教育的理念融入療程之中，來協助家庭的成長。

小小蒲公英學園幼教老師陳淑玲說，在這裡接受早期療育的孩子，平均年齡大約三歲，最小的只有兩歲，在學園裡，經常可以看到媽媽帶著動作不是很靈活的小手，一起揮著畫筆或黏貼貼紙，而旁邊的治療師則是引導父母如何訓練孩子動手操作，用實際的活動，提升照顧者教養遲緩兒的技巧與能力。

院方的支持讓醫療結合幼教，幫助慢飛天使。

## 關愛陪伴、正確引導
## 協助孩子自在飛翔

林秀縵醫師指出，父母的配合度以及對醫療團隊的信任感，是讓自閉症孩子儘早融入的關鍵。

**一旦確認孩子有發展遲緩的問題時，父母不要花太多時間去探究或歸咎原因，及早與專業人士討論，找尋適當的方式教導小孩，幫助他克服障礙，**才是最好的方法；同時也要放下身段，接受孩子的現況，認同早療機構醫師、心理師與老師的專業及經驗，全力配合治療。父母正向、平靜的態度，才能讓孩子快樂學習、創造成就感，自然就會減少挫折，讓孩子不斷進步。

### 1分鐘看團隊醫療成效

台中醫院近三年之服務量約在2500人次。而在轉銜比例上，進入學校或機構就學者，則是逐年提高。

| | 幼稚園 | 機構 | 未就學 |
|---|---|---|---|
| 2011年 | 35% | 35% | 30% |
| 2012年 | 59% | 35% | 6% |
| 2013年 | 77% | 23% | 0% |

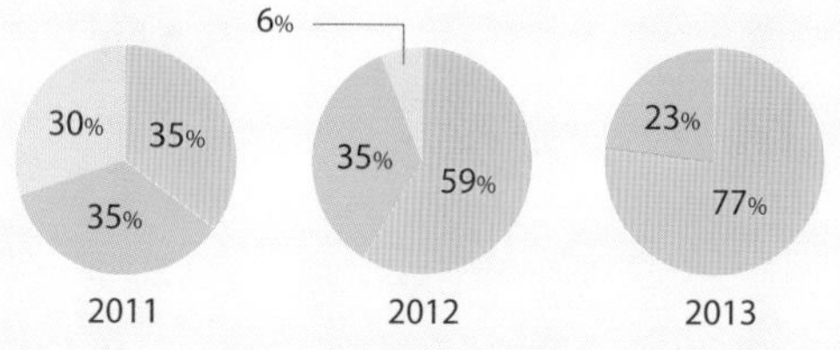


幼稚園　機構　未就學

資料來源：台中醫院兒童發展遲緩暨自閉症早期醫療中心

## 侵襲腦幹、高致死率的腸病毒71型

# 免疫球蛋白加藥物治療 成功挽救

成大團隊建立腸病毒 71 型腦幹腦炎併發重症之治療方式，2008 年治療 133 例，創下零死亡率紀錄。

兒童腸病毒七十一型重症有三大特徵：一、腦幹為標的器官，但也會影響包括腦、心和肺，造成神經性休克和死亡風險；二、當病童有合併肺水腫與心肺衰竭的問題時、死亡率最高；三、死亡案例多數在一天到兩天的時間內快速惡化奪命！從口腔潰瘍、手足口症到腦幹腦炎、演變成自主神經系統失調、到肺水腫和心肺衰竭，治療期間必須全面提高警覺。

**訂定腸病毒七十一型腦幹腦炎臨床分級、WHO標準處置流程、免疫球蛋白加藥物治療成功挽救重症。**

——成功大學醫學院附設醫院腸病毒團隊

一九九八年台灣首次爆發腸病毒七十一型大規模疫情，四百零五例病童中高達七十八例死亡，有幼童罹患腸病毒七十一型，早上還好好的，到了晚上就突然死亡；有的進醫院前還能正常走路，到了急診室就症狀急遽惡化，肺水腫、心肺衰竭不治。

## 腸病毒有七十多種

**腸病毒實際上是近百種以上不同血清型腸病毒的統稱，像是小兒麻痺病毒、克沙奇病毒A型及B型、伊科病毒，而且每年臨床仍持續發現多種不同的新型血清病毒**。不同型的腸病毒引起的疾病種類也略有不同，曾引起大規模疫情的有七十一型與克沙奇A、B型與伊科病毒，在台灣近年的重症及死因主要以腸病毒七十一型為主。

## 病毒從腸道跑到腦幹<br>導致神經系統失調

在眾多腸病毒臨床表徵中，七十一型最令人覺得恐懼，特別是腸病毒七十一型會出現類似小兒痲痺的症候群，嚴重的腸病毒七十一型患者會出現急性肢體無力痲痺症，猶如小兒痲痺重現。這是因為腸病毒七十一型會經從神經途徑經脊髓上行至腦幹，因為腦幹是生命中樞，而病毒引發的腦幹腦炎會導致交感神經過度興奮、自主神經系統失調，引發肺水腫、心肺衰竭而快速死亡，而重症病患心肺衰竭期的照護也格外困難。

## 三歲以下幼童是易感染高危險群

根據國內血清流行病毒學研究，台灣有三分之二的國小學童，都已經感染過腸病毒七十一型，身體也已經產生抗體，具有一定的保護力，長大後也比較不會受到嚴重感染。

但是三歲以下的小朋友，因為從沒感染過腸病毒七十一型、身體沒有抗體，加上免疫、抵抗力不足，容易感染發病。**尤其一歲以下兒童，更是歷年來腸病毒七十一型重症發生率與致死率最高的一群**。

## 免疫球蛋白、心臟病用藥幫助病童修復自律系統

一九九八年首次爆發的腸病毒大規模疫情，高達百分之二十的死亡率，讓醫界一度束手無策。當時成大醫院收治一名一歲十個月大的手足口症女童，但因腦幹腦炎而併發休克與肺水腫死亡。

為了找出原因，成大團隊從病童的氣管抽出液體，經臨床高度懷疑，發現類似症狀最可能由腸病毒七十一型引起，隨即取得腸病毒七十一型專屬的鑑定抗體及中和抗體，再經病毒培養，終於確認「腸病毒七十一型」就是原兇！

成大腸病毒團隊進一步更研究出腦幹腦炎的臨床分期與致病

### 腸病毒 病程會持續多久？

臺灣全年都有腸病毒感染個案，以 4 到 9 月為主要流行期。腸病毒的典型症狀，是在患者的口腔後部、手掌、腳底處出現水泡、潰爛；膝蓋與臀部也有水泡，稱之為手足口症。如果只有口腔後半部出現水泡，則為「皰疹性咽峽炎」。

**潛伏期**

腸病毒潛伏期大約為 2 ～ 10 天，平均約 3 ～ 5 天，也開始有傳染力。

→

**發病前**

在發病前的數天，喉嚨及糞便都已存在病毒存在。

→

**發病後**

通常以發病後一週內的傳染力最強。

**患者可持續經由腸道釋出病毒，時間可達到 8 到 12 周之久**

機轉，提出細胞激素與免疫力、中樞神經系統及腦幹腦炎的關係，並建立腸病毒七十一型腦幹腦炎併發重症之治療方式。發現如果早期辨認臨床自主神經失調症狀，包括出冷汗、四肢冰冷、高血壓、呼吸急促、心跳過速等，可以適時使用靜脈注射免疫球蛋白（IVIG）及Milrinone，其兼具強心劑和血管舒張劑特性藥物治療，以幫助病患降低自律神經過度活化與細胞激素風暴，也降低死亡率和神經系統後遺症的發生。

## 小心神經系統後遺症

成大醫院醫療團隊長期追蹤腸病毒七十一型腦幹腦炎的病童狀況，雖然大多數病童在追蹤期已經完全恢復正常，但有部分病患在兩年後，仍有神經學上的後遺症。在急性住院期間最常見的神經學異常是意識改變，其次是日常活動異常，小腦功能失調及腦神經麻痺。而併發肺水腫的則常有嚴重的呼吸、吞嚥及運動功能異常。

## 台灣經驗成為國際臨床指引

**成大醫院每年平均照顧六百位以上患有手足口症或泡疹性咽峽炎之病童，累積已救治超過上萬名的腸病毒感染病童。**團隊並透過鑽研流行病學、臨床表徵、致病機轉、介入治療、追蹤癒後，不僅建立了腸病毒七十一型腦幹腦炎併發重症之治療方式、也為世界衛生組織制訂了臨床標準處置流程。目前成大許多臨床研究也被收錄在許多極具影響力的兒科、感染症與微生物免疫等教科書中，成為國際重要指引。

### 1分鐘看團隊醫療成效

2008年治療腸病毒71型重症兒童133例，創下零死亡的記錄，已發表近50篇相關研究論文，被引用千餘次，平均引用次數為21.8次，高於美國20.3、日本11.75和台灣13.53的整體平均值(統計至2010年)。

資料來源：:成大醫院腸病毒團隊

## 腸病毒重症死亡率高　後遺症嚴重

# 葉克膜搶救病童心臟衰竭

台中榮總創下全球首例成功以葉克膜搶救腸病毒孩童。

從一九九八年到二〇〇〇年，全台灣始終籠罩在腸病毒重症致死的陰影之中，重症幼童多重器官受到影響、合併心肺衰竭時的死亡率高，且死亡案例多數為快速惡化而死亡，令人措手不及。或者即使倖存，也有不少幼童會出現因疾病而產生的後遺症，有的必須長期臥床且仰賴呼吸器維生。

**發現腸病毒七十一型重症致病機轉，成功以葉克膜搶救病童心臟衰竭。**

——台中榮民總醫院兒童腸病毒重症醫療團隊

二〇〇〇年一月某日中午，鍾小妹妹因為手足口症被緊急送到台中某區域醫院救治，在發燒情況好轉後，父母便帶她回家休養，剛開始，女兒狀況還不錯，甚至央求著媽媽逛夜市；在逛街途中，鍾小妹妹右手突然完全不能動。這可嚇壞了她的父母，隨即將她送往台中榮總急診並留院觀察，隔天早上七點，鍾小妹妹出現休克，院方緊急插管，明明知道腸病毒重症最後會導致心臟衰竭，但即使用強心劑卻無效，最後仍不幸於晚上七點死亡，速度快得令人害怕。心臟衰竭之謎，始終圍繞著中榮腸病毒醫療團隊。

## 發現腸病毒心臟衰竭機轉

鍾小妹的死，讓中榮的醫療團隊進一步思考：要如何才能跟閻羅王多借一點時間。因此，二〇〇〇年，台中榮總兒童腸病毒重症醫療團隊，率先使用葉克膜成功救治腸病毒重症病童。

台中榮總兒童醫學部主任傅雲慶不諱言，剛開始，治療腸病毒就像瞎子摸象，直到中榮率先發現腸病毒七十一型重症病人，主要致死原因是「心臟衰竭」，進一步找到致病機轉，並完成動物實驗，清楚驗證心肌受損的可能原因後，如今，已經明顯降低腸病毒重症的死亡率及神經學後遺症，但這條路走的辛苦。

## 腸病毒破壞副交感神經<br>讓心臟瞬間當機！

**腸病毒七十一型是喜歡侵犯中樞神經的病毒，它會直接破壞副交感神經，因發炎反應造成鄰近的交感神經興奮，兩相加乘就變得更為嚴重**，這也是為何使用傳統強心劑不僅無效，反而可能加速死亡，因為心臟在複雜的交互作用中瞬間就當機了。

## 全球首例以葉克膜<br>成功搶救腸病毒孩童

小艾（化名）是名一歲八個月大的男孩，在發病一週前就因為感冒症狀到附近的診所就醫。四天後，小艾仍發燒不退，父母發現他的肛門部位出現了紅疹，而且食慾不好，飯都吃不下；著急的父母趕緊將高燒不退的小艾轉到中榮，立即被診斷為腸病毒感染所引發的手足口症，病情也急速惡化。

傍晚五點左右，被送到中榮的小艾，住院時心跳、血壓仍然正常，到了晚上七點，小艾的心跳加快、血壓也開始不穩，經過心臟超音波檢查發現，左心室收縮無力，且出現衰竭及休克。

凌晨一點，中榮腸病毒治療團隊決定要為小艾動心臟手術，置放葉克膜，暫時維持生命。三天後，小艾病情趨於穩定，小艾的葉克膜被移除，意識也漸漸恢復，這也是全球第一例使用葉克膜，從鬼門關中搶救回腸病毒重症孩童的例子。

## 嚴重神經學後遺症大幅下降

以往腸病毒重症在心臟衰竭階段的病童，除了有較高的死亡率外，所遺留的神經學後遺症也很嚴重，出現包括與腦幹功能有關的症狀，如顱神經功能麻痺、步態不穩、吞嚥障礙及自律神經失調、睡眠時呼吸中止等。

**腸病毒治療早期經驗顯示，這些因心肺衰竭期所遺留的嚴重神經學後遺症的機率高達百分之八十五・七，甚至可達百分之百，從中榮團隊使用葉克膜緊急手術，治療腸病毒重症心肺衰竭期患者以來，遺留嚴重神經學後遺症的機率大幅下降到百分之三十八・九。**

## 家長謹記三三三防範腸病毒

每三年大流行一次的腸病毒，始終是父母最恐懼的兒童病症，其中又以對六個月到三歲左右的孩童威脅最大。**兒童腸病毒感**

**染併發重症的發生率，年齡越小者，發生率越高**，未滿一歲嬰幼兒之發生率約為千分之〇・〇三至〇・四二；一至五歲幼童，約為千分之〇・〇〇三至〇・三二；兒童腸病毒感染併發重症的死亡率約為百分之一・三至百分之二十五・七。

如今，「預防重於治療」已經成為杜絕腸病毒的最好方法，腸病毒的傳染力很強，可引發多種疾病，對成人來說，很多是沒有症狀的感染，或只出現類似一般感冒的

### 腸病毒感染臨床分期觀察標準

| 分期 | 症狀 |
|---|---|
| **第一期**<br>手口足症/疱疹性咽峽炎期 | 口腔潰瘍、手腳臀部出現疹子、發燒 |
| **第二期**<br>中樞神經發炎期 | 肌躍型抽搐、四肢無力、步態不穩、吞嚥不協調、眼球運動異常、睡眠狀態改變、頭痛、頸部僵硬或嘔吐嚴重等症狀或異常安靜、不發燒時心跳每分鐘大於140次。 |
| **第三期**<br>自主神經失調期 | 冒冷汗、四肢冰冷、呼吸急促、心跳過快、血壓升高等症狀。部份個案可能於數小時內快速進展至心臟衰竭期。 |
| **第四期**<br>心臟衰竭期 | 全身軟癱、呼吸困難、意識明顯改變、口鼻冒泡或出血、嘴唇或手腳發紫。心跳明顯上升、血壓開始下降，可能低於同年齡的下限。此期多數個案可能在數小時內快速進展、惡化及死亡。 |

資料來源：疾病管制署、台中榮總腸病毒重症醫療團隊

輕微症狀，卻會對三歲以下的幼童造成無比的殺傷力。建議父母牢記：「**三歲以下，三天內為危險期，三大危險症狀：肌躍型抽搐、昏睡和持續嘔吐**」，一旦出現可疑症狀，務必立刻就醫，持續追蹤病情，才能徹底圍剿腸病毒的危害。

## 1分鐘看團隊醫療成效

| | 中榮 | 全國 |
|---|---|---|
| 腸病毒感染併發重症的病例數 | 79 | 652 |
| 腸病毒感染併發重症的死亡率 | 0% | 3.7% |
| 重症心肺衰竭期治療後，神經學後遺症比例 | 38.9% | 62.5%~75% |

統計期間：2006~2012
資料來源：台中榮總腸病毒重症醫療團隊

## 打鼾、失眠、猝睡潛藏死亡危機

# 認知治療擺脫藥物依賴

桃園長庚整合了精神科、神經內科等 9 個團隊，發展成睡眠專科，成立台灣第一家睡眠中心。

在台灣，百分之八十的人口曾有睡眠障礙，而最常見的包括失眠、打鼾、呼吸中止症等，長期失眠更將導致憂鬱、焦慮。但治療失眠，到底該看哪一科？精神科？胸腔科？耳鼻喉科？家醫科？新陳代謝科？如何正確找出失眠原因，從此一夜好眠？

**整合九大科成立睡眠門診，認知治療可達六成的成功率，改善失眠。**

——桃園長庚紀念醫院睡眠中心

床頭的電子鐘，顯示時間已是深夜兩點多，而她仍然毫無睡意。

從學生時代以來，就飽受失眠之苦的她，每到夜闌人靜，意識反而變得更為清楚，甚至連廚房水龍頭的滴水聲，都清清楚楚傳入耳中。「妳就是想得太多了，才會睡不著。」丈夫總是這麼說她。

其實，她曾盡力放空大腦、放鬆心情，效果總是不大。睡前泡個澡、喝杯熱牛奶的方法，她也試過，仍是一夜難眠到天亮。看著身邊的丈夫早已沉沉入睡，真讓她好生羨慕：「什麼時候我也能好好睡個好覺？」

## 心理、遺傳和疾病是失眠主因

睡眠障礙問題，發生在各年齡層，不同年齡有不同原因。失眠的原因，**有四成來自壓力、焦慮、憂鬱等心理因素，其餘如遺傳、疾病，或疾病合併心理問題等，甚至治療各種慢性病藥物也會引起失眠**。

---

## 長期失眠將導致憂鬱、焦慮

白天沒精神、記憶力及注意力衰退、常出錯，是失眠常見後遺症。越來越多研究證實，**長期失眠，會造成憂鬱、焦慮、頭痛、**

**肌肉疼痛症狀及心血管疾病增加、慢性病、癌症發生率及死亡率上升！**

## 改採認知治療改善失眠成功率有六成

要治療失眠，首先得找出造成的原因，如果起因於精神相關疾病，就交由精神科或心理師進行治療，其餘則根據病人的狀況和意願，採取不同的解決方案。

**「當然，直接吃藥，效果最快！」長庚醫院睡眠中心主任陳濘宏不諱言。但長期吃安眠藥，最後會過於依賴藥物，用藥量愈來愈大，對身體也不好。陳濘宏表示，很多人睡不著，可能是因為睡眠環境不佳，或是違反睡眠衛生（如睡前上網、喝咖啡），透過認知行為治療是可以改善，每次治療時間大約一個小時到一個半小時，詳細檢視患者的睡眠形態，找出失眠的原因，再給予認知治療。**

「認知治療」包括刺激控制（減少刺激物），睡眠限制法（限制失眠者躺在床上的時間，使失眠者在床上真正睡著時間的「比率」增加），或採取放鬆訓練（肌肉放鬆、呼吸放鬆）、壓力管理等不同的治療方式。認知治療分團隊及個人，醫師根據個案的狀況，可能安排團隊治療課程，或是配合光照療法，藉由提高白天的清醒程度，幫助患者，達到不用安眠藥或減少藥量，也能入睡的效果。

## 呼吸中止
## 恐增加猝死機率

睡不好除了導致憂鬱、焦慮，萬一有呼吸中止（打鼾），還有可能造成缺氧、引發心血管疾病！

睡眠呼吸中止症，九成都是屬於阻塞型睡眠呼吸中止症，主因是咽喉附近的軟組織阻塞呼吸道，上呼吸道變得較狹窄，進而引發鼾聲與呼吸中止，病人長期處於缺氧狀態，造成血管內皮受損，導致血管狹窄，容易引發高血壓，當血壓一高，身體各部位血管都會承受高壓，長期下來容易導致心血管疾病，增加猝死機率。

側睡通常能改善呼吸道阻塞的情況，如果改變睡姿後，效果不大，則可改用「陽壓呼吸器」，其原理是利用打正壓氣流進到上呼吸道，維持呼吸道暢通，大約有百分之九十五以上的病人可以獲得改善，不過價格不便宜，且患者使用的順應性不高，患者也可以考慮接受牙套或是手術方式進行齒顎矯正，改善打鼾、呼吸中止問題。

## 揪出睡眠障礙 正確診斷是關鍵

如何確認自己患有呼吸中止症？最準確的方式，就是接受「夜間睡眠檢查」，在醫院睡一個晚上，透過整夜的監測，即可找出答案。

在入睡之前，先由睡眠中心的技術員在患者的頭皮、鼻腔、腹部貼滿感應線，藉此偵測病患睡眠過程中的腦波、鼻子與嘴巴的呼吸氣流、心電圖、肌電圖、打鼾次數、血氧飽和指數、睡眠呼吸中止指數等資訊。

### 青少年也有睡眠障礙嗎？

許多人誤解睡眠問題是長輩才有的專利，其實兒童及青少年也有睡眠障礙問題，例如「猝睡症」，主要症狀包括過度的睡意，經常在該清醒的時候想睡，以及猝倒、將睡未睡的幻覺、睡眠麻痺（俗稱「鬼壓床」）等現象，導致無精打采、記憶力衰退。猝睡症經常發生在青少年身上，使得成績一落千丈，父母及師長也會誤解孩子是懶惰貪睡。事實上，透過藥物和行為治療，猝睡症可以獲得相當程度的控制。

而正確判讀、診斷，攸關治療成功與否？**桃園長庚睡眠中心整合了精神科、神經內科等九個團隊，發展成睡眠專科，成立台灣第一家睡眠中心，**團隊成員皆赴歐、美、日進修睡眠醫學，成為全台睡眠醫學培訓中心，診斷的正確性獲得國際期刊肯定。針對個案，團隊每周也固定召開會議，跨科交換意見，提出正確診斷與合適的治療方案。

## 1分鐘看團隊醫療成效

| 項目/比較單位 | 長庚睡眠中心 | Stanford University Center for Human Sleep Research | Hong Kong：Department of Medicine, The University of Hong Kong | Japan: Shiga University of Medical Science | Korea：Pulmonary Sleep Disorder Center-ANSAN |
|---|---|---|---|---|---|
| 整合科別數量 | 9科 | 8科 | 2科 | 2科 | 1科 |
| 可提供睡眠檢查的種類 | 9種 | 8種 | 3種 | 5種 | 5種 |
| 每年平均門診病患數量 | 12912人次 | 2000~2500人次 | N/A | 500~1000人次 | 1000人次 |
| 每年平均睡眠檢查病患數量 | 3108人次 | 2000人次 | 1000人次 | 1000人次 | <1000人次 |

資料來源：桃園長庚睡眠中心

## 助精神病友再創第二生命

# 職能治療　以愛佐藥

團隊以愛為患者訂定復健目標，逐步讓患者達到生活獨立自主，回歸社會並穩定就業。

慢性精神病患者因為受到精神疾病干擾，造成思考、情緒、知覺、認知等精神狀態異常，無法工作融入社會。如何幫助他們能夠降低生活依賴、學習工作自立，提升自尊與生活品質？

**階段性職能輔導，每年有八百九十人接受各種工作訓練，成功返回生活。**

——衛生福利部玉里醫院職能治療科

阿龍（化名）從小與媽媽相依為命，高中畢業後卻開始自我封閉，更逐漸出現思覺失調症狀，後來甚至會對母親拳腳相向，由於母親體力難以與正值壯年的阿龍相抗衡，在照顧多年後，終於決定將阿龍送往玉里醫院。

## 人性關懷出發
## 幫患者找回自信與尊嚴

剛來到玉里的阿龍，跟所有病友一樣，一心一意就是想回家，三番兩次不假離院，讓醫護人員疲於奔命。阿龍仍有一定的生活能力，醫院除了給予按時治療外，也提供漸進式訓練，讓他從事有興趣的庇護性工作，希望協助他建立更多回歸社會的能力。

一開始，阿龍做任何事都顯得意興闌珊，庇護工廠的工作一個換過一個，治療團隊從與阿龍互動過程得知，他其實很想媽媽、很想回家，但母親卻因為恐懼於阿龍過去的暴力陰影，不願再面對他。治療團隊想盡辦法說服母親，終於讓母親答應與阿龍見面，而這也成為他生活的「期待」與「目標」，讓他在工作上更有定性，社會功能明顯地恢復。

現在，阿龍的媽媽每半年就會來看他，阿龍在實習商店的工作也越來越穩定、上手，甚至還可以發揮過去美工長才，將自己所畫的圖拿出來義賣，用義賣所得，阿龍還買了生平第一個禮物送給媽媽，讓媽媽感動不已，母子關係也越來越親近了。

## 入院先給予評估 訂定不同職能復健治療目標

在精神醫療領域當中，職能治療師會透過生活化的活動或工具來協助病患達到復健的目的。範圍包括人際互動、日常生活活動、工作／學業、休閒／遊戲、時間上的適應等。

如何提供最妥適的職能治療方案？職能治療師林嘉倩表示，團隊會按病患的生活活動表現進行評估，按身心功能狀況予以分類。例如操作各種活動時是輕度依賴或者是完全依賴？在功能表現是尚可還稍差？據此訂出不同的復健目標。**最基礎可能是從降低依賴程度開始，如果患者的功能以及依賴程度輕微，復健的目標則希望可以讓患者達到生活獨立自主，回歸社會而且有穩定的就業**。

## 就業準備

## 從院內庇護工場走進社區

由於玉里醫院病患年齡層分布較廣，院方規畫四階段的職能治療訓練，輔導病患回歸社區進入職場，並提供有報酬之工作形態，讓病患擁有成就感。

最早的工作訓練場所以「萬寧農場」為主，因醫院經營模式改變，二〇〇一年工作訓練規模漸大，觸角拓展至社區清潔、民眾居家服務。一開始要病患走出醫院並不容易，因此先從醫院工作人員之住家清潔服務開始，透過口耳相傳，漸具口碑，居家清潔工作隊規模與服務範圍也日漸擴大。

除此之外，又陸續開發「二手商店」、「縫紉」、「點心坊」、「攝影工作坊」等工作隊，甚至推動居民自治代表會，讓住民從被動到主動參與，目前「祥和」及「溪口」園區皆有居民自治代表

會，參與園區內居民生活起居、育樂等相關事項的討論。

具備一定的工作技巧與解決問題的能力時，代表他們可以嘗試離開醫院的保護環境。當然過程中仍然會有社區復健中心的介入，做為雇主與患者之間的橋樑，幫助他們融入社區。

## 治療藥物 不能隨意中斷 以免復發

慢性精神病至目前為止，藥物仍是控制病情最有效的方法，也是長期治療重要一環，因此千萬勿因病患病情好轉就主動停藥或不按時服藥。林嘉倩提醒過去曾有許多病例，病情好轉後由家人接回，卻因為自行停藥而再度復發，若等到復發之後回院治療，恢復比例往往僅剩原來的一半或者更少。

### 抗精神病藥物會不會有副作用？

一般精神病藥物治療都需要較長時間，但並非每個人或服用每種抗精神病藥皆會發生副作用，依照個人不同體質而會有所不同。常見的副作用例如：昏昏欲睡、便秘、改變姿勢時會感到暈眩、口乾、視覺模糊、手不自主抖動、移動緩慢、女性月經不規則及男性女乳症等。

為治療或預防這些副作用，一般醫師會依照病人副作用的嚴重程度作適當處理，例如加入軟便劑以治療便秘，加入抗帕金森氏症用藥以預防肌肉抖動的副作用等。

因此病情好轉後，家屬仍須按照醫師指示協助服藥並配合回診追蹤，才能讓病患維持在良好的復原情況。

## 家庭支持 以愛佐藥

每一位病患都有自己的故事，家庭的支持絕對是提高治療成效的重要因素之一。精神病患者心理往往較為敏感，家屬與患者溝通時，對其進步的行為多給予正向肯定與讚賞。家屬也要多傾聽，藉此給病患宣洩內心情緒的機會。在關心患者之外，家屬或照顧者更要多關心自己，可參加家屬團體或聯誼活動，建立自己的支持系統，避免因照顧患者累積太多的壓力。

林嘉倩認為在精神復健的過程中，同樣仰賴家庭支持系統，玉里醫院團隊也定期舉辦家屬座談會，甚至會讓病友回家住一兩天，讓他們感受家庭系統的溫暖與支持，同時能讓職能治療成效更好。

### 1分鐘看團隊醫療成效

玉里醫院病例數包括院本部及祥和、萬寧、新興、溪口4個園區，共收治約2550位住民，每年進行職能治療活動者約1500人，工作訓練者已達890人。

資料來源：衛生福利部玉里醫院

# 讓漸凍人用眼球說話
# 創新輔具開發 讓溝通無礙

黃啟訓主任（右四）率領團隊，照護國內三分之一最嚴重的漸凍症患者，並與學界合作開發各種輔具，滿足患者日常生活需求。

世界衛生組織公告二十一世紀「五大難治重症」之一「運動神經元疾病」（俗稱漸凍症），發生率約為十萬分之一，而全台灣估計約有一千名漸凍病友，且中重度以上肢體障礙及呼吸衰竭病患占百分之五十七，男略多於女（一・五：一），因台灣人口老化嚴重，病患人數正不斷攀升中。患者雖意識清楚、知覺正常，但身體會逐漸癱瘓，以致完全無法與外界溝通。

**為漸凍人設計各類電腦追瞳溝通輔具，讓患者動動眼球就能清楚表達。**

——台北市立聯合醫院忠孝院區運動神經元疾病照護中心

紐約洋基隊最偉大的一壘手亨利．路易士．賈里格（Henry Louis Gehrig），原本創下許多美國職棒史上空前的紀錄，並四次奪得美國職棒大聯盟最有價值球員MVP獎，卻在一九八三年表現突然一落千丈，他說：「在球季中時我就已經感覺很疲倦，我不知道原因何在，不過我就是沒辦法再像平常一樣打球了。」他在隔年被診斷出罹患漸凍症，行動越來越不靈活，身體也日漸孱弱，甚至經常在更衣室或是球場上無預警地摔倒，兩年後因病惡化過世。

## 什麼是漸凍症？有什麼症狀？

二〇一四年夏天，因為一場席捲全球的公益活動——冰桶挑戰（Ice bucket Challenge），讓更多人關心起「漸凍症」這個重大疾病。

關於漸凍症的致病原因，以往有過許多假說，包括：病毒感染、食物毒素、重金屬中毒等學說；但後來發現這些都無法解釋大多數的運動神經元疾病。近年來進一步研究發現漸凍症的致病原因其實是多面向的，包括神經細胞蛋白質異常堆積、興奮性胺基酸毒性、氧化壓力、神經發炎、粒腺體功能缺失等；且目前科學家已發現三十幾種會導致漸凍症的基因，並已找到這些基因突變所引發的一系列變化，但對這個疾病真正核心致病機轉仍有許多爭議。

## 漸凍失能 凍不住心志

**罹患漸凍症，患者腦部和脊髓中樞系統內，所有運動神經元細胞，會在短短數年內快速凋亡**。病人多從肢體或口咽部開始表現無力症狀，如口齒不清、流口水等，到疾病末期時會全身癱瘓、無法呑嚥、無法言語，病人平均在三到五年內便會呼吸衰竭，須藉由機器來維持呼吸。

國內外有不少「漸凍症」罹患者，都是在專業中表現優異，為各領域中的佼佼者。英國知名物理學家霍金（Stephen Hawking）在二十一歲確診為漸凍症，需要二十四小時照護，仍拒絕讓疾病阻礙他的學術研究。不僅早已超出當時醫師認定只能再活兩年的預測，更與疾病共存超過五十年。

在台灣，於二〇一四年辭世的陳宏，也是漸凍人鬥士，臥床十四年，雖然身體逐漸癱瘓、無法言語，卻從未喪失對生命的熱情，在妻子以及醫療團隊照護下，用注音板，他以眨眼方式與外界溝通，病後用眼睛寫了七本書、三十五萬字，於二〇〇七年創下金氏世界紀錄！

## 知覺、神志正常
## 無法溝通、無藥可醫

漸凍症中的偶發性「肌萎縮性脊髓側索硬化症」（Amyotrophic Lateral Sclerosis，ALS），為成人患病最常見的一種，**平均發病年齡為五十五歲左右，原因不明；具家族遺傳性的 ALS，發病年齡通常較早，目前仍無藥物可治癒**。

台北市聯合醫院忠孝院區運動神經元疾病照護中心的醫師黃啟訓形容，「漸凍人的外表，看來就像植物人；但他的痛苦，更甚於植物人。」因為病人意識完全清醒，冷熱痛癢等感覺都正常，卻無法與外界溝通。

## 啟動整合專科照護
## 讓心靈自在翱翔

忠孝醫院於二〇〇六年成立「運動神經元照護中心」，收治對象主要為確診或疑似運動神經元疾病、需進一步診斷與治療者，尤以漸凍症導致失能臥床，以及仰賴呼吸器的病患為優先。

### 漸凍症該看哪一科？

神經內科。手部肌肉無力、萎縮，是漸凍症的初期症狀，但症狀容易被輕忽，或者被認為是頸部或腰椎神經壓迫，因而延誤診斷和治療。萬一出現局部肢體乏力、精細動作變差等狀況，建議至神經內科作較詳細的檢查。

**當患者疑似是運動神經元疾病，經過確診後即會由照護中心安排住院，並照會醫療小組，由神經專科醫師進行臨床診斷與運動神經元退化症的藥物治療，胸腔科會進行呼吸功能評估，選擇合適的呼吸治療方案。輔以耳鼻喉科、復健科、泌尿科、胃腸科、牙科、營養師、心理師、社工師共同加入，提供患者與家屬個別的服務。**

照護中心有專為漸凍症患者設計專屬復健區；同時比照加護病房，安裝加護級的呼吸照護設備，與「不斷電」系統，讓醫護人員隨時可以掌握患者的生理情況；配有無線網路及全天候監視安全系統，以確保病患的便利與安全。

## 動動眼球
## 漸凍人也能溫暖表達

在特殊輔具研發上，團隊結合了國立中央大學、逢甲大學，及財團法人第一輔具研發團隊，開發了一系列適合各階段運動神經元疾病病程所需之溝通輔具，例如：各式電子叫人系統、電腦追瞳溝通輔具等，希望能滿足患者日常生活需求並進一步提升患者自主能力。**新型的電腦追瞳輸入系統，未來可讓不善細**

## 1分鐘看團隊醫療成效

承接國內3分之1最嚴重的ALS，住院總人次為418人次，漸凍人7年累計死亡率僅22%，遠低於全國平均死亡率50.3%。

資料來源：台北市聯醫忠孝院區運動神經元照護中心

**賦操作的漸凍人，以眼球凝視電腦螢幕上鍵盤，紅外線攝影機辨識瞳孔移動的軌跡，打出一串字，與外界溝通。**

團隊目前持續與國立清華大學、陽明大學及中央研究院等學術機構合作，進一步研究台灣地區運動神經元疾病神經細胞蛋白、基因功能變化與運動神經元疾病間的關聯性，希望找出運動神經元疾病的新生物指標，為漸凍人帶來新的治療契機。

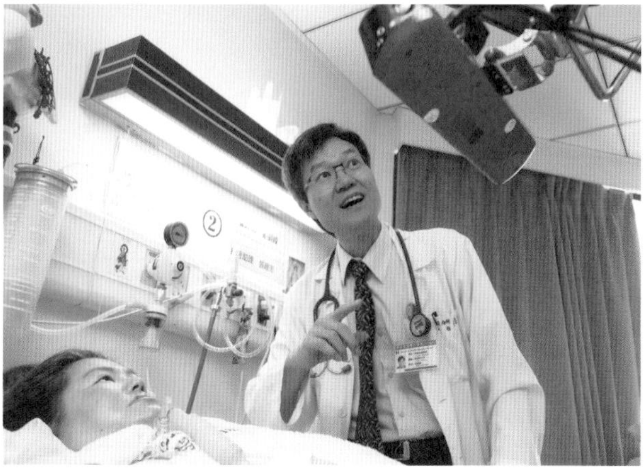

透過電腦輔具，漸凍人能對外溝通。

## 肌無力症　也能泳渡日月潭

# 台灣第一肌無力症中心 最給力

邱浩彰副院長（中）帶領團隊治療肌無力症，20 年來與病友會一起成立全台最大的「肌無力症俱樂部」，給病患最有力的身心支援。

肌無力症是一種自體免疫疾病，嚴重時連呼吸都會困難，屬於健保重大傷病之一，死亡率百分之四。目前全台有四千多名患者正與它長期抗戰。

**全國最大肌無力免疫治療中心、光動力刀治療中心，收治全台三分之一以上病人，百分之八十病情得到控制。**

——新光醫院神經內科肌無力症中心

剛進入高中就讀的小甄（化名），對於高中生活充滿了期待。開學沒多久，卻感到一陣莫名的衰弱。「大概是太久沒運動了吧？」小甄猜想，原以為多做點運動，狀況就會改善，沒想到體力持續惡化，身體裡像是有個黑洞在吞噬她的能量，別說是運動，連上、下樓梯都很吃力，走起路來甚至都不太穩。沒有發燒、沒有疼痛，就是全身沒有力氣。「我到底得了什麼怪病？」內心充滿惶恐的她，在母親的陪伴下，到醫院求診，才知道自己的「怪病」，有個醫學名稱，叫作「肌無力症」。

## 肌無力症的三大症狀

每十萬人當中大約僅有八人會發病！肌無力症的重要特徵就是「無力」，主要有三大症狀：一、**眼皮下垂、眼球肌肉無力造成的複視**，二、**講話與吞嚥的肌肉無力，會發生講話帶鼻音含混不清及吞嚥困難的症狀**，三、**更嚴重會侵犯肩部、臀部及四肢的肌肉而導致四肢無力**。

造成肌無力的原因是人體內的「乙醯膽鹼受體抗體」過高，當這個抗體與肌肉膜上的受體結合後，會引發全身骨骼肌無力，當波及橫膈及呼吸肌肉，則會發生呼吸危象、對病人產生死亡威脅。

## 多種治療選擇 與肌無力症長期抗戰

肌無力症雖屬罕見疾病，卻不是無藥可治的絕症，不過，對抗病魔的過程，的確是場漫長的抗戰。

目前治療的方法，包括口服或靜脈注射免疫藥物。此外，由於在上胸腔的「胸腺增生」會產生對抗乙醯膽鹼受體抗體，導致肌肉無力的症狀，加上大約有百分之七十五到八十的肌無力病患會伴隨有胸腺異常、胸腺瘤的狀況，因此治療上也可能切除胸腺以控制病情。新光醫院引進台灣第一個光動力刀（註），能夠切除第四期的胸腺瘤。

*（註）用深入組織的雷射光，殺死對光敏感的細胞，屬於非侵入式的手術。

治療肌無力症最主要方法還包括「血液分離療法」，又稱為「洗血」，把血液自體內抽出來，將自體免疫疾病抗體與血液中蛋白質分開，除去體內過高的乙醯膽鹼受體抗體，可以快速緩解病情。

### 血漿分離術效果可以維持多久？

血漿分離術能迅速移除血液中乙醯膽鹼受體抗體，對於呼吸困難者、胸腺手術患者，或接受放射線治療的重病患者能有短暫的改善。每個療程需3～5次，每隔2天做一次。治療後病患病情可以改善，如果沒有輔助其他療法，則效果不超過2個月。

**新光醫院邱浩彰副院長表示，新式之血漿分離療法不需打入其他人的血漿。而是將分離出來的血漿以「過濾管」或「吸附管」再加以處理，再全部回收輸回病人體內。這項方法，不需輸入他人的血漿，因此，不會有輸血反應的顧忌，又可以除去那些抗體。**

**根據邱浩彰的臨床觀察與經驗，肌無力症治療後有百分之二十的病人可得到緩解，百分之八十病人的治療效果良好，也對結果感到滿意。**

## 誰說不能運動！肌無力症患者也能泳渡日月潭

許多人誤解，以為肌無力病人最好不要運動，其實是錯誤的。

**肌無力患者可以正常運動，不過每個人最有力氣、有精神的時間不一樣，為了保留個人的體力與能量，病友可以按照自己的身體狀況，調整自己的作息時間，保持最好的功能。**病患在確定病情穩定之後，可以及早開始運動，最好每天七到八小時充足的睡眠，避免過度緊張與勞累，有助於病情控制。

邱浩彰建議，運動是緩解肌無力最好的復健，而且為鼓勵病友運動，新光「肌無力症俱樂部」甚至帶領病友，多次成功挑戰泳渡三千三百公尺的日月潭，共計已有一百七十七人次參與。過程中，除了病友的信任、彼此鼓勵，前後經歷一年的特訓，將身體的協調能力調整到最佳。另外，病友當中也有三鐵選手、馬拉松選手、馬術表演選手等，證明肌無力患者也跟一般人一樣能挑戰極限！

肌無力症俱樂部提供互助正向的療癒力量。

## 台灣最大的「肌無力症俱樂部」

而這個全台最大的「肌無力症俱樂部」伴隨著醫療團隊共同存在，成立達二十年。每當有新的病人認為恢復狀況不如預期，心生疑惑、灰心，甚至想要放棄，或是服用類固醇會造成月亮臉、水牛肩，造成自信心低落，不想按時服藥、不信任醫師的治療，甚至跟醫師產生爭執時，俱樂部成員就是最好的後盾。

俱樂部成員在門診主動關懷新病友，回覆現場病友的疑難雜症、分享個人經驗，讓新病友能夠儘早接受專業醫療處置，有助於病友體內免疫力的良性循環，進而穩定病程。

## 1分鐘看團隊醫療成效

### 新光醫院肌無力症治療成效統計數據

| 指標 | 新光醫院 | 備註 |
|---|---|---|
| 肌無力症臨床緩解比率 | 43% | 世界各大醫學中心臨床緩解比率約12～31%。 |
| 肌無力危象死亡率 | 1.6% | 美國3大醫學中心平均死亡率約4%；全美肌無力危象死亡率約4.5%。 |
| 肌無力危象病人再插管率 | 12% | 美國3大醫學中心再插管率介於18～26%。 |
| 肌無力危象呼吸器使用時間 | 9天 | 與美國3大醫學中心數值相似。 |
| 肌無力危象ICU留置天數 | 11天 | |
| 肌無力危象住院天數 | 25天 | |

資料來源：1. 葉建宏，邱浩彰。重症醫學會雜誌，2010;11:80-89。
2. Thomas CE, et al. Neurology 1997:48:1253-1260.
3. Varelas PN, et al. Crit Care Med 2002;30:2663-2668.
4. Seneviratne J, et al. Arch Neurol 2008;65:54-58.
5. Alshekhlee A, et al. Neurology 2009;72:1548-1554.

# 忽視雷擊頭痛　小心中風

# 首創頭痛門診　成功率逾九成

臺北榮總團隊找出台灣特有頭痛問題，首創頭痛門診及住院治療模式，幫助患者擺脱頭痛。

在台灣，罹患偏頭痛高達一百五十萬人，每天頭痛的患者約有二十五萬人，其中有十六萬人更因濫用感冒藥水，不自覺藥物成癮。

**首創頭痛門診與住院治療模式，至今頭痛初診達一萬八千人，住院超過兩千五百人次，九成患者成功緩解頭痛。**

——臺北榮民總醫院頭痛醫學團隊

一名四十七歲女性，十七歲以來一直受頭痛所苦，一開始喝感冒糖漿或吃止痛藥還可以減輕頭痛，但慢慢地這些藥物越吃越多，反而越來越沒有效果。三十年來每天頭痛，睡覺也睡不好，情緒低落，最後連工作也只好辭掉了。

## 濫用止痛藥結果<br>吃再多還是痛

臺北榮總頭痛醫學團隊研究發現，台灣一百五十萬人有偏頭痛，二十五萬人每日頭痛，每年請假經濟損失達四・六億元！其中有許多病患從一開始幾個月吃一次止痛藥，漸漸的，每周都吃止痛藥，再來改成感冒藥水，**開始時每週一次、到後來一天喝到三、四瓶，其實這已經造成「藥物濫用頭痛」**。

## 住院治療頭痛<br>九成以上緩解

臺北榮民總醫院王署君教授表示，以往頭痛治療以門診為主，但少數困難治療的患者，因為門診治療反應不佳，最後只好依賴止痛藥物度日，惡性循環使得這些患者嚴重失能。臺北榮總頭痛醫學團隊發展出「頭痛住院治療」模式。**住院治療應用於慢性頭痛及藥物濫用頭痛患者，幫助患者戒除藥物濫用**，同時百分之九十病患可以有效減少頭痛程度超過一半以上，而有高達百分之六十三的病患，可以達到無疼痛感。後續追蹤也有約七成左右病患頭痛顯著改善，且不再依賴止痛藥物、感冒藥水，重新回到工作崗位。

**王署君表示，住院治療頭痛，團隊首先要確診病患是慢性偏頭痛，評估是否有藥物過度使用的情形，先給予病患偏頭痛預防性藥物，如果預防性藥物效果不好，患者頭痛還是惡化，就會安排住院治療，每小時監控頭痛嚴重程度，以及是否有出現「椎體外症候群」（註），持續調整藥物治療，觀察頭痛是否能在二十四小時之內緩解，如果患者沒有明顯疼痛，便可以在四十八小時之內逐步減藥，辦理出院。**

—＊（註）發生肌肉張力異常、類帕金森氏症、肢體僵硬或靜坐不能等現象。

## 「低腦壓頭痛」站著時候痛　躺著就不痛

低腦壓頭痛患者在亞洲區很常見，**症狀是站立十五分鐘內就會產生劇烈頭痛，並有噁心、嘔吐、耳鳴等症狀，但只要平躺數分鐘後就會改善**。大部分的患者經過幾周休息就會痊癒，但嚴重者可能連續痛三個月以上，必須整天躺在床上無法工作，更嚴重的甚至有腦出血，或是壓迫到腦幹的病例，導致患者四肢癱瘓，甚至是死亡。

造成低腦壓頭痛的原因，主要就是因為「腦脊髓液滲漏」。正常人體是靠腦脊髓液讓腦浮起來。一旦發生腦脊髓液滲漏時，腦壓會下降，會造成腦下沉而牽扯到腦膜造成頭痛；此外，當腦脊髓液減少時，腦組織不變，而顱內血流量相對增加，造成硬腦膜靜脈充血，引發頭痛。

## 偵測腦脊髓液滲漏點<br>施打血液貼片

**治療低腦壓頭痛，榮總團隊一九九九年發現低腦壓患者的腦血管超音波特性，刊登於指標性期刊 Lancet**，更發展出「重T2加權磁振造影脊髓攝影」檢查，這項技術取代有放射性、需打顯影劑的電腦斷層脊髓攝影，其主要特色為快速（約十三分鐘）、非侵入性、不需打顯影劑、高敏感性、高辨別性。

**更重要的是，因為此技術能夠定位腦脊髓液滲漏處，臺北榮總團隊在此技術的輔助下，改變過去消極的補水治療**，能為病患儘早抽血，在腦脊髓液滲漏處快速進行血液貼片治療，不但能有效緩解頭痛，更能避免低腦壓頭痛可能發生的可怕併發症（如腦出血等），成為低腦壓頭痛的第一線治療。

## 雷擊頭痛風險高 特定鈣離子阻斷器效果好

台灣特別的頭痛問題還包括可逆性腦血管收縮症候群（稱為雷擊頭痛），顧名思義是如雷擊般突然產生的劇烈頭痛，頭痛會在開始的一分鐘內即達到最嚴重程度，並持續幾分鐘甚至幾小時不等。

臨床上曾有一名四十五歲男性，三週來只要與老婆行房，頭部就會突然有如被雷打到一般的劇烈疼痛，從後腦勺直竄太陽穴，誤以為是「馬上風」，多次送急診就醫，血壓狂飆到一九〇／一一〇毫米汞柱，但回家後情況依舊，連自行DIY狀況也一樣，最後才由臺北榮總頭痛醫學團隊診斷為可逆性腦血管收縮症候群。

雷擊頭痛的案例，臺北榮總目前已接獲兩百七十五例個案。王署君表示可逆性腦血管收縮症候群與自主神經興奮有關，過度刺激會導致腦血管急遽收縮，摩擦腦膜神

### 止痛藥越吃越頭痛？

頭痛可以透過止痛藥、鴉片類止痛藥或是麥角鹼等藥物來緩解，然而這些藥物若長期或過量使用，反而會造成藥物過度使用頭痛。更重要的是同時使用這些藥物，往往造成頭痛預防用藥失去療效。臨床試驗發現停止濫用止痛藥，開始會有一些戒斷症狀，頭痛反而增加，但長期而言頭痛情況則會進步。

經引發頭痛。除了性行為高潮與射精外，有些個案是上廁所、洗澡、搬重物或上台演講、唱歌都可以引發雷擊頭痛。

**此非不治之症，只要服用特定鈣離子阻斷劑約三個月，便能有效使腦血管擴張，可完全治癒，復發率僅百分之五**。提醒民眾一旦有雷擊頭痛的情形，最好儘速就醫，臨床觀察發現，放任雷擊頭痛不理的話，有百分之七在三個月內會演變成中風，不可掉以輕心。

## 1分鐘看團隊醫療成效

藥物濫用頭痛住院治療成功率（單位：%）

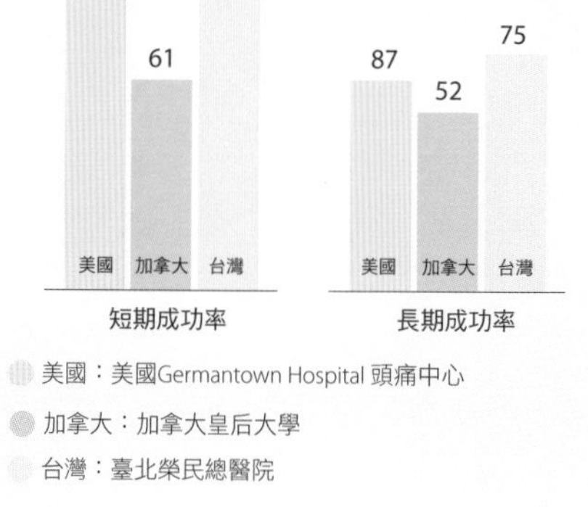


資料來源：臺北榮民總醫院頭痛醫學團隊

# 帕金森病非老年人專利 年輕人也會罹病

# 找到亞洲特有基因 提早治療

陸清松教授（左四）與團隊找出台灣特有的帕金森病基因位置與致病機轉，為疾病治療開啟曙光。

帕金森病好發於五十到六十歲左右的中老年人，男性病人略多於女性，台灣帕金森病的流行率，在六十歲以上約為百分之一到百分之二，每個人的終生危險率為百分之一．五。可惜的是，罹患帕金森病很少能夠早期診斷並檢測出來，當腦部多巴胺細胞損失到約為百分之七十時，症狀才會顯現，喪失治療先機。

發現不同於歐美國家的基因突變處，找出台灣帕金森病基因突變位置，證實亞洲人特有疾病機轉。

——林口長庚紀念醫院神經科學中心

陳先生是一位五十五歲的銀行經理，最近在打高爾夫球時，覺得開球不是很順，距離不像以前遠、左手送桿也慢半拍。球友發現他最近變得較嚴肅，話也少，腳步也慢了下來，勸他到醫院檢查是否腦神經出了什麼問題。

結果，腦部核磁共振影像檢查正常，分子影像顯示多巴胺轉運活性有明顯下降，右側特別嚴重，帕金森病的可能性相當高。

## 腹脹、便秘、嗅覺異常
## 帕金森病有前兆

每位帕金森病患者出現的症狀不盡相同，典型的症狀常以「動作困難」來表現，病人以單側手部的顫抖、僵硬、以及不靈活為初發症狀；日常生活中兩手協調性的動作也受到影響，像是扣鈕釦、洗澡、洗頭、吃飯等。

其實在出現動作困難的病徵前，就有可能已經表現出許多「非動作症狀」諸如**嗅覺喪失或異常**、**情緒障礙**、**夜間睡眠中的動眼期常有行為障礙，如夢遊、夢魘、夢話，甚至是莫名腹脹、嚴重便秘等，都有可能是帕金森病的前兆**。

## 帕金森病難診斷 恐延誤治療

**可怕的是罹患帕金森症，很少能夠早期診斷並檢測出來，當腦部多巴胺細胞損失到約為百分之七十，症狀才會一一顯現。**因此往往症狀出現時，腦中多巴胺不足已到相當嚴重程度，雖然臨床上僅是初期症狀。而帕金森病的病因與致病機轉不明，目前無法停止疾病的進展，加上長期多巴胺治療（註），多數病人會發生動作起伏現象以及「異動症」，是目前治療上的困難。

*（註）多巴胺與乙醯膽素，這兩種化學神經傳導媒的平衡負責控制行動。帕金森病藥物治療目的就是維持多巴胺和乙醯膽素的平衡。這做法包括增加多巴胺的數量，壓制乙醯膽素，或者混合兩種方法。

## 基因變異和遺傳導致 年輕人也有罹病可能！

錯誤的迷思，認為帕金森病是老年人的專利，其實年輕人也仍有罹病的可能。知名的好萊塢影星米高福克斯（Michael J. Fox）就在三十歲時被診斷出患有帕金森病。近十多年來的研究發現，遺傳因素可能與帕金森病相關，至少百分之十到十五的帕金森病患者是具有遺傳性的。到目前為止有超過十五個基因變異被認為是造成帕金森病的原因。

## 台灣突破性發現亞洲帕金森病基因突變處

突破診斷、治療瓶頸，林口長庚團隊發現不同於歐美國家的G2019S突變，位於八號帕金森基因LRRK2的G2385R之突變位置，正是台灣地區帕金森病的重要危險因子。研究結果之後也在其他亞洲人如日本、韓國、新加坡得到證實。因此，G2385R之突變大約產生在遠古「黃帝」的時代。

林口長庚醫院神經科學中心陸清松教授表示，因為這項突破性的發現，團隊已經開發世界唯一，同時具腦部病理變化及臨床病態表徵的LRRK2基因轉殖鼠動物模式。**從動物模式也證實亞洲人特有的G2385R的致**

### 行動緩慢、步伐變小　我得了帕金森病？

您是否發現身體出現僵硬症狀？走路步伐變小甚至行動便緩慢？小心！這些常被誤以為是衰老的正常現象都可能是帕金森病所造成的！

1. 嘴唇、手掌、手臂或腳會不自主抖動。
2. 動作變得遲緩或出現僵硬的情形。
3. 走路時手臂擺動幅度變小且步伐變小。
4. 走路時腳步雜亂，不順暢，或感覺一隻腳拖在後面，且可能會跌倒。
5. 說話變得不清楚或變小聲，臉部缺乏表情。
6. 扣鈕釦或穿衣有困難。
7. 身體在站立或走路時，身體會向前傾。
8. 寫字變慢且字體變小。
9. 常覺得懶洋洋，做事沒動力。
10. 頸部後方或肩膀常常疼痛。

**病機轉與歐美人之 G2019S 不同，需有第二個危險因子，如環境因子（神經毒素），才會發病**。未來應用基因鼠可以用在生技製藥研發，帕金森病也許有更好的藥物可醫。

## 鑑別腦部變異
## 影像看得最清楚

目前仍無法靠單一指標給予絕對正確帕金森病診斷，二十五年前醫師能初次正確診斷帕金森病的比例只有百分之六十五，即使經過五年長期追蹤後，也只有百分之七十六，到了二〇〇一年研究顯示，正確診斷率最高只能達到百分之九十，可見帕金森病早期診斷之困難。

長庚開發世界首創 99mTc-TRODAT 分子影像來鑑別診斷帕金森病：99mTc-TRODAT 影像，是台灣目前唯一經衛生福利部核可上市的帕金森病診斷造影劑，作為鑑別診斷的重要依據。陸清松表示，這個影像可以很清楚的呈現患者腦部的變異，對於早期診斷帕金森病，兼具安全、可靠、便利性。從二〇一〇年納入健保給付。**林口長庚每年超過七百位病人接受此項檢查，為全世界最大 99mTc-TRODAT 分子影像資料庫，累計超過七千人次**

**以上的影像資料**。最近更積極的研發新的造影劑所謂$^{18}$F–DTBZ影像（如圖示），能更清楚的顯示帕金森的病變，被國外帕金森病專家認為是最具有潛力的早期診斷的分子標記。

## 1分鐘看團隊醫療成效

| 地區 | 醫學中心/大學醫院 | 動作障礙科主治醫師人數 | 機構內總人數 |
|---|---|---|---|
| 亞洲 | 長庚醫院<br>Chang Gung Memorial Hospital | 11 | 26 |
| 亞洲指標醫院 | 日本京都大學<br>University of Kyoto | 3 | Not available |
| 美洲指標醫院 | 美國賓州大學<br>University of Pennsylvania | 10 | 19 |
| 美洲指標醫院 | 加拿大英屬哥倫比亞大學<br>The University of British Columbia | 15 | 19 |
| 歐洲指標醫院 | 英國倫敦大學<br>UCL Institute of Neurology, Queen Square | 8 | Not available |

資料來源：林口長庚紀念醫院神經科學中心

### $^{18}$F-DTBZ 影像提供帕金森病鑑別診斷

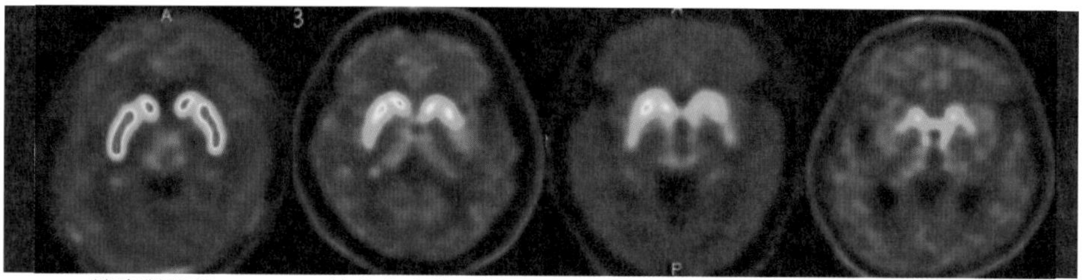

健康對照組　帕金森病第一期　帕金森病第三期　帕金森病第五期

## 骨骼是第二常見的器官移植

# 世界最大「骨骼銀行」在台灣

骨骼的取得、保存、治療皆由骨骼銀行團隊親自執行，減少運送及儲存的風險，是全世界最安全的骨骼銀行之一。

因應外傷、腫瘤、關節置換、畸形等骨骼缺損問題，骨骼移植是能夠幫助患者重新站起來的有效方法。但自體骨移植來源、骨骼狀況有限制（例如骨質疏鬆），仍然需要異體骨移植。一般人工代用骨或商業化骨庫費用都不便宜，而且捐贈手術中保存、感染的問題更是隱憂。

**成立非營利骨骼銀行，移植手術案例每年超過五百例，累計超過一萬人，移植手術感染率僅百分之一・二，為世界最低。**

——林口長庚紀念醫院骨骼銀行

罹患黑色素細胞瘤的美國婦人，在美國治療後，發生髖關節損壞的後遺症，二〇一三年來台灣接受骨移植及人工關節置換手術，術後四小時就可以藉輔具走路，讓婦人坐輪椅就醫，卻可以站著走出醫院。

## 骨骼
## 第二常見的器官移植

骨骼僅次於血液，是人體第二常見進行異體移植的人類組織。舉凡因重大外傷、先天畸形、骨骼肌肉系統腫瘤、急性及慢性骨骼感染、複雜人工關節重建，以及脊椎嚴重變形患者同時合併大量骨骼缺損者，需要進行骨骼移植。然而自體移植因骨骼來源有限，而人工代用骨一毫升要新台幣一千五到三萬元不等，價格昂貴且成功率不高，透過異體骨骼移植是較為可靠方法！

### 「資產」夠大才能稱骨骼銀行

許多醫院都有非營利的骨庫，保存捐贈者的骨骼，提供患者手術進行移植。

在台灣，林口長庚是最大的骨骼「銀行」。稱做銀行，顧名思義，資產要夠龐大，就是存入的骨骼夠多才能應付使用。**這裡**

## 勸募率
## 年平均百分之九十五

**的骨骼來源主要分為「大愛捐贈」與「活體捐贈」，條件是骨質狀況良好，無任何感染、無重大傷病、無罹癌。術前必須進行完整病史詢問及理學檢查，並安排病患抽驗血液檢查，包含：B型肝炎、C型肝炎、梅毒、HIV病毒。**

目前，在活體捐贈部分，主要以接受人工關節置換之病患為主，如果病患同意，將本來要丟棄的骨骼，在置換關節手術後，包括股骨頭及膝關節的鬆質骨，經過無菌包裝與低溫冷藏，進入骨骼銀行保存；在大愛遺體捐贈部分，則要經過血清檢查確認無傳染性疾病的可能，骨科醫師會在標準無菌操作的開刀方式下，將捐贈者的四肢骨骼與韌帶取出，去除肌肉骨膜等軟組織，再經過無菌包裝與低溫冷藏，進入骨骼銀行保存。

**林口長庚醫院骨科部謝邦鑫教授說，透過醫護團隊合作，勸募率年平均都有達到百分之九十五以上，入庫之骨骼組織超越五百件，規模世界最大！出入庫量比美國著名Mayo Clinic、英國University Hospital of Leicester都多，造福更多患者。**

## 啟用電子化管理系統
## 掌握「先進先出」

謝邦鑫說，許多骨庫至今採取人工管理方式書寫資料，耗費大量人力成本、也容易出現書寫錯誤，還可能因人員作業忙碌未掌握「先進先出」，導致骨骼過期，浪費捐贈者愛心。

林口長庚骨骼銀行結合護理部、感染控制組、臨床病理科、醫院資訊管理人員等自行研發世界第一套骨骼銀行資訊化管理作業系統，將捐贈骨骼一一列印條碼標籤建檔；系統增設過期自動警示功能，提醒管理員留意。

當手術中病人骨缺損，需要用到異體骨移植時，醫師只要在系統中輸入所需使用骨骼之條件，例如部位、長短、左右側等，電腦會自

### 骨骼移植來源有哪些？

**· 自體移植**

從患者自己身上取骨，移植其他患處。癒合能力佳，無傳染疾病風險，但骨骼來源極為有限。

**· 異體移植**

適用於大段骨缺損的重建，在捐贈者身上取出骨骼，經過5道無菌包裝的手續，然後將骨骼組織放入超低溫冷凍櫃中，保持溫度在攝氏零下60～80度之間，保存至少6周後才供使用，此時已失去抗原性，不會造成排斥，因此無需組織配對。

動搜尋在冷凍庫中現存所有組織，找出符合臨床需求之標的，並且依照先進先出之使用原則，加以排序列表，大幅減少搜尋所需之時間及人為謬誤。**當細菌檢驗值為異常時，系統會自動發出簡訊，提醒醫師及骨骼銀行管理員，同時發簡訊給主治醫師，且根據受贈者追蹤預後至少三個月**。

## 無菌手術室進行
## 減少運送風險

謝邦鑫說，林口長庚骨骼銀行與一般商業化骨庫不同，從骨骼的取得、保存、骨骼的植入到骨骼移植後的追蹤治療都在醫院內手術室完成，由骨骼銀行團隊親自執行，簡化操作人員的複雜性及操作流程、減少儲存及運送的風險，提升了接受骨骼移植患者的安全性。

**為了避免移植後併發感染問題，任何骨骼進到骨庫後，必須存放在攝氏零下七十度至少六周以上，讓原本移植會產生排斥的抗原性消失，移植後便能避免排斥問題出現**，也讓移植感染率小於百分之一・二，是世界最好的水準。三十年來因骨骼移植手術而造成之肝炎、梅毒、愛滋等傳染病散播案例為零，保持為世界上最安全的骨移植機構之一。

## 1分鐘看團隊醫療成效

| | 林口長庚 | 美國 Mayo Clinic | 英國<br>University Hospital of Leicester |
|---|---|---|---|
| 入庫* | 532 | 350 | 372 |
| 出庫* | 508 | 270 | < 100 |
| 論文數# | 85 | 79 | 27 |
| 收費* | 非營利 | USD 400-500<br>（新台幣12,000～15,000） | 非營利 |
| 管理方式 | 電子資訊化 | 人工 | 人工 |

資料來源：林口長庚紀念醫院骨骼銀行
Wu C, Hsieh P, Fan Jiang J, Shih H, Chen C, Hu C.A positive bacterial culture from allograft bone at implantation does not correlate with subsequent surgical site infection.Bone Joint J. 2015 Mar;97-B(3):427-31.
http://www.mayoclinic.org/search/search-results?q=bone+bank&Page=4&cItems=10
http://www.leicestershospitals.nhs.uk/aboutus/departments-services/bone-bank/

註＊：各骨庫管理員或主要負責人，統計2013年出入庫量，收費以股骨頭為基準

註＃：Pub Med，統計至2014年6月

## 透視癌症、失智症病源與病情

# 分子影像 個人化治療輔助利器

林口長庚院長翁文能（右四）、分子影像中心主任閻紫宸（左三）率領團隊運用分子影像技術輔助醫療團隊精準診斷，讓患者更早掌握治療先機。

分子影像可以快速了解癌細胞在體內的分布、確認癌細胞位置與大小，讓醫師可以找到更準確的治療方法、對症下藥，且可發揮監測和追蹤治療效果的功用。在特定醫院、特定族群的癌症病人中，大約百分之二十五的患者接受分子影像檢查後，因而改變治療計畫。

**運用分子影像技術，改變國際癌症治療準則，更為難以診治的阿茲海默失智症與帕金森氏症病患完成第一期正子標靶新藥的臨床研究。**

——林口長庚紀念醫院分子影像中心

經常性的應酬以及長期菸酒，讓江總（化名）罹患第四期咽喉癌。在美國史丹佛就醫一年後，癌細胞復發，隨即做了腫瘤切除手術，但過沒多久癌細胞繼續轉移到肺門淋巴結和肝臟，江總選擇回台灣治療。當時喉嚨有氣切管，需要經胃管灌食，狀況並不樂觀。所幸配合醫療團隊治療以及患者本身的意志力，努力運動維持體力。經過兩個月的治療，從分子影像中已看不到可以評估的病灶。

## 幕後功臣
## 分子影像診斷

大幅改善江總病情功臣之一即為分子影像，在整個治療過程中，**分子影像不僅提供醫師正確的癌症治療指引，也有助醫師針對病情能與患者更清楚地溝通，了解治療的下一步**。江總從分子影像系統中，看到並得知每個階段的治療成效，有了信心後，更激勵了生存鬥志，變得更願意配合整體治療過程。

## 協助醫師掌握病情
## 了解致病機轉

分子影像就像一雙細緻的眼睛，透過各種醫學影像系統，包括超音波、電腦斷層掃描（CT）或核磁共振（MRI）、正子造影（PET）等，以觀察生物活體內在分子層次的各種功能現象，幫助醫師掌握患者病情、了解病理機轉。

這樣的技術，不僅可用在病人身上，也可使用在實驗動物上，以協助新藥物或是醫療技術開發。即利用分子影像從小動物上觀察效果，回推到病人身上，以評估其可行性和未來性。

**既然是診斷依據，正確的判讀與數據非常重要，需要頂尖團隊。在台灣，林口長庚分子影像中心，在影像平台和各種操作作業手則，符合美國FDA對臨床試驗的標準，是國內唯一兼具藥物開發、轉譯醫學、臨床測試三大生醫產業關鍵的獨立研究單位。**

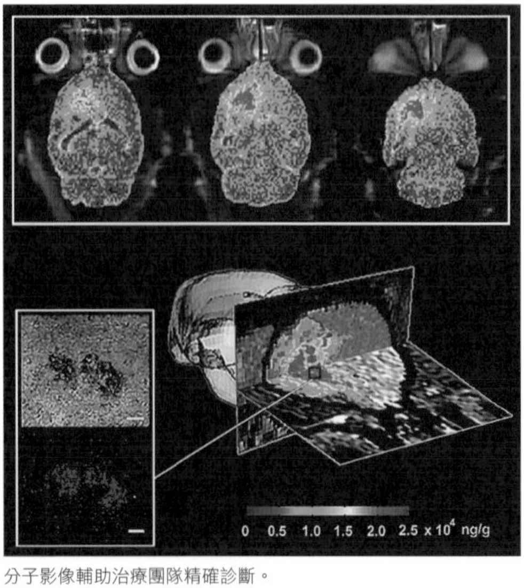


分子影像輔助治療團隊精確診斷。

## 找出癌症重要分子指標
## 改變國際治療準則

二〇〇四年林口長庚醫院成立分子影像中心，至今服務超過三萬人次以上，患有癌症等重症患者。其中在特定族群的癌症病人中，**大約四分之一的患者由於接受分子影像檢查，因而改變治療計畫**。有肺癌患者在手術治療前的分期掃描，發現轉移到肝臟及脊椎，改以緩和性化療。

林口長庚醫院分子影像中心閻紫宸教授表示，團隊所累積的影像資料庫與研究成果，影響了國際的治療準則。例如，透過研究發現，原本以為沒有遠端轉移的鼻咽癌之病患，卻有超過百分之十五的病人經由正子掃描（PET）可以有效地被偵測出已經有轉移。這項研究結果改變了治療方向從「治癒性治療」轉向「緩和療法」。因此，美國國家綜合癌症網絡 NCCN 依據這樣的研究結果，將正子掃描納入鼻咽癌分期檢查上建議施行的項目。

### 分子影像的原理？

分子影像當中正子掃描的成像原理，是利用具放射性的同位素所標誌的放射藥物當「追蹤劑」，隨著放射藥物要追蹤或探索的生理機制，進到相關生理機制的細胞組織，經過輻射衰變，放射藥物中的同位素會放射出輻射訊號。利用掃描儀將放射出的輻射訊號收集起來，經過適當的數學公式轉換及軟體處理，最後即得到可供診斷分析的斷層掃描影像。

此外，林口長庚在淋巴癌研究成果，也成為歐洲淋巴癌臨床試驗之重要依據；頭頸癌和子宮頸癌研究成果，則成為美國CMS保險給付的重要參考，讓更多患者更早掌握治療的先機。

## 開發正子標靶新藥鑑別阿茲海默失智症、帕金森病

一直以來，醫界始終積極研究，希望找出阿茲海默失智症的診斷與治療方法。阿茲海默失智症病患的腦細胞會出現類澱粉蛋白斑塊的堆積，這是多數科學家認為造成患者記憶力喪失的主因，追蹤類澱粉蛋白影像可以追蹤治療失智症。醫師可以藉著影像，跟病患家屬解釋失智症為何會有哪些症狀、這些症狀出現的原因，甚至可以協助和患者溝通。例如，當腦斑塊累積在顳葉部位時，患者的說話能力與記憶力就差，所以遇到跟患者溝通時，就可以借助圖像方式來說明。

惟現階段臨床上缺乏早期診斷阿茲海默失智症、帕金森氏症的有效技術，包括抽血、腦部電腦斷層或磁振造影，都對疾病的早期診斷並無幫助。林口長庚團隊是全世界第一個使用Sumitomo迴旋加速器與合成器做出標靶藥物的場所。

到目前為止，林口長庚團隊與國際藥廠開發的阿茲海默失智症的正子標靶藥物，是全球第一個，也是唯一被美國食品藥物管理局許可通過，可以用來協助醫師早期診斷、早期偵測是否有阿茲海默失智症的正子標靶藥物。

## 1分鐘看團隊醫療成效

| 項次 | 林口長庚醫院近10年發表文章總數（占全球的百分比%） | 全球學術界近10年發表文章總數 |
|---|---|---|
| 阿茲海默失智症新正子標靶藥物 AV-45 | 6（23.1%） | 26 |
| 帕金森氏症新正子標靶藥物 AV-133 | 5（31.3%） | 16 |
| 鼻咽癌之分子影像研究（Nasopharyngeal carcinoma） | 17（21.5%） | 79 |
| 口腔癌之分子影像研究（Oral cavity cancer） | 9（8.5%） | 106 |
| 子宮頸癌之分子影像研究（Cervical cancer） | 21（9.7%） | 216 |

統計時間：2002~2012
資料來源：林口長庚醫院分子影像中心

### 01 三軍總醫院
台北市內湖區成功路二段 325 號
(02)87923311
✚臨床麻醉科 / 骨科

### 02 北市聯醫中興院區
台北市大同區鄭州路 145 號
(02)25523234
✚營養科

### 03 北市聯醫仁愛院區
臺北市大安區仁愛路四段 10 號
(02)27093600
✚消化內科

### 04 北市聯醫和平婦幼院區
台北市中華路二段 33 號
(02)23889595
✚腎臟科 / 復健科

### 05 北市聯醫忠孝院區
臺北市南港區同德路 87 號
(02)27861288
✚泌尿科 / 婦產科 / 神經內科 / 安寧療護科 / 新陳代謝科 / 職業醫學科 / 身心障礙者口腔照護中心

### 06 北市聯醫陽明院區
臺北市士林區雨聲街 105 號
(02)28353456
✚兒科 / 復健科

### 07 台大醫院
台北市中山南路 7 號
(02)23123456
✚腎臟內科 / 遠距照護中心 / 外科加護病房

### 08 臺北市立萬芳醫院
臺北市文山區興隆路三段 111 號
(02)29307930
✚胸腔科

### 09 台北慈濟醫院
新北市新店區建國路 289 號
(02)66289779
✚泌尿科

### 10 亞東紀念醫院
新北市板橋區南雅南路二段 21 號
(02)89667000
✚小腸移植團隊 / 心臟血管醫學中心

### 11 振興醫院
台北市北投區振興街 45 號
(02)28264400
✚耳鼻喉科

### 12 馬偕紀念醫院
台北市中山區中山北路二段 92 號
(02)25433535
✚精神科 / 婦產科 / 耳鼻喉科 / 小兒遺傳科 / 自殺防治中心 / 麻醉科暨疼痛治療中心

### 13 國泰綜合醫院
台北市仁愛路四段 280 號
(02)27082121
✚心臟內科 / 耳鼻喉科 / 分子醫學科 / 血液腫瘤科

### 14 新光醫院
台北市士林區文昌路 95 號
(02)28332211
✚早療團隊

### 15 基隆長庚紀念醫院
基隆市安樂區麥金路 222 號
(02)24313131
✚肝膽胃腸科 / 核子醫學科

### 16 臺北榮民總醫院
臺北市北投區石牌路二段 201 號
(02)28712121
✚骨科部 / 藥劑部 / 神經內科 / 心臟內科 / 檢驗醫學科 / 高齡醫學中心 / 罕見疾病治療研究中心

SNQ Safety and Quality 2015

# 全台認證醫療專科

**19** 衛生福利部雙和醫院
新北市中和區中正路 291 號
(02)22490088
✚影像醫學部 / 內科加護病房 / 特殊需求者口腔照護中心

**20** 林口長庚紀念醫院
桃園市龜山區復興街 5 號
(03)3281200
✚骨科部 / 神經科學中心

**21** 桃園長庚紀念醫院
桃園市龜山區舊路村頂湖路 123 號
(03)3196200
✚精神科

**22** 國軍桃園總醫院
桃園市龍潭區中興路 168 號
(03)4799595
✚骨科部 / 精神科

**23** 壢新醫院
桃園市平鎮區廣泰路 77 號
(03)4941234
✚營養科 / 復健科 / 呼吸治療科 / 國際機場醫療中心

**24** 大千綜合醫院
苗栗市恭敬里恭敬路 36 號
(037)357125
✚復健科

**17** 臺北醫學大學附設醫院
台北市信義區吳興街 252 號
(02)27372181
✚營養科 / 藥劑部 / 癌症中心 / 體重管理中心

**18** 衛生福利部八里療養院
新北市八里區華富山 33 號
(02)26101660
✚精神科

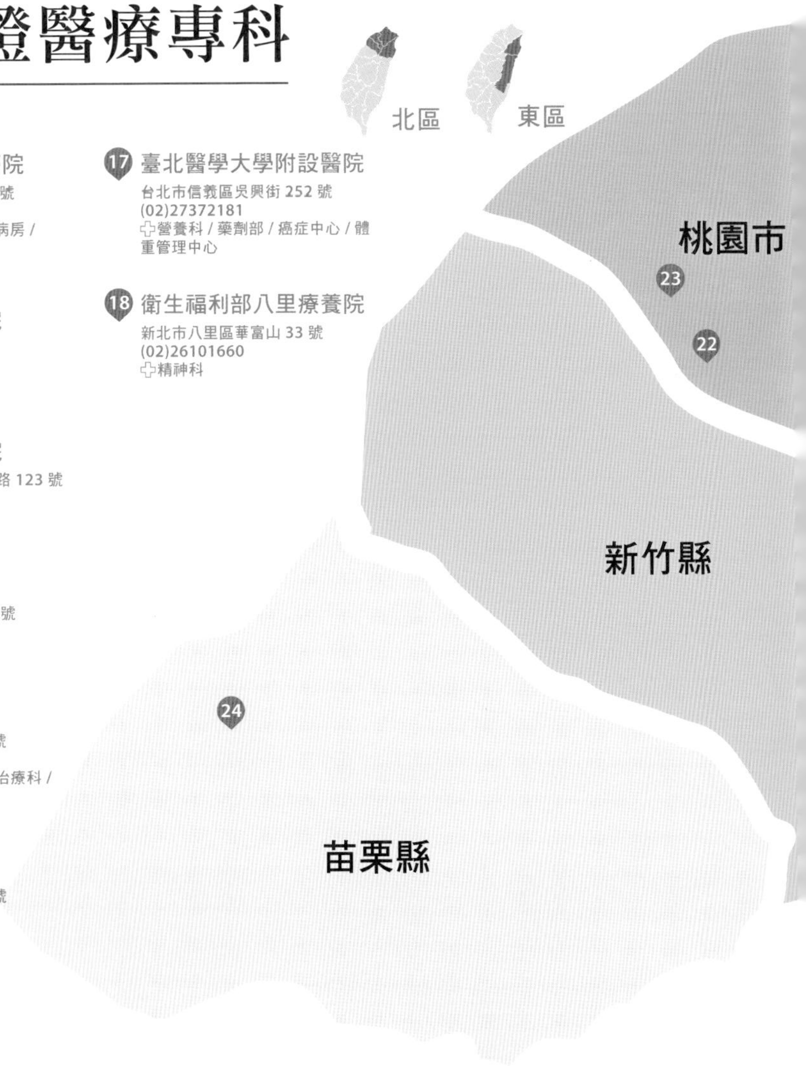


**40** 花蓮慈濟醫院
花蓮市中央路三段 707 號
(03)8561825
✚泌尿科

**41** 衛生福利部玉里醫院
花蓮縣玉里鎮中華路 448 號
(03)8886141
✚精神科

**39** 游能俊診所
宜蘭縣羅東鎮光榮路 491 號
(03)9556670
✚新陳代謝科

**38** 臺北榮民總醫院員山分院
宜蘭縣員山鄉內城村榮光路 386 號
(03)9222141
✚中期照護團隊

## 中區

### 33 衛生福利部豐原醫院
台中市豐原區安康路 100 號
(04)25271180
✚新陳代謝科

### 34 彰化基督教醫院
彰化市南校街 135 號
(04)7238595
✚糖尿病中心

### 35 衛生福利部草屯療養院
南投縣草屯鎮玉屏路 161 號
(049)2550800
✚職能治療科 / 成癮治療科

### 29 臺中榮民總醫院
台中市西屯區台灣大道四段 1650 號
(04)23592525
✚疼痛科 / 腎臟科 / 心臟內科 / 泌尿外科 / 兒童醫學部 / 健康管理中心 / 高齡醫學中心 / 生殖醫療中心 / 整合性癌症中心 / 過敏免疫風濕科 / 糖尿病健康促進機構

### 30 光田綜合醫院
台中市沙鹿區沙田路 117 號
(04)26625511
✚耳鼻喉科

### 25 大里仁愛醫院
台中市大里區東榮路 483 號
(04)24819900
✚骨科

### 26 中山醫學大學附設醫院
台中市南區建國北路一段 110 號
(04)24739595
✚婦產部 / 精神科 / 肝膽胃腸科 / 檢驗醫學科

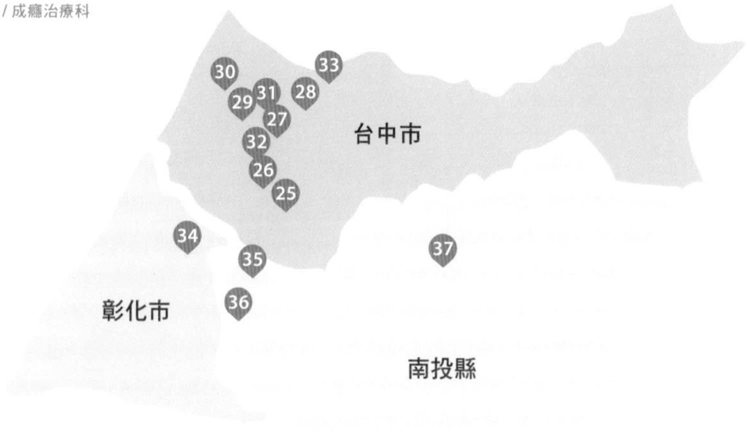


### 36 衛生福利部南投醫院
南投縣南投市復興路 478 號
(049)2231150
✚放射腫瘤科

### 37 埔里基督教醫院
南投縣埔里鎮鐵山路 1 號
(049)2912151
✚兒童發展聯合評估中心

### 31 澄清醫院中港分院
台中市西屯區台灣大道四段 966 號
(04)24632250
✚感染控制室

### 32 衛生福利部臺中醫院
台中市西區三民路一段 199 號
(04)22294411
✚老人照護團隊

### 27 中國醫藥大學附設醫院
台中市北區育德路 2 號
(04)22052121
✚外科部 / 胸腔科 / 藥劑部 / 癌症中心 / 大腸直腸外科

### 28 台中慈濟醫院
台中市潭子區豐興路一段 66、88 號
(04)36060666
✚藥劑科

## 南區

### 55 高雄榮民總醫院
高雄市左營區大中一路 386 號
(07)3422121
✚兒科 / 胃腸科 / 感染科 / 放射線部 / 口腔醫學部

### 56 高雄醫學大學附設醫院
高雄市三民區自由一路 100 號
(07)3121101
✚兒科 / 骨科 / 腎臟科 / 營養科 / 整形外科 / 癌症中心 / 耳鼻喉科 / 新生兒科 / 肝膽胃腸科 / 遠距照護中心 / 亞急性呼吸照護病房

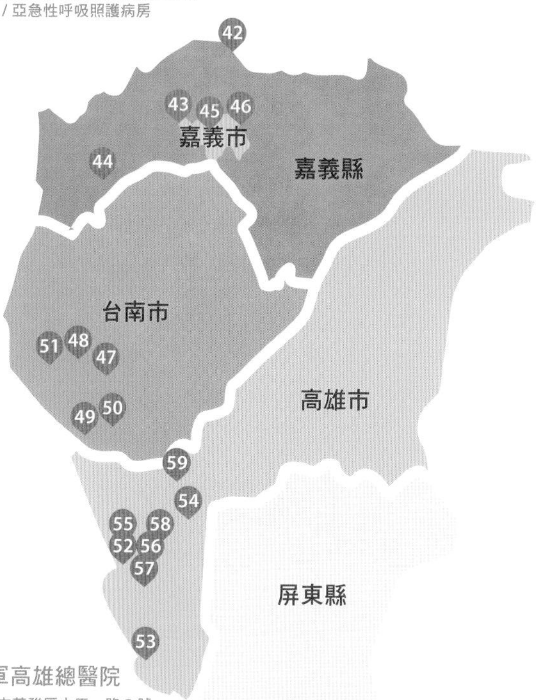


### 57 國軍高雄總醫院
高雄市苓雅區中正一路 2 號
(07)7496751
✚精神科 / 分級分類管理病房

### 58 國軍高雄總醫院左營分院
高雄市左營區軍校路 553 號
(07)5817121
✚潛水醫學部

### 59 義大醫院
高雄市燕巢區角宿里義大路 1 號
(07)6150011
✚泌尿科 / 胸腔外科 / 兒童醫學部 / 精神科

### 51 衛生福利部臺南醫院
台南市中西區中山路 125 號
(06)2200055
✚睡眠中心

### 52 高雄市立大同醫院
高雄市前金區中華三路 68 號
(07)2911101
✚泌尿科 / 神經科

### 53 高雄市立小港醫院
高雄市小港區山明里山明路 482 號
(07)8036783
✚環境職業醫療中心

### 54 高雄長庚紀念醫院
高雄市鳥松區大埤路 123 號
(07)7317123
✚兒童外科 / 耳鼻喉科

### 42 大林慈濟醫院
嘉義縣大林鎮民生路 2 號
(05)2648000
✚預防醫學中心 / 風濕過敏免疫科

### 43 天主教聖馬爾定醫院
嘉義市大雅路二段 565 號
(05)2756000
✚病理科 / 開刀房 ( 外科部 )
新陳代謝科 / 檢驗醫學科 / 腦中風中心

### 44 嘉義長庚紀念醫院
嘉義縣朴子市嘉朴路西段 6 號
(05)3621000
✚整形外科 / 神經外科

### 45 嘉義基督教醫院
嘉義市忠孝路 539 號
(05)2765041
✚ / 營養科 / 藥劑部 / 腎臟內科 / 胸腔暨重症 / 肝膽胃腸科 / 心臟血管科 / 血液腫瘤科 / 大腸直腸外科 / 骨科

### 46 臺中榮民總醫院嘉義分院
嘉義市西區世賢路二段 600 號
(05)2359630
✚精神科

### 47 台南新樓醫院
台南市東區東門路一段 57 號
(06)2748316
✚婦產科

### 48 成大醫院
台南市勝利路 138 號
(06)2353535
✚藥劑部 / 失智症中心 / 安寧療護團隊

### 49 衛生福利部胸腔病院
台南市仁德區中山路 864 號
(06)2705911
✚胸腔科 / 檢驗科

### 50 衛生福利部嘉南療養院
台南市仁德區中山路 870 巷 80 號
(06)2795019
✚職能治療科

國家圖書館出版品預行編目(CIP)資料

TOP 醫療在臺灣 : SNQ 認證專科醫療指南 /
社團法人國家生技醫療產業策進會作 .
-- 臺北市 : 生醫策進會 , 2015.07
面 ; 公分
ISBN 978-986-80150-5-0( 平裝 )
1. 醫療服務 2. 醫療資源 3. 臺灣

| | |
|---|---|
| 419.333 | 104012622 |

社團法人
國家生技醫療產業策進會
I.B.M.I. Institute for Biotechnology and Medicine Industry

**作者：**
社團法人國家生技醫療產業策進會

**會長兼發行人：**
陳維昭

**總編輯：**
吳明發

**編輯顧問：**
于大雄、石崇良、朱紀洪、何善台
李源德、李龍騰、林正介、林欣榮
邱浩彰、邱獻章、侯勝茂、徐永年
翁文能、張金堅、張煥禎、張顯洋
莊裕澤、許重義、許勝雄、郭守仁
陳宏一、陳宏基、陳明豐、陳順勝
童瑞年、黃清水、黃碧桃、楊芝青
劉　立、蔡正河、鄭汝汾、蘇　喜

**編輯：**張益華 / 陳宛蓉 / 楊淇崴 / 吳芸汝
**行銷企畫：**林俞孜 / 呂侃霓 / 黃雅琴 /
連晨韻 / 李麗美 / 張卉妮

**美編：**蕭郢岑
**出版發行：**社團法人國家生技醫療產業策進會
**出版日期：**2015.07.20
**地址：**台北市南港區園區街三號十六樓之一
**電話：**(02)2655-8168
**傳真：**(02)2655-7978
**官方網站：**http://www.snq.org.tw
FB: 健康塾
LINE@ID：@jnc6312e
**製作協助：**商周編輯顧問股份有限公司
**地址：**台北市中山區民生東路二段 141 號六樓
**電話：**(02)2505-6789
**官方網站：**http://bwc.businessweekly.com.tw/